U0904930

发展经济学教程

FA ZHAN JING JI XUE JIAO CHENG

发展经济学教程

FA ZHAN JING JI XUE JIAO CHENG

贾华强/主编

F Z J J X J C

中共中央党校出版社
The Central Party School Publishing House

责任编辑　曲　炜
版式设计　尉红民
责任校对　王　巍
责任印制　张志军

图书在版编目（CIP）数据

发展经济学教程/贾华强主编．—北京：中共中央党校出版社，2010．4
ISBN 978-7-5035-4306-7

Ⅰ．发…　Ⅱ．贾…　Ⅲ．发展经济学-研究生-教材
Ⅳ．F061．3

中国版本图书馆CIP数据核字（2010）第055442号

中共中央党校出版社出版发行
社址：北京市海淀区大有庄100号
电话：（010）62805800（办公室）　（010）62805818（发行部）
邮编：100091　网址：www.dxcbs.net
新华书店经销
北京鑫海金澳胶印有限公司
2010年4月第1版　2010年4月第1次印刷
开本：700毫米×1000毫米　1/16　印张：13
字数：232千字　印数：1－5000册
定价：27.00元

目　录

第一章 引 论

发展经济学学科是第二次世界大战以后才形成的一门具有强烈综合性和应用性的新兴经济学科。和经济学科系列中的许多学科相比，尤其是和政治经济学相比，它的诞生既要晚得多，也新颖得多。

作为后起之秀，发展经济学在现今经济学大系统中，拥有自己的鲜明特色和地位。以前的经济学主要是通过对已经稳定并成熟的市场经济关系特别是资本主义市场经济关系的剖析，来寻找现代市场经济的基本运动规律。和这种研究对象所不同，发展经济学则是通过对还不稳定、不成熟的发展中国家已有的经济发展实践和理论、对经济体制机制及发展对策方面的考察，来总结、研究发展中国家或不发达地区经济发展的过程和规律。从这个意义上说，它是研究发展中国家如何摆脱贫困、走向富裕的经济学。在本教程中，我们也要对中国在走向经济发展道路上的已有成功经验、教训和规律进行研究。

本书的读者对象主要是我国各级党政干部。大家知道，我国还是一个发展中国家，且是世界上最大的发展中国家，因而在本世纪中叶赶上及如何赶上中等发达国家的经济发展水平，是摆在我国人民和各级党政领导干部面前的重大任务。这其中，要发挥好广大人民群众的主动性、积极性和创造力，领导干部的素质、能力和干劲就起着关键作用。因此，学习和把握发展经济学的基本原理，研究经济发展的基本规律和教训，运用发展经济学的科学方法，提高分析和解决经济发展实际问题的能力，无论是对于我国领导干部的个人发展，还是对于我国国民经济的整体发展，都有着至关重要的意义。

第一节 当今世界与发展中国家

环顾全球，人们会发现，当今世界总体来看，是由发达国家和发展中国家为主体构成的，它们构成我们今天这个地球村的两大群体。

一、发达国家的内涵和范围

“发达国家”的概念有其特定的内涵。第二次世界大战前，人们一般将实现了工业化的西方主要国家，如英国、美国、德国、法国、意大利、日本等国，称之为发达国家。战后，随着新的科技革命的发展，更多的国家实现了工业化，提高了工业化水平，成为生产力发达的国家，也被泛称为发达国家，以区别于发展中国家。所以“发达国家”一般是指比较富有、工业基础雄厚、国民生产总值较高的工业化国家。

那么，这些发达国家具有哪些基本特征呢？有人认为，发达国家要具备以下特征：（1）现代科学技术成果得到广泛应用，生产自动化和劳动生产率均达到了先进水平。工业内部结构有一定比例要求。（2）拥有现代化大农业。（3）具有与现代科学技术相适应的国民经济结构。（4）生产国际化达到较高的发展水平。

对于发达国家，经合组织曾认定了 24 个，分别是美国、法国、英国、日本、德国、加拿大、意大利、瑞典、芬兰、丹麦、挪威、荷兰、比利时、瑞士、奥地利、土耳其、澳大利亚、新西兰、希腊、冰岛、爱尔兰、卢森堡、葡萄牙、西班牙。2005 年按照人均 GDP 在 1 万美元（按名义汇率）以上计算，新增了 8 个发达国家，分别是塞浦路斯，巴哈马，斯洛文尼亚，以色列，韩国，马耳他，匈牙利和捷克。在国际上，人们一度曾认为某个国家一旦加入了经济合作与发展组织（OECD，简称经合组织），就被看作是经济发达国家了，但随着一些取得过良好发展业绩的发展中国家如墨西哥、韩国的加入，使这种共识在实践中变得难以把握了。而且在实际生活中，对发达国家的衡量既不是绝对的，也不是认识一致的。例如，1995 年 6 月，经合组织中的发展援助委员会曾经宣布过：从 1996 年起，将新加坡划为“发达国家”，根据是新加坡人均国内生产总值已达到 2.4 万美元。我国新闻传媒对此作过报导。但新加坡不慕虚名，认为自己国内的工业基础还比较弱，要求经合组织对发达国家的标准再做研究和明确。1996 年 1 月，经合组织改变了原来的决定，将新加坡改划为“较发达的发展中国家”。

二、发展中国家的内涵

花开两朵，各表一枝。现在我们再来看一下地球村中更为庞大的一个群体，即发展中国家。对于“发展中国家”这个词汇本身，当今世界还没有一个准确、统一、为人们所普遍接受的科学定义，也没有哪个国际组织对其进行法律上的确定，但它已成为一个约定俗成的概念了。战后初期，这些国家在国际上曾被称为“落后国家”或“后进国家”，这种称呼带有歧视色彩，它不仅含有“低下”的意思，而且似乎表明这些国家一向落后，并且还将继续落后下去，因而后来被“不发达国家”或“欠发达国家”的称呼所取代，意在强调这些国家仍然处于经济成长的低级阶段，和那些经济发达国家相比，还处在不发达的境地。但这种新的称呼，仍然不被广大的发展中国家所满意，因而它仍然没有给这些国家以希望。大约在 1964 年联合国第一届贸易与发展会议前后，发展中国家这一带有动态色彩的概念开始出现，表明那些现今处于不发达状态的国家，正处于追赶发达国家的发展之中，因而这一概念得到了发展中世界国家的支持，在世界上广为流传。适应这种形势，过去西方经济学中以专门研究经济落后国家经济发展为主要内容的“不发达经济学”，也在这一潮流下，改称为“发展经济学”① 了。

现在，我们给出对发展中国家的几种比较常见的认识：

从狭义的也是本源的角度说，发展中国家是指亚非拉那些曾经是殖民地、半殖民地和附属国，后来摆脱了殖民统治，取得了民族独立和国家主权，目前经济发展又处于较低发展阶段的民族和国家。这是从其产生的历史考察而形成的。过去在毛泽东所倡导的三个世界理论中，它们属于第三世界。苏东剧变后，意识形态和社会制度因素日益淡化，经济发展的程度与水平成为了判定发展中国家的主要标准。而就经济发展水平和工业化实现程度来看，俄罗斯和东欧的大多数国家和地区也被划入了发展中国家的范畴。因而现在，第三世界的概念不再具有特殊的政治含义，它已成为发展中国家的同义语；政治上的不结盟也并不构成发展中国家的基本特征，因为中国是一个社会主义国家，但同时也是一个发展中国家。

从广义的角度说，由于我们这个地球上的国家从总体上分为发达国家和发展中国家两大类，因而只要不是发达国家，就都属于发展中国家的范畴。这样，发达国家和发展中国家就成为一对相互对应的概念了。这种认识可以说具有最广泛的包容性和适应性，比较适合于冷战结束后当今世界的政治经济新格局，因而本书的研究对象，实际上就是从这种认识出发的。

从地理学的角度着眼，由于发达国家主要处在赤道以北的北温带地区，而发展中国家主要处在南方，因而也有人把发展中国家称为南方国家，把发达国家称为北方国家。

发展经济学中的新马克思主义学派和激进学派的经济学家们，将发展中国家看作是“外围地区”，以说明它们和“中心地区”即发达国家之间的“依附”

① 发展经济学这一概念从字面上看似乎是个语义重复的概念，因为经济学本身就是一门关于如何有效地促进经济发展的学科。但在实际上，发展经济学是把发展中国家这一特定类型的国家如何促进自身经济发展问题作为自己的问题域的，这就与传统的政治经济学及其他经济学科的研究对象有了根本上的不同。

与“支配”关系。这样，他们所说的外围地区就是指发展中国家，中心地区就是指发达国家。

当然，人们日常生活中常说的、也是最通俗简便的说法，是把发展中国家称之为“穷国”，把发达国家称之为“富国”。然而，现实生活往往极为复杂，低收入的国家和不发达的国家，在范围上并不是对等的。沙特阿拉伯、科威特、阿联酋、文莱等盛产石油的国家，尽管人均收入水平很高，但并不被人们认为是发达国家。1950年代的日本和以色列还不富裕，但在国际上却被当做发达国家来看待了。并且，穷和富本来就是相对而不断变化的状态，只有在相互比较和动态中，才能做出这种相对的判断，因而我们不能把穷国和富国的认识绝对化。

三、发展中国家的分类

总体上说，发展中国家是由这样的一些国家所构成的：过去的殖民地和附属国；实行过高度集中计划体制的国家；某种资源禀赋（例如石油）能够给他们带来高收入，但经济结构单一、现代化程度不高，社会文明演进处于较低层面的国家。这样的国家和地区在当今世界大概有160多个，组成了一幅发展中世界的色彩斑斓的图画。和发达国家相比，发展中国家在历史背景、文化传统、宗教习俗、价值取向、自然条件、人力状况、社会制度、政治信仰、经济发展水平和社会进步程度等方面，相互间所存在的差异要明显得多和大得多，以至于我们很难找出一个国家可以作为发展中国家的典型代表。因而在发展中的世界里，既有像中国、印度、埃及、巴西这样的大国，也有像汤加和巴巴多斯这样的小国；既有富甲天下的海湾产油国，也有南美的海地和非洲内陆的最贫困国家；既有具有悠久文明和独立历史的国家，也有刚刚摆脱了殖民统治并且文化并不发达的国家；既有坚持社会主义发展道路的国家，也有走资本主义道路的新兴民族独立国家，还有一些通过和平演变方式在政治上改弦易辙了的苏东国家等等。由于这些国家经济政治发展不平衡规律的作用，由于这些国家在意识形态和社会制度等方面存在有天壤之别，由于这些国家还处在不断的发展变化之中，因而人们是很难用某个一般性的指标，来概括所有的发展中国家的。

尽管如此，为了对不同类型发展中国家的经验进行总结，为了对发展中国家的发展绩效进行评估，为了对不同发展中国家的发展实践进行比较研究，许多的国际组织和学者仍然致力于将不同类型的发展中国家进行科学分类的研究。除了一些发展经济学的学者个人所设计的分类方法外，在国际上最为流行的并且普遍应用的，是许多国际组织的分类方法。我们这里先简单介绍一些这样的分类，下一章中进行更为细致的分析。

1. 联合国的分类。

联合国通常将发展中世界划分为三个组，即“最不发达”的贫困国家；非石油出口“发展中国家”和在1970年代国民收入显著增长的盛产石油的石油输出国组织（OPEC）成员国。在划分之初，世界上最不发达的国家有44个，非石油出口发展中国家有88个，OPEC成员国有13个。

2. 世界银行的分类。

世界银行（World Bank）曾将世界上超过100万人口的132个国家和地区（包括发达国家与发展中国家）根据其人均国民总收入水平，划分为四种类型：低收入国家和地区、下中等收入国家和地区、上中等收入国家和地区，以及高收入国家和地区。也就是说，世界银行将发展中国家划分为低收入国家、下中等收入国家和上中等收入国家。中国为下中等收入国家和地区。

3. 联合国开发计划署的分类。

联合国开发计划署（UNDP）曾设计了人类发展指数（HDI），通过考察一个国家的预期寿命、成年人识字率和对经过购买力平价调整的人均国民生产总值（即长寿、学识和物质选择），来测度人们满足基本需要的能力，从而考察一个国家的“人类发展”状况。按照联合国开发计划署做的人类发展指数，它将所有国家分为三个等级：高发展程度国家、中等发展程度国家和低发展程度国家。在这种分类方法下，一些发展中国家虽然经济发展水平并不显著，但由于在“人类发展”方面所取得的成就，就被划入了高发展程度国家的行列。

4. 经济合作与发展组织的分类。

经合组织将发展中国家和地区（包括那些不属于联合国系统的国家和地区）根据不同的人均收入水平，划分为61个低收入国家或地区，73个中等收入国家或地区，11个新兴工业化国家或地区，13个石油输出国组织成员国。这158个国家和地区几乎包括了所有的不发达国家和地区。

四、发展中国家的诞生及其意义

前面我们说过，就本源的角度来看，发展中国家是指亚非拉那些曾经是殖民地、半殖民地和附属国，后来摆脱了殖民统治，取得了民族独立和国家主权，目前经济发展又处于较低发展阶段的民族和国家。应该说，发生于20世纪中叶的这场波澜壮阔的全球民族解放运动，以及由此而引发的发展中国家的诞生，改变了整个世界的历史进程，因而是20世纪人类发展与社会进步进程中最为重大的历史事件。其所以这样说，是因为发展中国家占到了世界上国家总数的80%以上，发展中世界的人口占到了世界总人口的4/5，因而从某种意义上我们可以说，发展中国家的命运，就是整个人类的命运；发展中国家的未来，就是整个人类的未来。如果这个世界上4/5的人口、80%以上的国家都处于贫困与动乱的状态之中，人类就永远不得安宁了。

发展中国家的产生是历史的产物。有的发展经济学家认为，“穷国之所以穷是因为穷”（It's poor because poor），但从历史的角度看，却并不是这样的。一位印度尼西亚的历史学家曾写到，当第一批荷兰商人和水手来到东印度群岛这个岛国世界的时候，对当地的优美自然条件和多彩民族文化感到吃惊。他们中间观察能力比较敏锐的人就已经认识到，当时南亚和东亚在财富和经商才能以及商业技术方面，都大大超过了西欧。再从中国来看，在英国发动鸦片战争侵略中国之前，当时的皇帝也说过：“天朝富饶丰盛，万物具备”，根本不需要通过与英国进行贸易来补充什么商品。这些例子说明，现在的一些发展中国家，在当时就已经有了相当高的文明程度和经济发展水平。所以，不发达国家的形成，在很大程度上是历史的产物。更具体地说，是西欧资本主义在全世界进行扩张和奴役的结果，因而是人类晚近历史中产生的现象。

从全球的范围看，除拉丁美洲的一些国家早在20世纪初叶就已经取得了民族独立和国家主权外，亚洲、非洲、拉丁美洲的绝大多数国家和地区（包括中国），都是在20世纪中叶的民族解放运动中取得独立并建立了自己的民族政权的。这些国家在相当长的一个时期内，属于帝国主义列强的殖民地、半殖民地或附属国，被这些帝国主义列强看做是“蛮荒国家”、“野蛮民族”，遭受着侵略、剥削和掠夺。第二次世界大战以后，这些国家逐渐赢得了民族独立，建立起了自己的民族政权，因而他们不再忍受发达国家的凌辱和欺负了，在政治上要求获得和发达国家平等的待遇和机会。但是我们看到，在经济上，这些国家由于历史及其他原因，仍然处于贫困落后的境地，这使得促进经济发展成为了这些国家的当务之急。

应该说，发展中世界促进经济发展的努力在一些国家里是取得了巨大成绩的。1950年代后期，特别是进入1960年代以后，在新的国际政治经济形势下，一些过去经济落后的国家和地区，在经济上有了飞速的发展。这其中给人印象深刻的，是拉丁美洲一些国家曾创造的“经济奇迹”，以及亚洲“四小龙”的崛起，使得广大的亚非拉发展中国家看到了谋求经济发展的可能性和希望。正因为如此，世界银行在其1999/2000年“迈向21世纪”的世界发展报告中，对发展中国家状况的总结是：“近几十年的发展情况表明，发展是可能的，但同时它既不是必然发生的，也不是轻而易举的。成功的经验已经足以让我们对未来充满信心。”

发展中国家的形成及其所取得的进步，应该说在人类经济发展和社会进步的历史进程中具有里程碑式的意义。在现代社会中，构成人类大部分人口和地区的国家终于能够在摆脱了殖民统治后，能够按照自己的民族意志，将谋求经济发展、社会进步、国民富裕作为自己的努力方向和奋斗目标，这本身就是一件划时代的事件。从民族解放运动开展以来我们看到，在半个多世纪的时间内，除少数国家外，大多数的发展中国家状态，都发生了明显而可喜的变化。因而当我们跨入21世纪之后，回头来对发展中国家基本状况进行纵向比较后就会看到：发展，这一人类社会的永恒主题，在过去的半个世纪里相比以往的各个世纪，几乎在各个方面都取得了令人鼓舞的成就。从各种统计数据中我们会看到，在经济增长、福利水平、社会进步程度、工业化水平、对外开放程度、经济结构变革、科学技术进步、社会民主进程等诸多方面，发展中世界所取得的成就都是有目共睹的。正因为如此，在当前和平与发展已成为时代主题的情况下，发展中国家正在成为世界舞台上推动这一主题深化的不容忽视的重要力量，成为和发达国家一样的影响世界和平与繁荣的决定性因素。在今天我们看到，世界上的任何重大问题，如果没有广大发展中国家的积极支持和参与，是无法得到根本解决的。

第二节 发展中国家的现状与机遇

在半个世纪的发展历程后，发展中国家已经发生重大变化。这种变化突出地表现在两个方面，一是就某一个国家进行纵向比较，其经济发展水平与其初始状态相比，取得了明显进步；二是在不同的发展中国家之间进行比较，则由于经济发展的不平衡性，相互间的差异也日益明显和拉大。正因为如此，我们有必要对发展中国家的现状、不足以及在当今世界上所面临的机遇进行剖析。

一、发展中国家的现状

绝大多数国家在半个世纪前获得民族独立和国家主权时，只是在政治上摆脱了殖民主义的统治，而在经济上无不处于非常薄弱的地位。在这些国家中，自给自足的传统农业构成了国民经济运行的主导部门，市场经济体制不完善，市场体系不健全，科学技术很落后，劳动生产率十分低下，只能以资源禀赋参与国际分工，出口贸易主要依赖少数几种农矿产品，且产品在国际市场上毫无竞争力，因而国民贫困、国力低下。

尽管如此，一些发展中国家却在新的国际环境下，通过积极的对外开放和适宜的国内政策，在短短20～30年时间里，基本上摆脱了不发达的状态，完成了发达国家过去需要近百年甚至更长时间才能完成的历史进程，先后出现了

“巴西奇迹”、“印度奇迹”、“东亚奇迹”、“中国奇迹”等，在人类经济发展史上留下了辉煌篇章，并以“拉美模式”、“东亚模式”、“中国模式”等在人类历史的长河中打上了独特而深刻的印迹。这其中，按照182个国家和地区2009年的人类发展指数衡量，中国大陆在全球人类发展排行榜上排名第92位。但是我们更要看到的是，就发展中世界的整体而言，仍有相当多的国家没有发生令人欣慰的变化。联合国开发计划署对2007年全球人类发展状况的数据资料表明，挪威、澳大利亚和冰岛在这个排行榜中排名前三位，而非洲国家尼日尔则居末位，阿富汗和塞拉利昂分列倒数第二和第三，挪威人的人均年收入是尼日尔人的85倍，寿命比尼日尔人约长30岁。不仅如此，即使是那些已经得到了发展的国家，也并不是社会发展的成果都能够惠及社会的所有阶层。并且，进入21世纪以来，一方面是经济全球化的进程如火如荼，世界经济政治正在经历着深刻变化和重大调整，但另一方面，地区冲突、局部战争、恐怖活动、环境恶化、贫富悬殊、经济衰退等，使得发展中世界的分化极为严重，边缘化正在成为经济全球化时代一些发展中国家面临的主要威胁。在这种情况下，世界银行曾将“与贫困作斗争”作为新世纪伊始发展报告的主题，强调“丰裕中的贫困是我们这个世界中最大的挑战”，号召“用我们满腔热情和专业化手段来与贫困作斗争”。①

二、发展中国家的总体特征

应该说，发展中世界内部在历史文化、资源条件、生态环境、社会制度、经济结构、政治体制等方面所存在的巨大差异，且在战后由于经济政治发展不平衡而呈现出来的多元化和复杂化状态，使得人们对其特征进行普遍而准确的概述是相当困难的。因而，我们这里对发展中国家总体特征的描述，只能是与发达国家相比较，将发展中国家作为一个整体所呈现出来的基本特征进行一般性描述。

1. 劳动效率较为低下。

劳动效率反映着一个国家的经济发展潜力和状态。就发展中国家整体来看，劳动效率低下是他们普遍存在的问题，也是导致他们至今仍处于贫穷落后状态的重要原因。长期以来，传统农业构成了大多数发展中国家国民经济的基础，而其中的农业劳动者主要是依靠体力、借助粗陋的生产工具来从事农业生产活动的，虽然农民辛勤劳作，但人均生产量极为有限，且在同样产量农产品

① 世界银行：《2000/2001世界发展报告》，中国财政经济出版社2001年版，第5页。

上所付出的个别劳动时间，远远高于世界标准的社会必要劳动时间，因而劳动者所得到的收入也就极为有限了。很多发展中国家所占比重并不大的制造业、服务业，由于资本匮乏、技术落后、规模不经济、管理不得当等因素，在劳动效率方面也同样不高。这样，就使得这些国家的经济增长速度极为迟缓了。例如，到目前为止，发达国家拥有着全球生产总值的 86％和出口市场份额的 82％，而占世界人口绝大多数的发展中国家，仅分别拥有 14％和 18％。

2. 二元经济状态明显。

一些发展经济学家认为，发展中国家的经济发展，就是一个从传统的农业社会向现代化的工业社会转变的过程，因而处于从传统社会向现代社会过渡的发展中国家的城乡对立，便尖锐地表现为城乡二元结构的特征。从这个意义上说，发展中国家的发展过程，实质上就是城乡二元结构的对立运动过程。例如 2007 年北京市城镇居民人均可支配收入达到 21989 元，农村居民人均纯收入达到 9559 元，城乡居民收入相差 12430 元。

不仅如此，就城乡经济循环的各自内部，我们说，也存在着触目惊心的二元特征。统计表明，越是经济贫困落后的国家，其内部的贫富差距就越是悬殊。目前世界上有 20 亿人，占世界人口的 1/3，每天生活支出不足 2 美元；有 13 亿人，占世界人口的 1/5，每天生活支出不足 1 美元。但是，1998 年尼日利亚国家元首阿巴查暴病身亡后，查出他及其亲属仅在瑞士银行的存款就超过了 20 亿美元，而当年尼日利亚的人均国民生产总值仅为 300 美元；海地 1999 年的人均 GNP 为 460 美元，但其前总统让·克劳德·杜瓦利埃的贪污款却高达 124 亿美元；印度尼西亚前总统苏哈托在其 30 余年的统治时期内，为其家族积累了大约 400 亿美元的财富等等。在这些发展中国家中，贫困与财富如此高度集中，表明了这些国家在经济制度和社会制度方面存在严重缺陷。我们看到，一些发展中国家由于财产制度不公平，使得土地资源集中于少数富裕阶层手中；由于税收制度不健全，由于缺乏完善的社会保障制度等，使得收入分配上的不平等现象不是趋于缓解、而是趋于恶化了。因此，这些国家只有在经济制度和社会制度方面进行大规模的改革和完善，才能逐渐改变现存双二元结构的经济状态。

3. 人口的高增长率和低寿命率并存。

当今世界除美国和日本外，人口过亿的人口大国都是发展中国家。而在发展中国家中，由于科学技术的进步和医疗条件的一定改善，存在着高出生率、低死亡率的状况，导致了世界人口的迅速增长。例如从 1980 年到 1999 年，发达国家每年人口的平均增长率为 0.6％，而发展中国家 1980 年至 1990 年的每年人口平均增长率为 1.9％，1990 年至 1999 年为 1.6％。这使得那些经济有一定幅度增长的发展中国家，其经济增长的成果也往往会被过快增长的人口所吞噬，特别是一些发展中的人口大国，由于经济增长赶不上人口增长，国民的福利水平不但没有提高，反而降低了，导致城市公共设施匮乏，住房严重不足，生态环境恶化，就业压力沉重等，使得人们的生活状况长期难以改善。世界银行公布的《2009 年全球经济展望》中就强调，如果发展中国家不能通过增加对农业的投资以及通过采取产量更高的种子与农耕技术成功地遏制最近农产品产量下滑的趋势，就有可能存在这样一种实际风险：许多国家，尤其是非洲国家（该地区人口增长预计会加快）将在粮食普遍充足的局面下，转变为粮食进口国。

由于生活水平低下，卫生保健体系发展缓慢，发展中国家的人均寿命尽管比过去有了明显提高，但和发达国家相比，仍然处于很低的水平上，甚至相对更加落后，缩短了人们的生产生活时间。1978 年，国际社会发表了旨在重视初级卫生保健的《阿拉木图宣言》，呼吁在全球范围内，实现人人享受健康的目标，解决卫生服务不平等的社会问题。但 30 多年过去了，尽管全球在发展卫生事业、提高人类健康水平方面有一定进步，但离实现人人享受健康的目标还相距甚远。世界卫生组织在北京发布的《2008 年世界卫生报告》中就强调，一个出生在苏格兰格拉斯哥郊区的孩子，其预期寿命比一个出生在仅 13 公里外的孩子短 28 年；瑞典妇女孕产期死亡的风险是 1/17400，而在阿富汗这一数据为 1/8。联合国开发计划署在 2009 年 10 月 5 日发布的人类发展指数研究报告中披露，现在日本人平均预期寿命为 82.7 岁，居全球首位，而阿富汗人平均预期寿命为 43.6 岁，为全球最短。正因为如此，世卫组织认为，目前世界上健康结果和卫生保健机会的不公平程度，远远超过了 1978 年时的水平。

4. 人力资源素质低下。

有关统计资料表明，在发展中国家中，约有 1.5 亿儿童由于营养不良而体重不足。联合国教科文组织提供的数据表明，1998 年世界上有 1.13 亿儿童不能入学，其中约 97%的儿童生活在发展中国家，60%是女童，且以撒哈拉以南的非洲儿童失学比重最高，为 40%。1999 年，发展中国家的成人文盲率（文盲占 15 岁及其以上人口的百分比）男性为 18%，女性为 32%，其中低收入国家的相应数据为 29%和 48%。人力体质和受教育程度方面的严重缺陷，表明发展中国家的人口素质普遍低下，这当然会严重阻碍这些国家的经济发展步伐。比如，经济学家们认为，发展中国家在经济发展中对资源的依赖，就与其教育水平低有关，因为这意味着依赖初级产品的经济体没有动力进行人力资本投资。

以上是发展中国家在经济全球化的今天，所仍然存在的一些基本现实。除这些基本方面外，在发展中国家中还有着诸如大量的失业和不充分的就业水平问题，有着不完全市场和信息约束问题，有着脆弱而不健全的金融体系问题，有着沉重的债务负担等多方面问题。这样问题的存在对于大多数国家来说，就使得经济全球化对他们的影响成为双重的了。一方面，经济全球化的不断深入，使得任何国家都不可能让自己置之度外，那些因此而抓住这一机遇的发展中国家，则利用这一机会促进了自己的经济发展，取得了重大的发展成果，例如中国就是一个典型。但另一方面，对于相当的发展中国家而言，是被摈弃于经济全球化的进程之外，丧失了经济全球化所提供的发展机遇，边缘化成为他们不能自主选择的必然结果。即使是一些能够参与经济全球化进程的国家，也不可避免地遭遇到了诸如主权让渡、市场冲击、依附加剧、财富流失等一系列问题，既加深了对发达国家的经济依赖，也使得它们与发达国家之间的经济差距仍在拉大，成为了国际经济关系中的弱势群体。

人们会问：为什么相当多的发展中国家仍然没有走出不发达的困境呢？因素当然是多方面的，对不同国家而言，关键性的因素也是各不相同的，不可能是一样的。发展经济学家对此给予的一个有影响力的解释，是认为在这些国家中存在有社会、经济、文化方面的二元结构所致。这些学者认为，尽管发达国家在从过去不发达状态向发达状态的转变过程中，或者就是在当今的发达国家内部，其不同地区之间也往往存在有经济发展上的差距，但这种差距在质上还不足以、或不能够用二元结构这个概念来概括，从这个意义上说，二元结构是今天发展中国家所特有的现象。这些学者还认为，经济上的二元结构通常具有两重含义：一是在发展中国家普遍存在有二元的经济结构，即以城市工业为代表的现代市场经济运行部门和以农村传统农业为代表的传统自给自足经济部门，前者按照现代企业组织方式进行经营，具有较高的劳动生产率和利润回报，后者则以传统的生产方式进行耕作，劳动生产率低下，劳动成果较少，从而经济效益就差；二是从长期看，发展中国家中的二元经济结构随着经济发展不是趋于缩小或消失了，而是具有一种固定化、扩大化的趋势，因而两个部门间的鸿沟日趋扩大、难以填平。由此，这些发展经济学家们将二元经济结构看做是发展中国家的本质经济特征。

我们不否认在发展中国家的二元经济结构的基本事实，但这一经济事实恰恰是发展中国家长期以来特别是在帝国主义殖民统治时期经济发展所形成的结果，而不是经济发展的前提。从这个角度说，把二元经济结构看做是发展中国家的本质经济特征，可能是倒果为因了。我们认为，发展中国家之所以会形成二元经济结构的现象，是因为在这些国家的生产方式方面，还存在着小生产和大生产并存且小生产的经济方式仍占统治地位的基本现实。因此，在这些国家还没有把小生产占据统治地位的经济发展方式转变为现代化大生产占据统治地位的经济发展方式的情况下，就不可能改变二元经济结构本身，也不可能使这些国家在短期内有较快速的经济发展。

三、发展中国家在当今世界的机遇

除了发展中国家内部的经济结构调整和相应的机制转换外，应该说，在人类进入了和平与发展的新时期中，发展中国家所面临的外部环境是非常难得和良好的，也可以说对促进发展中国家的经济发展有着千载难逢的历史机遇。

这主要表现在：

1. 有了和平与发展的时代主题。

发展中国家作为一种势力形成后，世界上曾长期处在热战和冷战的阴影之中，使得这些国家往往成为东西方争夺的对象，成为国际矛盾、争端的焦点，成为霸权主义为称霸世界而玩弄于股掌的筹码，这使得发展中国家只能在东西方的对抗和冲突中，艰难地选择自己的发展之路，从而也就限制和阻碍了自身的经济发展。在这样的国际环境下，就连中国这样的大国，也要把“备战”作为自己的基本战略，这就不能不使自己的经济发展受到严重制约。

上世纪90年代以来，随着冷战的结束，世界进入了和平与发展的历史新时期。尽管当今世界并不完全太平，民族争端迭起，宗教冲突不断，霸权主义横行，恐怖主义泛滥，但毕竟求和平、谋发展已成为了时代的主流。在这种情况下，发展中国家除要做好自身的经济体制机制改革外，还必须紧紧抓住当前这一千载难逢的历史机遇，迅速地发展自己的国民经济。中国已有的经济实践证明，只有把改革和开放紧密地结合起来，才能不断地壮大和发展自己。

2. 有了现代市场经济制度。

20世纪是人类历史迄今最为丰富多彩的世纪。在这一世纪里，既有原始部落、奴隶制度、封建制度的苟延残喘，也有自由竞争资本主义、现代政府干预的资本主义，以及新生的社会主义制度之间的竞争和较量。结果如何呢？“放眼当今世界，在现有社会生产力约束下，占统治地位的经济运行体制，最终被归结和收拢为市场经济体制。甚至在那些试图超越市场经济关系的国家中，经过或长时期或短时期的艰苦探索，最终也不得不向生产力发展的这一基本运行规律低头，不得不重新走向当今时代的市场经济康庄大道。从这个意义上说，市场经济就是我们现时代经济发展的主流经济关系，是当今各国发展道路上的一般，是我们现在还不能够跨越和告别的‘卡夫丁峡谷’。”①

① 贾华强：《边际可持续劳动价值论》，人民出版社2008年版，第1页。

现时代经济规律的这一客观要求，表明发展中国家要摆脱贫困、谋求发展，就必须要有一个健全的市场经济体系作为其制度保障，因为生产要素的跨国流动和优化配置，全球统一市场的形成，从而本国整体经济效益的不断提高，都是以市场经济体制的不断健全和完善为前提的，特别是世界多边贸易体制的迅速发展，就从一个侧面反映了这个日益强劲的发展趋势。发展中国家要想使自己不被排斥在当今世界的经济发展格局之外，就必须适应当代世界的这一潮流。

3. 有了经济全球化的历史机遇。

从历史的角度看，资本主义的发展也就是其走向世界，实现经济全球化的历史，对此马克思恩格斯曾有过这样精彩的论述："资产阶级，由于开拓了世界市场，使一切国家的生产和消费都成为世界性的了。"① "世界市场不仅是同存在于国内市场以外的一切外国市场相联系的国内市场，而且同时也是作为本国市场的构成部分的一切外国市场的国内市场。"② 之所以会这样，是因为经济全球化不外是它能够使生产要素在全球范围内实现更为有效率的流动和配置，使得经济活动的成本更为低廉，从而生产者的经济收益更为丰厚了，这就更有力地促进了本国以及整个世界经济效益的提高。

发展中国家利用好经济全球化的机遇，不但能通过自己的对外经济开放，带来市场开拓、适用技术和管理经验，而且也有助于在国际经济关系中积极争取自己的应得利益。我们知道，经济全球化的进程，也使得国际经济体制、国际经济格局、国际经济秩序发生着深刻的变化，导致了发展中国家与发达国家之间利益交融区域的出现和扩展。正因为如此，发展中国家如果不实现积极的对外经济开放政策，就几乎不可能在短期内改变自己的面貌。有资料显示，在1990年代，推行全球化的发展中国家的经济发展水平在向发达国家靠拢，而未推行全球化的发展中国家则被抛得更远了。当然，人们也常说这样的一句话：天下没有免费的午餐。经济全球化仍然是一把双刃剑，既会给发展中国家带来机遇，也会给发展中国家带来灾难，这取决于发展中国家对经济全球化的把握和利用能力。如果发展中国家的内部体制机制或经济政策不能适应当代世界的新趋势，就可能被摈弃于这一进程之外，丧失由经济全球化所带来的发展机遇而被边缘化，或者遭遇诸如主权让渡、市场冲击、依附加剧、财富流失问题，而成为国际经济关系中的弱势群体。这是需要发展中国家格外注意的。

① 马克思恩格斯：《共产党宣言》，《马克思恩格斯选集》第1卷，人民出版社1972年版，第276页。

② 《马克思恩格斯全集》第46卷上，人民出版社1980年版，第238页。

4. 有了新技术革命的推动。

经济学家们认为，对科学技术的应用是推动一国经济发展的极重要促进力量。在当今世界，新技术革命不断深化，尤其是信息技术迅速发展，这在推动发达国家的经济进一步发展的同时，也必然成为促进广大发展中国家摆脱贫困、谋求经济发展的重要因素了。信息技术打破了传统的时空观念，使得“地球村”成为了现实，也使得穷国和富国从来没有像今天这样相互依存。因此，发展中国家如果能抓住这一历史机遇，迅速提高自身的科学技术发展特别是应用水平，就能在新的科技平台上构筑好经济发展的基础，把后发劣势变成为后发优势，从根本上摆脱贫穷落后的面貌。

四、发展中国家在当今世界面临的挑战

我们也要强调的是，当今世界在给发展中国家带来机遇的同时，也会处处充满陷阱，使发展中世界在前进的道路上面临严峻挑战。从世界史的角度看，近现代有影响力的大国的崛起，无不是在围追堵截中完成的。因此，发展中国家如何应对好外部世界的各种挑战，对本国经济的起飞和崛起同样是至关重要的。

发展中国家在当今世界中面临的挑战主要是：

1. 发展危机的挑战。

过去人们认为一个国家通过努力所形成的财富，在国泰民安的环境下会一直保持并得到不断增长。然而，1997 年爆发的东南亚金融危机，使得许多国家的财富仅仅由于外来力量的冲击便大为缩小，从而打破了传统发展理论中关于经济发展不可逆的神话。现在，国家资本的大量流动也往往会冲击发展中国家脆弱的金融体系，先把这些国家的金融秩序搅乱，再冠冕堂皇地通过国际金融组织的紧急援助，而使这些国家失去经济发展的主权和利益。这就给那些“后发国家”敲响了警钟。

2. 经济全球化的挑战。

经济全球化毫无疑问会为各国的经济发展带来促动力，但另一方面，这种促动力也会向相反的方向转化和发展。对于发展中国家来说，由参与经济全球化所可能带来的负面效应有：对工人来说，可能会因来自进口的竞争而丧失工作；对银行业、金融体系甚至是整个国家的经济来说，外国资本的流入会将他们击垮，并使经济陷入萧条状态；对全球共用的资源来说，会受到所有权旁落甚至造成不可挽回的多方面变化的威胁等等。当然，在经济全球化进程中最为致命的，是如何在经济发展过程中保持自身的独立性的问题。早在 1950 年代，当拉美国家的经济迅速发展时，经济发展理论中就出现了“依附论”的观点，

认为在以发达国家为中心的国际经济格局下，发展中国家越发展，对发达国家就会越依附。发达国家通过对输出资本、技术、人才等方面的控制，将发展中国家的经济发展纳人发达国家的经济运行轨道，从而形成了发展中国家不健康的经济结构，并造成了大量的财富流失。

3. 可持续发展的挑战。

发展是人类社会的永恒主题，但在当代，这种发展已经不单纯是经济本身的增长了，而变成了首先要处理好人与自然关系的可持续发展了。这是因为，当人类赖以生存的环境、生态、资源、气候等状况全面恶化的时候，实现任何发展目标都会变成毫无意义的空谈。但是，发展中国家由于经济发展的起点低，在经济增长中所面临的环境污染、生态失衡、人口增长、资源匮乏、气候变迁等因素，就会比发达国家严峻得多，甚至会因此而使这些国家还来不及发展就遭受夭折，这在非洲、中东和南亚地区显得尤为突出。在这种情况下，如果发展中国家的政府和民众不能聪明地、有效地应对这种挑战，就会在世界经济发展的格局中受到围堵，从而失去腾飞的机会。

4. 不公平世界经济秩序的挑战。

当今的国际经济秩序规则是被发达国家所制定的，因而本身就带有很大的不公平性和倾向性。在国际经济资源有限的情况下，发达国家除了过去已从这种经济秩序中所得到的大量好处外，也同样会凭借其在各方面的优势，尽量多地获取由经济全球化进程所带来的好处，而把不良的结果留给发展中国家，甚至使发展中国家的利益丧尽却无话可说。比如，发达国家往往会把那些已不符合当今可持续发展要求的产业转移到发展中国家去，在继续享受为此而取得的高额利润的同时，也会摆出一副道德师的面孔，指责相关国家对环境污染负有责任，让那些把污染留给了自己的国家，反而成为了道德上的被审判对象。再拿“发展援助”来说，表面上，这是发达国家为了帮助发展中国家摆脱贫困落后而提供的经济技术援助，但实际上，却是发达国家为了维护自己同发展中国家业已存在的政治、经济和文化联系的政治行为，并从中得到了大量好处。另外，当发展中国家在某个方面有了长足进展，威胁到发达国家的经济利益时，或发展中国家意欲偏离发达国家为之规划的发展之路、进行自主发展时，发达国家就会转而对这些国家的经济发展进行干预、控制甚至打压。

5. 社会代价的挑战。

除了贫困、人口增长、粮食安全、水资源短缺、坏境污染、气候变化等等方面的挑战外，发展中国家不仅会受到发达国家经济上的盘剥，还会受到发达国家价值观念和意识形态方面的严重冲击。发达国家不仅会对发展中国家提出私有化、市场化、国际化的通用药方，而且还力图使发展中国家沿着西方化、美国化的方向发展，使得发展中国家所付出的代价不仅仅是利益丧失、主权让渡，还有传统道德观的沦丧、历史文化传统的断裂、价值观的改变等等，从而丧失掉本国历史一直存在着的丰富多彩的文化传统和民族特色。

那么，发展中国家如何应对当今世界的这些挑战呢？我们说，仅仅靠躲避是不能解决问题的，仅仅靠随波逐流也是不能解决问题的。例如，撒哈拉以南的南部非洲，现在就常常被人们看做是世界经济发展的死负荷，被排斥在了经济全球化的过程之外。还有一些发展中国家也在国际经济中缺乏竞争能力，因而也被甩进了边缘化的战车中。在这种情况下，发展中国家要能够自强不息，就必须做好本国的经济发展工作，并为此掌握市场经济的基本运动规律。这样，了解和掌握发展经济学的基本原理，就对发展中国家的人们做好自己的经济发展活动，具有了特别重要的意义。

第三节　发展经济学及其内容

我们前面说过，发展经济学是通过对发展中国家已有的经济发展实践和理论、对经济体制机制及发展对策方面的实践考察，来总结、研究发展中国家或不发达地区进行经济发展的过程和规律的。从这个意义上说，它是研究发展中国家如何摆脱贫困、走向富裕的经济学。

一、发展经济学的产生及其特点

很长一段时期以来，人们把西方发达国家中所形成的政治经济学看做是同样适应于落后国家的基本原理。这不但在资产阶级经济学中是如此，就是在马克思主义经济学中也往往如此。例如在马克思的《资本论》第1卷序言中就写到："问题在于这些规律本身，在于这些以铁的必然性发生作用并且正在实现的趋势。工业较发达的国家向工业较不发达的国家所显示的，只是后者未来的景象。"① 但后来，马克思意识到了具有不同国情的国家可能会有不同的经济发展道路，因而在对俄国的情况进行剖析后，认为俄国"有可能不通过资本主义制度的卡夫丁峡谷，而享用资本主义制度的一切肯定成果"②。在现代西方经济学中，直到1970年代以后才开始承认发展经济学是一门独立的经济学科。

发展经济学的产生有其历史必然性。第二次世界大战后，殖民体系纷纷瓦解，发展中国家则纷纷兴起。但二战期间和战后初期落后国家中普遍存在的贫

① 马克思：《资本论》第1卷，人民出版社2004年版，第8页。

② 《马克思恩格斯全集》第19卷，人民出版社1963年版，第439页。

困、疾病、文盲和死亡，引起了一些西方经济学家的关注和同情；如何解决这些国家在政治独立以后的经济发展道路，使这些国家继续作为自己的原料供应产地、商品销售市场和投资场所，这也成为发达国家政府和学者们要考虑和研究的问题。为此，西方早期的发展经济学的著作，在内容上就是要告诉发展中国家的当政者，如何仿效资本主义发达国家的经济体制，以及如何与资本主义发达国家进行贸易，以形成外向型或外贸主导型的经济。这样，西方的发展经济学实际上就是在发展中国家如何发展资本主义的经济学了。

发展经济学自产生至今，逐渐显现出以下基本特征：

1. 以传统的西方经济学理论为基础所形成的理论，并不能解决不发达国家的经济发展问题。

发展经济学形成之初，往往简单地把西方经济学的原理应用于对发展中国家经济发展问题的研究上，但多年的实践证明，这种理论探索已经遭到了失败。以就业问题为例，凯恩斯的就业理论认为失业问题是由于对潜在的总产量（即现有最大生产能力所生产的商品和劳务量）的需求不足造成的，因而通过扩大总需求，即扩大政府支出或减税，就会加速经济活动，促进就业水平的提高。但西方学者自己也承认，这一理论应用于发展中国家，会有两个限制。一是发展中国家就业的主要障碍，并不是总需求不足，而是供给方面存在结构或制度上的限制，即缺乏资本、原材料、中间产品，以及有技术、会管理的人力资源等。二是发展中国家的城市工资水平超过农村收入很多，因而采取扩大总需求的措施，就会使农村人口更大量地进入城市，不但未缓解城市的失业人口，还会导致农业总产量下降、城市人口增加过快以及教育、卫生、环境和社会治安等多方面的问题。可见，传统的经济理论在运用于发展中国家的经济发展时，不是完全不适用，就是需要加以修正。

2. 发展经济学已不再是西方经济学的一个分支科学。

正因为传统的西方经济学理论解决不了发展中国家的经济发展问题，所以发展经济学虽然起源于传统西方经济学理论，在一定时期内也以西方经济学的发展理论为主要内容，但现在，它已经脱离开了西方经济学的理论体系，不再是西方经济学的一个分支科学了。在发展经济学的研究队伍中，不但有受过严格西方经济学训练的学者，也有东西方的马克思主义者，以及发展中国家的经济学家们。发展学者们从发展中国家的实际出发，已创立出了相对完整的经济发展理论体系，比较全面地概括了发展中国家在发展过程中所面临的问题，并以荣获诺贝尔经济学奖的发展理论大师们为代表，创立出了二元结构理论、中心—外围理论等许多有影响的理论，对指导发展中国家的经济实践具有一定意义。和其他经济学科相比，发展经济学的应用性特征更为明显，如对大量案例的剖析，对发展中国家发展目标、发展战略、发展道路、发展绩效等方面的研究，都具有很强的实践意义。

3. 在经济学科的大家族中，发展经济学是最具平民特征的经济学科。

发展经济学之所以最终形成为一门独立的经济学科，和它有自己独立的研究对象有很大关系。这一经济学专门研究经济落后国家如何从贫困、落后的不发达状态，转变为繁荣、富裕的发达状态，探讨实现这一转变所需要的条件、步骤、环节、规律等等。而且，在众多的经济学分支学科中，也只有发展经济学将世界上最众多国家、最广大人口如何摆脱贫困、走向富裕的这一目标，作为自己的庄严使命来看待，因而可以说，它是一门与广大经济落后国家人民的切身利益和前途命运最为贴近的经济学科，这就决定了这一学科具有着鲜明的“平民”特征，具有着强大的生命力。

二、发展经济学的研究对象

对经济学的研究，必须建立在市场经济关系的基础上。一旦这种市场经济关系消失了，人们不再把追求最大程度的效益作为自己的目标和动力，而仅仅关注产品本身的生产，经济学也就完成了它的历史使命。因为这时现实生活中所需要的就是管理学或经济技术学，而不是经济学了。例如，美国人弗雷德里克·泰勒是科学管理的主要倡导人，著有《科学管理原理》等名著，被人称为“科学管理之父”。他曾在企业中认真观察工人们的工作流程，研究如何减少工人在操作中浪费的时间和多余的动作，以便大幅度地提高一个车间或一家工厂的生产效率。这种研究，就属于管理学或经济技术学的范畴。如果研究的角度有所不同，如研究这种工作流程的改进对市场价格产生的变化、对企业利润变化的影响，那就属于经济学的研究内容了。可见，在以实物管理为基本方式的国家中，是谈不上对发展经济学的应用的。正因为如此，本书的研究对象，是指那些具有市场经济平台的发展中国家。

不仅如此，发展经济学所据以作为研究对象的发展中国家，还是指那些非典型市场经济运行的国家。应该说，发达国家的市场经济体制属于典型的市场经济体制，它们在促进这些国家走向发达道路的过程中，既有市场经济体制自身的促进作用，也往往伴随有对外殖民或被外援的外部支持。但在今天，发展中国家要想走上发达之路，已不可能再通过开拓殖民地的方式来取得资本的原始积累了，也少有可能由发达国家通过大规模援助的方式来进行推动了，而且还要参与和适应不公平的国际经济秩序对自己一部分利益的盘剥。在这种情况下，发展中国家的发展之路，就必须完全靠自身的努力来开辟。在这个意义上，发达国家在由不发达状态走上发达状态道路上所采取的对策措施，虽然仍有一定的借鉴意义，但并不具有典型性了，因而也就不是我们所关注的重点了。

三、发展经济学研究的主要问题

基于以上分析，发展经济学留给自己的研究课题主要是：

1. 对发展中国家贫穷落后状况及原因进行探讨。
2. 研究发展中国家摆脱落后局面的经济发展目标和发展战略。
3. 探讨发展中国家的资本形成问题，探讨考察经济发展的科学衡量指标体系建设问题。
4. 研究经济发展的内外部条件。
5. 研究经济发展中的成功的或失败的案例，并进行相应的剖析。

第四节 发展经济学的历史演变

半个多世纪以来，研究者们在发展经济学领域中所出版的文献汗牛充栋，形成了许多有影响力的流派和模式，而且还相互渗透，相互借鉴。本节用简短的篇幅，对发展经济学的历史给予简单勾画。

一、西方发展经济学的演变

这里所说的西方发展经济学，是指发达国家的发展学者对发展经济学所进行的研究。发展中国家产生后，对这些国家的经济学分析形成了空白，因为经济学家们既缺乏对这些国家历史和现状的了解，也缺乏分析与西方经济结构大不相同、主要由小农组成的这类社会的经济增长理论，有的只是战后通过马歇尔计划，用美国的财力、物资和技术，来援助、重建被战争严重破坏了的欧洲的经验。在这种情况下，一些发达国家的经济学家便把其研究对象转向发展中国家，试图运用西方经济学的原理来解释和分析发展中国家的经济发展规律，从而逐渐形成了当时叫做“不发达经济学”的这么一门学科。在这个意义上，这些经济学家为这门学科的产生做出了突出贡献。

西方发展经济学发展至今，其演变可分为两个阶段：

1. 西方发展经济学家1940—1960年代的相关研究。其中占统治地位的发展理论可归结为“线性阶段模式”。

在对发展中国家贫穷落后原因的探讨上，当时居主导地位的新古典学派认为来自于这些国家内部。纳克斯（R. Nurkse）提出了贫困的恶性循环理论，认为“穷国之所以穷是因为穷”的说法；莱宾斯坦（H. Leibenstein）提出了

“低水平均衡陷阱”理论，认为发展中国家的人均收入即使有所增加，也会由于人口相应增长的拖累，使人均收入降低到仅能糊口的地步，因而这些国家的贫穷落后，就在于其自身的资本匮乏、人口众多及政策失当。但如何才能走出这样的循环和陷阱呢？美国学者罗斯托（W. Rostow）在其出版的《经济增长的阶段》等著作中，提出了有较大影响的经济成长阶段论。他用历史的和经验统计的方法，将所有国家的经济发展过程划分为六个阶段，即传统社会阶段，为起飞创造前提的阶段，起飞阶段，经济自我持续成长阶段，高额群众消费阶段，追求生活质量阶段。其中，“起飞”和“追求生活质量”是最为关键和带有“突变”性质的阶段，而起飞所需要的基本条件有：国民收入中有10%以上的投资率，创造了主导部门综合体系，配合有社会制度方面的变革等。

从本质上说，罗斯托理论及其相应的政策建议，要解决的是资本形成问题。此后，西方学者对资本积累问题的研究便朝着两个方面发展了。一是钱纳里和斯特劳特等人逐渐认识到，阻碍经济发展的不只是投资规模的大小，还有用于购买必须进口的原材料、中间产品和机器设备、新技术所需外汇的多少，并由此提出了“两缺口模型”理论，即发展中国家存在有国内资金和外汇的缺口，国内储蓄不足要用外资流入来填补。二是舒尔茨、哈伯格等人认为，对经济发展的促进并非只需要物质资本就行了，而必须充分重视人力资本的作用。除这些认识外，受当时社会主义国家计划经济成就的影响，也由于数学上线性规划方法和电子计算机的出现，罗丹等人提出了“大推进”理论，纳克斯从降低成本和增加需求出发而主张“平衡增长”，赫尔希曼和辛格等人却从稀缺资源得到充分利用角度主张“不平衡增长”。

然而我们看到，这一时期占据统治地位的“线性阶段模式”研究，运用的是新古典学派的经济学理论和研究方法，却并没有在实践中开出绚烂的花朵。按照罗斯托的经济成长阶段论，发展中国家之所以陷于贫困，是因为这些国家还处于经济增长的起飞前阶段，因而为推动一部分发展中国家的起飞，以美国为首的发达国家也曾大量向这些国家进行资本投入。但是实践证明，仅靠外部的资本投入，并没有促进这些国家的经济起飞，反而使得这些国家债台高筑。在这种情况下，经济学界便弥漫着“发展经济学的失败”的悲观情绪，发展经济学家们更是把责任归结为发展中国家政府的“政策失误”。这表明，新古典学派为发展中国家所规划的“国际化、市场化、私有化”的发展道路，在现实生活中遭到了失败。

2. 西方发展经济学家1960年代以后的相关研究。其中占统治地位的发展理论可归结为“结构变动模式”，以刘易斯的“二元结构劳动剩余”理论和钱纳里的经验分析模式为代表。

1960年代以后，伴随着新古典学派理论的失败，结构主义学派开始兴起。这一学派力求从发展中国家所特有的经济和社会结构出发来考察经济发展问题，认为发展中国家的经济结构缺陷是阻碍它们经济发展的主要约束，因而形成了发展经济学上的“结构变动模式”分析。

“结构变动模式”最著名和有影响力的成果是“二元结构模式”。“二元结构论”最初是由诺贝尔经济学奖获得者威廉·阿瑟·刘易斯提出的，后由耶鲁大学的费景汉和拉尼斯等人加以发展，所以也被称为“刘易斯—费—拉尼斯模型”。这一理论被西方许多经济学家认为是解释第三世界劳动剩余发展过程的“普遍真理”，至今仍为不少人特别是美国经济学家所推崇。

刘易斯认为，在发展中国家中，城市的资本主义现代工业部门是以现代技术为特征的发达经济部门，自给的农业部门是以传统的落后技术为特征的不发达经济部门，这就形成了“二元结构”。经济发展的动力，在于拥有现代化技术的城市工业，这就要扩大城市工业。为此，落后的农业部门存在有大量隐蔽的失业人口，这就保证了城市工业扩大所需的劳动力；受供求关系及农村低的劳动生产力所形成的低收入影响，农民工的工资长期保持着低水平，使得城市现代化工业部门能获得高利润。这些高利润的再投资，又能从农村的“隐蔽失业人口”中吸取更多的劳动力，直至经济发展到劳动力短缺，工资不得不上升的状态。因此，刘易斯认为，在经济发展过程中，资本形成和技术进步的结果，不是提高工人的工资，而是提高国民收入中的利润份额。

在刘易斯二元结构模型中，将农业视为一个被动的部门，看不到农业劳动生产率的提高和收入的增加。美国耶鲁大学的费景汉和拉尼斯教授为此提出修正意见，将二元结构的演变分为三个阶段：第一个阶段与刘易斯模型基本相同，农业部门存在着隐蔽失业，劳动边际生产率为零或接近于零，劳动力供给弹性无限大。第二、第三阶段中，农业部门也逐渐出现了剩余，可以满足非农业生产部门的消费，从而有助于劳动力由农业向工业的转移。因此，农业促进工业增长的作用，不仅是消极地输送劳动力，而且还积极地为工业部门的扩大，提供了必不可少的农产品（首先是粮食）。

应该说，该模型反映了发展中国家经济发展过程中城乡对立运动的一些客观规律，大致上符合西方国家经济增长的历史经验。但它也有缺陷，如对发展中国家中城市资本主义工业部门吸收农村剩余劳动能力的分析有夸大的成分，回避了这一过程实际上是资产阶级掠夺农民、进行原始积累的过程，回避了发达国家与发展中国家在对外贸易中的不等价交换以及维护国际经济旧秩序的问题等。

除二元结构理论外，结构主义学派有影响的分析，还有纳克斯的“贫困的恶性循环理论”，库兹涅茨的经验回顾分析，缪尔达尔的“循环积累因果原理”，普拉维什的“中心—外围理论”等。这些论述既考察了发展中国家的内部结构缺陷例如严重的二元经济结构状态，也考察了不平等的国际贸易环境例如中心—外围的外部结构缺陷，对发展中国家的巨大负面影响，认为发展中国家如果不能建立一个新型的、健康的经济结构，就不可能完成经济发展的任务，并由此提出了一些比较温和的政策主张。我们认为，尽管结构主义学派的研究和新古典学派相比，更为全面和实际一些，但它们的基本观点仍是在现象的层面上打转，仍没有探寻出发展中国家贫穷落后的根本原因，这使他们的研究在实践中看，并没有解决根本问题。

二、新马克思主义学派的观点

在西方发展经济学的历史长河中，人们认为已形成了三大流派，即新古典学派、结构主义学派和新马克思主义学派（也叫做激进学派）。前两种流派曾构成了西方发展经济学不同时期的主流，但马克思主义流派试图以马克思主义的立场、观点和方法来分析研究当前的南北经济关系，试图揭示这一关系的本质内容和发展趋势，试图对发展中国家的贫困原因、发展目标、发展道路等一系列重大问题，做出马克思主义的回答，提出了一些令人瞩目而影响广泛的观点。

新马克思主义学派坚持经济学研究的阶级性特征，这一点就连一些非马克思主义的研究者也予以承认了。美国著名发展学者托达罗就公开表示：“经济学不可能像物理学或化学一样，不受价值观念的约束，因此，经济分析的确定性和经济方案的正确性，总是要根据其本质假定或价值前提来进行评价”①。正因为这样，新马克思主义学派和新古典学派的视角相反，基本上是用“外因论”来解释发展中国家的贫困原因，认为发展中国家的贫困和落后，并不是因为他们处在所谓“前资本主义时代”，他们也不可能通过“起飞”过程来完成发展任务，而是现代资本主义存在的一种模式，与发达国家的繁荣富裕是一种互为因果的关系，是在国际范围内资本运动和积累的必然结果，因而发展中国家的经济发展必然会造成“越发展越依附”的结果。从这个角度说，来自于发达国家对发展中国家的残酷剥削和掠夺，才是陷广大发展中国家于贫困深渊的根本原因。由这种“依附论”，新马克思主义学派引申出了“脱钩论”，认为发展中国家要想谋取真正的发展，就必须斩断与发达国家的一切联系，开拓新的

① 〔美〕迈克尔·托达罗：《经济发展》（第6版），中国经济出版社1999年版，第10—11页。

发展道路。

应该说，新马克思主义学派的“依附论”对人们从世界统一体的角度理解贫困与富裕的关系有一定启发，这也是这一学派的理论为人们所重视的原因之一。但是，仅仅从外因论的角度来探讨发展中国家的贫困原因，并不符合马克思主义经济学的方法论传统，尽管马克思主义不否认具体事件或一定时期内的外因主导作用，但从根本上和长期的角度来说，马克思主义始终强调内因是事物变化的依据，外因只是事物变化的条件。另外，主张封闭式的发展道路，这在现代社会中已被证明是行不通的。

三、发展中世界的发展经济学

以上我们介绍的，是西方发达国家发展学者的研究成果。应该说，最初从事经济发展研究的，以及有较大社会影响的研究成果的，主要是西方发达国家的学者。但广大发展中国家的学者从本国或本地区的实际地位和立场出发研究发展问题，则提出了一系列有别于发达国家学者的新认识，大为丰富了发展经济学的理论园地。

总体上看，发展中国家发展学者的理论建树，大都可以归结为结构主义和新马克思主义学派的范畴。由于拉丁美洲国家独立较早，在发展中世界中的经济发展起步也早，因而在经济发展问题研究方面比亚洲、非洲地区更为活跃，并形成了许多理论流派。比较有代表性的，有发展主义、依附论、巴里洛克模式、新经济自由主义、外围资本主义变革论和重新定向论等。

发展主义是由阿根廷著名经济学家普拉维什（R. Prebisch）提出的，其内容十分广泛，几乎涉及发展中国家如何实现社会经济发展的所有领域，如工业化方针、消除社会不平等、计划与市场的结合、经济分配、消费模式等，主张以工业化为中心，以国家计划和必要的行政干预为手段，目标是国民经济的高速增长，在争取国际经济环境改善的条件下实现本国经济发展。普拉维什在对国际贸易问题的分析中，摈弃了西方传统的“比较利益”说，提出了贸易条件对发展中国家日益不利的“普拉维什命题”，认为旧的国际经济秩序使得发展中国家在国际贸易中得到的是不平等交换，致使巨额财富向发达国家流失，因而它是以一切服从“中心”（即发达国家）的利益而牺牲“外围”（即发展中国家）的利益为特点的，因而被誉为国际经济新秩序的倡导者。

1959年古巴人民革命的胜利，使许多拉美青年在思想上出现了激进倾向，并在1960年代形成了“依附论”学派。这一学派接过了发展主义提出的“中心—外围”概念，并将其推向极端，主张发展中国家独立自主地发展，应该同资本主义世界经济体系相“脱钩”，而不是“结合”到这个体系中来“争取改善”自己的国际经济地位。

巴里洛克模式出现在1970年代。出于对环境污染、资源枯竭等问题的担忧，在罗马俱乐部的倡导下，自然科学家和社会科学家联合创立了“未来学”的学科。在这一热潮中，阿根廷巴里洛克基金会在1976年发表了题为《是灾难还是新的社会?》的研究报告，提出了关于世界未来、特别是第三世界国家未来发展的模式，被人们称为“第三世界模式”。

新经济自由主义是在1970年代西方货币学派和供应学派思想冲击下产生的一个学派，主张减少国家对经济的干预，让市场自行发挥调节作用。拉美国家在1980年代曾陷入到了经济危机中，在对经济进行调整的过程中，这种新经济自由主义的主张曾被许多政府所采纳。

外围资本主义变革论是发展主义的创始人普拉维什在1970年代拉美国家军政府纷纷执政、社会经济矛盾十分尖锐形势下为回答现实问题而提出来的，认为拉美的严重弊端在现行体制内部是无法解决的，必须变革这个体制，从而形成了新的“体制改革论”。

重新定向论产生于1980年代。当时由于发展中国家出现了严重的经济危机，使人们对过去西方发展经济学提出的发展模式产生了怀疑和批评，因而以普拉维什为首的一批发展学者提出发展中国家的发展模式应“重新定位”。但目前在这方面提出的具体政策建议多，理论上的建树少。

除拉美学者外，随着发展中国家经济发展的广泛实践，亚洲和非洲研究经济发展问题的学者也日渐增多。激进学派的学者如埃及的阿明（S. Amin）著述颇丰，受社会主义国家的马克思主义很大影响。印度学者的研究成果则大多运用西方发展经济学的观点和方法，结合本国经济发展实际进行阐述，但独立见解不多。

四、发展经济学的最新课题

在对经济发展问题的研究中，除了上述基本脉络外，发展经济学还紧密结合全球经济发展实际，深入研究了一些前沿性的经济发展课题。例如，曾有一些发展中国家在取得10到20年的迅猛发展后，其经济增长就逐渐下降甚至停滞了，如1960—1970年代发展经济学家曾津津乐道于所谓的“巴西神话”，但在随后的15年中，巴西经济增长却陷入了停滞；印度尼西亚在1980年代至1990年代上半期也曾有过经济迅猛增长的经历，但后来却陷入了经济与政治危机。这里的原因是什么呢？而且，发展经济学家们还发现，发展中国家头10年的经济高速增长与下10年的经济增长状况，几乎没有什么联系，这表明过去的成功经验以及建立起来的发展体制机制，并不能保证未来的持续和长期的发展。

由于认识到狭隘的市场化导向有其严重局限性，还不能适应很多低收入国家的发展要求，世界银行曾提出了“新发展观”的理念，并从1990年代中后期开始，在政策上进行了重大调整，明确提出减贫是世界银行的宗旨和任务，将减贫作为贯穿世界银行一切业务活动的主线。世界银行这时对贫困概念的界定，也从过去纯经济意义上的贫困，扩大到了包括政治权力、社会影响等在内的广义上的贫困，并随着贫困定义的拓展，其扶贫政策也从经济领域扩大到了社会其他方面。同时，世界银行也越来越强调贷款的政策杠杆作用和政府管理、制度结构、人权和民主等非经济因素，注重全面发展。

1980年代以后，“可持续发展”逐渐成为我们时代最响亮的名词之一，可持续发展战略也逐渐深入人心，成为世界各国制定和实施经济社会发展战略的必然选择。所谓可持续发展，其原意是指“既满足当代人的需要，又不对后代人满足其需要的能力构成危害的发展”①。这一概念重点强调的是“代际公正”，但在执行过程中发现了这种概括的不足，如有的发达国家把污染性的企业转移到不发达国家中。这样经过广大发展中国家要求，修正后的观点认为：“可持续发展不仅要追求‘代际公正’，即当代人的发展不应损害下代人的利益，而且还要追求‘代内公正’，即一部分人的发展不应损害另一部分人的利益。”② 用较为学术的语言表达，就是“以新的生产方式不断提高人群生活质量和生态系统承载能力，满足当代人需求又不损害子孙后代满足其需求能力，满足一个地区或一个国家的人群需求，又不损害别的地区或别的国家的人群满足其需求能力的发展。”可持续发展理念提出后，发展经济学界就如何实现人口、资源、生态、环境和经济发展的相互协调，进行了系统的研究。

1990年代，亚洲金融危机曾震撼了全球。金融危机爆发地的东亚地区，曾是发展经济学家们推崇的经济发展模范地区，有着高储蓄、高投入、高负债、高增长，以出口为导向，政府干预经济等特征，但高负债所形成的高风险，却导致了金融风暴的发生，既暴露了这些国家整体竞争力的缺乏，也暴露了由政府干预所产生的大规模决策失误和权力腐败。由此，经济学家们对这种亚洲经济发展模式进行了深刻反思。

① 世界环境与发展委员会主编，王之佳、柯金良等译：《我们共同的未来》，吉林人民出版社1997年版，第52页。

② 杨建文：《发展经济学的新发展》，见《国外社会科学前沿（1998）》，上海社会科学院出版社1999年版，第70页。

五、中国的发展经济学

中国是世界上最大的发展中国家，有着上百年沦为殖民地、半殖民地的惨痛历史，因而强国富民一直是中华仁人志士的不懈追求目标。在理论建设方面，张培刚教授留学期间完成于1949年的《农业国工业化问题初探》论著，是第一部从历史和理论角度较为系统地研究发展中国家经济发展问题的专著，获得过哈佛大学1946—1947年度最佳论文奖和“威尔士奖金”，在国际上特别是在拉丁美洲有着广泛的影响，被看做是发展经济学的先驱人物之一。

发展经济学在中国的广泛传播和迅猛发展，是改革开放以后的事情。1985年，人民出版社出版了谭崇台教授撰写的《发展经济学》，称为中国第一本系统介绍西方经济发展理论的著作，揭开了发展经济学在中国传播、发展的历史序幕。此后，中国有关经济发展问题的论文、专著、教科书如雨后春笋般地涌现，呈现出了中国发展经济学的春天。

中国的发展经济学教学和研究有着自己的独有特色。和当代国外的主流研究方法所不同，中国的发展学者致力于创立马克思主义的发展经济学，试图在马克思主义指导下，建立崭新的、科学的发展经济学，总结提出具有中国特色的理论、政策及案例研究。特别是党和国家新一代领导人提出了“科学发展观”的理念后，对经济发展方面的研究和实践更是取得了相当的成果，并在国际上以“中国模式”而为人们所关注，在发展经济学界及国际经济实践中都产生了一定影响。

中国地域广阔，国情复杂，因而从总体上看，仍处在建立和完善社会主义市场经济体制的历史时期，处在推动经济发展走上稳定而健康发展的关键时期。在这个意义上，对发展经济学的研究和应用不是可有可无的，而是必须的、紧迫的和长期的。发展中国家包括中国的长期经济实践告诉我们，在遵循基本经济规律的基础上，各国的具体经济发展道路，必须要结合本国的具体国情和历史阶段来进行，单纯用既有的理论认识来套住现实，或者抛开理论来盲目行进，都会让我们付出惨痛的代价。我们必须要用已有的理论成果和丰富的实践经验教训，在成本最小化的基础上，取得最佳的经济效果。

具体到我国来说，我们认为以下基本原则是必须要把握的：

1. 要以科学发展观为统领。

科学发展观是中国共产党在党的十六届三中全会上提出的，即“坚持以人为本，树立全面、协调、可持续的发展观，促进经济社会和人的全面发展”。在党的十七大报告中，胡锦涛总书记又强调：“科学发展观第一要义是发展，核心是以人为本，基本要求是全面协调可持续，根本方法是统筹兼顾。”① 科学发展观指明了新世纪新阶段我国现代化建设的发展道路、发展模式和发展战略，进一步明确了中国为什么要发展和怎样发展等重大问题，是我国全面建设小康社会、实现现代化的根本指导方针。如此，以科学发展观为统领，牢固树立和认真贯彻落实科学发展观，关系到党和国家工作的大局，对我国建成完善的社会主义市场经济体制，实现全面建设小康社会，进而实现现代化的宏伟目标，具有重大而深远的意义。

2. 要以马克思主义为指导，借鉴吸收百家有益成果。

我国宪法明确强调我们是以马克思列宁主义为指导思想的社会主义国家，因而在经济发展的研究和实践中，以马克思列宁主义为指针，既是国体、政体的基本要求，也是我们做好经济发展的优势所在。马克思主义强调经济发展的立场、方法、观点，强调把经济发展的成果惠及广大的人民群众，并为此在他们的著作中进行了深刻的历史总结，是我们做好经济发展的目标、途径、重点、方式等多方面工作的重要参考和依据。但同时，随着时代的发展，我们也不能固步自封，也必须吸收和借鉴一切有助于我们建设好社会主义市场经济体制的新思维、新认识、新理论，使我们能在当今的世界经济舞台上变后发劣势为后发优势，尽快地促进人民群众走进小康社会。

3. 要做好市场经济这一经济平台的基础建设。

前面我们说过，对发展中国家经济发展问题的经济学探讨，只能建立在市场经济的平台上，否则就无法进行经济成本的最小化或经济效益的最大化的研究，而只能是管理技术和管理艺术的研究。正因为如此，中国要使自己的经济发展建立在符合经济规律和科学发展观的基础上，就必须重视市场经济平台的基础建设，以市场价格信号的引导为基础，做好市场主体、市场体系、市场调控的规范化、效率化建设，促进自身的扎实而高效率的发展。

4. 要解决好丰裕中的贫困问题。

“丰裕中的贫困”是具有全球性影响的英国经济学家凯恩斯（John Maynard Keynes）提出的概念，指在现代社会中，丰裕与贫困是两个并行不悖、互为因果的因素。今天，这种丰裕中的贫困已不再仅仅是发达国家中的现象了，也不再是其他发展中国家存在的普遍现象了，就是在我国，人们也能明显地感受到由于经济成长以及收入差距的扩大所呈现出的丰裕与贫困的矛盾。正因为这样，世界银行就在新千年伊始的时刻，将丰裕中的贫困视为我们这个世

① 胡锦涛：《高举中国特色社会主义伟大旗帜 为夺取全面建设小康社会新胜利而奋斗》，《中国共产党第十七次全国代表大会文件汇编》，人民出版社 2007 年版，第 14 页。

界所面临的最大挑战。在我国，对这个问题的解决既关系到是否能真正贯彻落实好科学发展观，也关系到我国社会的前途与稳定。

5. 要以实事求是精神探索发展道路。

实事求是被视为马克思主义的精髓，也被实践证明是难以完全做到的。这其中，既有来自对马克思主义的教条化、僵化的理解和运用，把王明式的本本主义看做是马克思主义的正宗；更有对现代西方经济学说的教条化、僵化的理解和运用，把西方经济学教科书中的内容奉为圭臬，盲目而机械地搬来作为我们制定经济政策的依据；当然，也有人轻视理论的作用，以违背经济规律为代价，满足于成本最大化、效益最小化的经济成果。这些都表明，在经济发展道路的探索上，强调实事求是的求真务实态度，不仅是必要的，而且是必须的。

第二章　资本形成与经济发展度量

一个国家的经济发展，包括内部和外部两方面的条件。经济发展的内部条件有资本形成、人口的规模与质量、资源与环境状况、科学技术的应用程度等方面；外部条件则有对外贸易、引进和利用外资，以及外援外债等方面。一个国家或民族的经济发展过程，实质上就是如何把上述这些约束性的因素转化为促进性因素的过程。这其中，资本形成被经济学家们看作是最初的推动力量。本章探讨在发展中国家如何实现资本形成，并对经济发展的度量指标体系进行阐述。

第一节　资本形成及其理论

对于“资本”范畴，马克思主义经济学和现代西方经济学有着不同的理解和认识。马克思把资本看作是能够带来价值增值的价值，并认为它在资本主义条件下反映了资本家阶级对工人阶级的剥削关系。就对经济发展而言，马克思认为货币资本“表现为发动整个过程的第一推动力。”然而现代西方经济学对资本认识的视角有所不同，不是从价值角度着眼来加以认识，而是从使用价值角度着眼来理解和运用这一范畴。它们把凡是用于生产、扩大生产能力及提高生产效率所需要的物资，都看作是“资本”。这样，资本就分为了三种形式，即物质资本、人力资本和金融资本。这里所探讨的资本形成中的资本，只是从物质资本角度来运用的资本范畴。

正因为这样，在现代经济学家眼中，所谓资本形成，就是在发展中国家的经济发展中如何筹措到足够的资本的问题。他们认为，由于发展中国家收入水平低、资本稀缺，因而加速资本形成就成为了实现工业化和现代化的关键性条件。

一、资本形成的内涵

从发展经济学的角度看，资本形成就是把社会现有的一部分资源抽调出来，用来增加资本品的存量，以便使将来可消费的产品数量得以扩大。对资本形成问题的分析，需把握以下要点：

1. 发展经济学在这里所讲的资本，主要是指物质资本，是从实物形态的角度来着眼的，而不是像马克思经济理论那样，从价值的角度来着眼。应该说，这两种思路从市场经济的角度考察，马克思经济理论的分析视角更符合经济学的研究规范。

2. 这种物质资本形成，是指以实物形态存在的机器、工具设备、厂房、建筑物、交通工具与设施等长期耐用的生产资料，包括固定资产以及维持生产所必需的存货。发展经济学家们认为，这些物质资本状况表明了一个国家现有的生产能力，以及同其他互补性生产要素相结合所形成的未来生产潜力。

3. 从广义的角度说，资本形成既应包含物质资本，也应包含所谓的人力资本以及金融资本。但人们习惯上把人力资本作为一个单独的话题进行说明，把金融资本只是看作为物质资本提供服务的资本形态，因而经济学家们通常只从物质资本的狭义角度来理解资本形成范畴。

4. 资本形成是投资过程所形成的结果。它来源于生产量超过当前消费量的剩余即储蓄，因而被看作是对当前消费的节省。这种以储蓄形式表现出来的剩余，通过投资和生产，就转化为耐用资本了。这里要强调的是，资本形成指的是储蓄或资本积累中扣除旧资本的更新后的“净投资”或“净资本形成”，因为只有净资本形成才对经济增长发生作用。由于资本更新可能引起资本深化问题，即新资本的生产率提高或资本—劳动配合比率增大（劳动投入减少），因而人们在分析资本形成与经济增长的关系时，往往也使用“总资本形成”的概念。在现代西方经济学体系中，资本形成与资本积累这两个概念是可以通用的。

5. 资本形成尽管是发展中国家经济发展的必要条件，但却不是充分条件。这是因为，仅仅鼓励物质资本形成是远远不够的，还必需建立起其他相应的经济社会条件，特别是要提高投资的经济效益。正因为如此，1980 年代以来，西方发展经济学也不再坚持“资本形成是经济发展的唯一因素”这一极端观点了，也开始强调人力资本和技术进步在经济发展中的重要作用。

二、已有的资本形成理论

在早期的发展经济学理论和实践中，物质资本或明或暗地被看作唯一稀缺的资源，或者是稀缺资源中最稀缺的一种，因而资本稀缺被看作是发展中国家加速经济发展的最主要障碍。比如，第二次世界大战后第一代经济增长理论的代表——哈罗德—多马增长模型，就根据凯恩斯提出的储蓄等于投资（S＝I）静态均衡条件，推出了 g＝s/c 的模型公式，其中 g 为经济增长率（ΔY/Y，Y

为总产出即 GDP)，s 为储蓄率（S/Y，S 为储蓄），c 为增量的资本产出比（ΔK/ΔY=I/ΔY）。这一公式表明，若 c 由生产的技术水平即资本的生产率决定，且在短期内不变，则储蓄率即资本形成率 s，是决定经济增长率 g 的唯一因素。例如，若年储蓄率 s 为 50%，资本产出比 c 为 5，则年经济增长率 g 就为 10%。

早期发展经济学中其他一些有影响的理论，如纳克斯的“贫困恶性循环”理论，纳尔逊的“低水平均衡陷阱”理论，刘易斯的经济增长理论，罗斯托的经济起飞理论，也都过分强调了资本形成在经济起飞或经济增长中的作用，如“贫困恶性循环”理论就认为资本稀缺即低储蓄能力，是发展中国家经济贫困的直接原因和必然结果，因而被称为“资本基本主义”或“唯资本主义”。但是，战后几十年发展中国家的经济发展实践证明，大多数国家并未靠高积累率而起飞或获得令人满意的发展，失业或就业不足问题普遍存在，收入分配很不平等，农业进步不大，人民生活水平仍然处于低下或贫困的状态。究其原因，就在于一个国家的经济发展并不是单靠大量的资本投资就能完成的，而是有着体制机制上的、人力素质上的、国际贸易环境、发展战略及政策的合理性等多方面的因素制约。

从 1960 年代中期开始，特别是 1980 年代以后，西方发展经济学在资本形成理论上出现了转向，不再坚持“资本形成是经济发展的唯一原因”的极端观点，而认为资本形成是经济发展的重要因素或约束条件之一，同时强调人力资本和技术进步在经济发展中起着越来越重要的作用。发展学者索洛（R. Solow）等人就在修正哈罗德—多马增长模型的基础上，提出了第二代增长理论即新古典增长模型，认为 $\Delta Y/Y=\alpha\cdot\Delta K/K+\beta\cdot\Delta L/L+\Delta A/A$，其中 $\Delta Y/Y$ 为经济增长率，$\Delta K/K$ 和 $\Delta L/L$ 分别为资本存量和劳动投入的增长率，$\Delta A/A$ 为全要素生产率的变化率，即广义的技术进步。这样，经济增长率就由三部分构成了，即资本贡献（$\alpha\cdot\Delta K/K$）、劳动贡献（$\beta\cdot\Delta L/L$）和生产率（广义的技术进步）贡献（$\Delta A/A$），因而决定经济增长的因素就不再是哈罗德—多马模型中唯一的资本因素了，而是由资本、劳动和生产率（技术进步）三大要素决定的了。

从索洛模型中可进一步推导出，在资本边际生产率递减的情况下，资本形成对经济增长的作用是有限度的。索洛模型还假定生产率的提高或广义的技术进步在经济增长中为外生变量，因而它也被称作“外生增长理论”。但是，西方经济学家对经济增长所做的核算表明，资本对经济增长的贡献正在逐渐减小，而技术进步的相对贡献越来越大，并且成为了现代经济增长的主要推动力量。由此，舒尔茨（T. W. Schultz）、贝克尔（G. S. Becker）等人提出了人力资本理论，认为教育、营养、卫生等支出即人力资本投资对经济增长起关键作用。罗默（P. Romer）、卢卡斯（R. Lucas）等人则提出了第三代经济增长理论即新增长模型，也称作“内生增长理论”。“内生增长理论”认为，技术进步不是外生的，而是由经济体系内部因素决定的，即内生的，并由一个社会对技术进步的应用状况而推导出，国家之间的收入差距将趋于扩大，人均资本和人均产出较高的国家其经济增长也将越快，后进国家很难赶上。这一理论还提出了“干中学模型”，认为若资本形成过程能带来技术进步和生产率提高，则它对经济增长既有直接促进作用，即能通过资本量的变化而影响经济增长的变化，也有间接促进作用，即能通过技术进步的变化而促进经济增长状况，因而经济增长率就取决于储蓄率的高低了，使得资本形成的作用在理论上又比索洛模型重要得多了。

从经济增长理论的这三代变化中我们得到的认识是：资本形成在经济增长中的作用大小，取决于资本边际生产率的变化，也就是说，要看资本形成的进程是否同时促进了技术进步和生产的提高。若资本边际生产率如索洛模型中假定的那样是递减的，则资本形成对经济增长的作用就是有限的，技术进步就成为长期经济增长的主要决定因素了；若资本边际生产率如内生增长模型假定的那样是不变的甚至是递增的，则资本形成对经济增长的作用就非常重要了。

第二节　资本形成的方式与效率

尽管发展经济学对经济增长关键的认识已经多元化了，但并不意味着资本形成对于经济增长的重要性就不重要了，或者重要性降低了。虽然二战后发展中国家已经在经济增长和经济发展方面取得了很大进步，但离现代世界所要求的经济发展目标，仍有着很大的距离。要改变这种状况，就需要大量的开发投资，这其中资本不足的问题仍相当突出。另外，要促进科技进步，提高劳动者的素质和技能，也需要相应的物质资本来支持。从这些角度看，千方百计地筹措资本并节约地使用资本，仍然是发展中国家需要做好的基础性工作。

一、资本形成的方式

所谓资本形成的方式，就是如何将储蓄转化为投资的这样一种机制和渠道。在资本主义发展的历史上，曾经采取过海外殖民掠夺、圈地运动等暴力手段来促进本国的资本形成。但在今天，这些方式已遭到了人们的唾弃。当今世界上人们进行资本形成，主要有以下方式：运用行政或经济手段动员农业剩余，运用财政政策进行政府融资，企业本身进行资本积累，通过金融机构和金融市场进行融资，运用通货膨胀办法强制储蓄，通过外贸和利用外资进行资本形成。

1. 农业剩余的转移。

发展中国家在工业化初期如果没有多少外资可利用，又不能通过初级产品的出口来换取资本品的进口，那么农业剩余就会成为初始资本的主要来源，在为其工业化提供启动资金方面起着重要作用。其所以如此，是因为从历史和逻辑的角度看，发展中国家要发展，工业必须取代农业而占据国民经济的主导地位。正因为这样，包括中国在内的一批发展中国家在经济发展之初，往往不惜通过工农产品价格剪刀差等多种方式，来获取农业剩余并发展城市工业。当然当经济发展到一定程度后，这些国家又必须发展好农业，因为农业越是发展，工业化的速度就会越快。

农业剩余转化为资本形成的主要方式有：

利用农村廉价剩余劳动力。当农民开垦土地、修造建筑物、修筑篱笆、开挖灌溉沟渠、修建公路、铁路、机场、桥梁等时，便直接形成了物质资本。由于农民工所得到的报酬相对较低，因而在我国当前及今后相当一段时期，这些仍然是可利用的、很有潜力的投资方式，对于改进一些地区的落后交通状况和居住条件，尤其是促进社会主义新农村建设方面，有着一定作用。对于城市发展来说，对农村剩余劳动力的利用仍有着不可忽视的作用。刘易斯所提出的“二元模式”的核心，就是要求在市场价格引导下，能在不变的实际工资下获得无限供给的劳动力，以利用农村剩余劳动力所创造的价值，增加资本家的利润，扩大资本形成，推动经济增长，直至二元结构消失。这是一种隐蔽的或间接的资本形成方式。我们说，刘易斯主张保持实际工资不变以及靠牺牲农业来发展工业，这是不可取的，长远看对国家的经济发展特别是国民收入增长、拉动内需等有较大损害，但他关于利用发展中国家劳动力资源丰富的比较优势，扩大资本积累的思想则有一定积极意义。我们在实践中要注意把握的是，一定要维护好广大农民工的基本权益，特别是政府要制定好合理的最低工资水平线。

征收农业税。它包括土地税、农产品交易税、出口税、农民所得税及土地增值税，其中土地税是最主要和最基本的农业税。但我国目前已取消了农业税，在中国社会发展史上具有革命性的意义。

通过工业产品与农产品的价格剪刀差，来压低农产品的相对价格或贸易条件。在苏联和中国，这种非常隐蔽的转移农业剩余的方式，曾经是计划经济时期工业化初始资本积累的最主要来源。在今天的市场经济条件下，由于供求的不均衡，这种工农产品价格上的剪刀差仍然是存在的。

出口农产品，为工业化赚取外汇。通过这种方式，发展中国家可以引进国外的先进机器设备和技术，从而缩短本国的工业化时间。

农民的自愿储蓄。农民的收入在扣除生活消费及农业投资后若有剩余，则会存入金融机构，或购买政府债券、公司债券或股票等。这与农民纯收入的多寡、农村金融的发展程度、利率水平等有关。

2. 政府融资。

发展经济学们认为，在发展中国家工业化和经济起飞过程中，特别是在早期阶段，政府在资本形成方面发挥着不可忽视的作用。政府的积累或融资，是通过财政渠道实现的。政府的收入扣除经常性消费开支，便是政府的储蓄。当政府储蓄转化为财政支出中的生产建设性开支时，即为政府的投资。

首先我们来看一下政府财政收入与资本形成的关系。政府的财政收入主要包括三个部分：

一是税收收入，这是最主要的来源。一个国家的税收潜力由以下因素决定：人均实际收入水平，收入分配的不平等程度，不同经济活动的相对重要性（例如外贸和外资的重要程度、现代生产部门的重要程度、农业商品化程度等），社会、政治、制度环境与各个不同集团的力量对比，税制完善程度，政府征税能力等。在发展中国家，可以通过完善税收制度、强化税务管理、改进税收结构、减少偷税漏税等多种措施，挖掘现有的税收潜力。税收对发展中国家资本形成的作用主要体现在：（1）可以为公共投资筹集充足的资本，形成政府储蓄；（2）可以刺激企业把更多收入用于投资，形成企业储蓄，或是刺激国外企业来本国投资，形成国外储蓄。从前一种作用说，应该多征税或提高税率；从后一种作用说，则应该少征税或降低税率。这种两难抉择，要求税收的轻重和税率的高低必须适度，实行适度税赋原则。此外，经济学家们还建议，为了加速资本形成，税收政策上应对奢侈物品课以较高的消费税或关税，对非生产性的投机活动课以重税，对个人收入课以累进所得税，对生活必需品则少征税或免税，对生产性投资和技术创新则给予减免税或允许加速折旧的政策鼓励。

二是非税收入，这包括：（1）国有财产收入，如出售或出租国有土地、森林、矿山和水利资源等的收入或租金。在中国，这部分收入以特种税的形式上交，如土地增值税、城市维护建设税、资源税、城市土地使用税、耕地占用税等。（2）国有企事业单位的赢利。在中国这部分收入主要是国有企业上交的税后利润。（3）各种行政收费，包括行政规费、司法规费和一切公共设置的使用费、公共工程的收费、特许权收费以及罚没款等。在我国，非税收入也是财政收入和政府储蓄的一个辅助的甚至在一定时期内是重要的来源，对促进资本形成有重要意义，因而其潜力不可忽视，但另一方面，在非税收入方面也很容易形成巧立名目的现象，严重损害民间的储蓄和资本形成能力，因而对这种收入的取得必须适度。

三是债务收入，包括内债和外债。前两种方式属于政府储蓄的正常手段，但当政府储蓄不足以支付政府的投资支出，即发生了财政赤字时，政府就可以通过向国内公众举债即发行债券，出售国有企业股票，或借外债，或向银行透支以扩大货币发行即实行通货膨胀的手段，来弥补其财政赤字。应该说，政府储蓄以及财政赤字的规模，都是由政府的社会经济政策决定的。

如何看待财政赤字对策对一个国家经济增长的利与弊呢？我们说，这主要取决于两方面：一是财政赤字的弥补手段，二是财政赤字的用途及其效率。在发展中国家，若想利用财政赤字为资本形成和经济建设服务，就应当做到以下三点：一是赤字的弥补手段要得当，即坚持通过发行国债（包括适当地举借外债）而不是靠发行货币来弥补赤字，以防止通货膨胀。二是由赤字融来的资本要使用得当，应坚持只为生产性投资而不为经常性开支举债，并把由此融得的资本，用到国家经济建设急需的项目上来。三是尽量减少经常性开支和严格控制生产性投资的规模和用途，以便把财政赤字控制在国力能够承受的范围内。

下面我们再来分析一下政府财政支出与资本形成的关系。政府财政支出由公共投资支出（资本支出）和经常性支出（公共消费支出）两部分组成。前者一般是生产性支出，包括社会投资（教育、科技、文化、卫生等）和基础设施投资（运输、邮电、通讯、大型水利工程、城市公用事业等）以及直接生产投资；后者则一般是非生产性的，包括政府公务人员的工资和津贴、非生产性商品和劳务购买、军事外交支出、公债利息支付、各种补贴和转移支付等支出。在政府的财政支出中，与资本形成直接相关的是政府的公共投资或资本支出，这在发展中国家，主要是通过建立国有企业或事业单位进行的，这其中如何引入市场机制，从而提高公共投资的效率和公共服务的质量，是一个重大课题。此外，由于政府在一定时期内的财政收入是既定的，因而政府的经常性支出的节约，则意味着可增加公共投资即生产性支出，从而增加资本形成。

3. 企业积累。

从资本主义经济制度诞生以来，由利润动机所驱使的企业积累及其创新活动，构成了一个国家经济发展的基本推动力量。由于企业是国民经济的细胞，因而提高企业的创立能力，增加企业利润以不断扩大再生产，对于经济发展而言具有决定性意义。对于当今的发展中国家来说，实践也证明，以企业积累为主体、政府积累为辅助的资本积累模式，可能是适应现代市场经济需要和发展中国家国情，保证它们实现经济起飞和现代化的比较好的资本积累方式。

4. 金融方式。

现代市场经济中储蓄向投资的转化，主要是通过金融这一中介机构间接进行的，因而金融体系在资本形成及运用过程中起着关键性的作用。这使得金融发展与实际经济发展之间，存在一种相互刺激和影响的关系。一方面，蓬勃发展的经济通过国民收入的提高和对金融服务需求的增长，将刺激金融业的扩展，加深经济货币化的程度。另一方面，健全的金融制度能将分散的储蓄有效地动员和汇集起来，引导到生产投资活动中去，提高了经济中储蓄和投资的总水平，从而产生“引致增长效应”，促进国民经济的发展。另外，在资本运用的质量方面，由于银行间的竞争既对企业进行了监督，有利于企业改善经营、提高效率，也使资本首先流向那些投资风险小、回收期短、赢利水平高的产业和地区，因而提高了投资的效率或边际收益。正因为如此我们看到，市场经济越是发展，对金融体系的依赖性就越大。

我们这里需要注意的，一是1997年的东南亚金融危机表明，在引进外资和开放本国资本市场的过程中，若形成对外资的过分依赖，并放松对外资特别是短期资本流动的控制，外资的投机性冲击就会对本国经济和金融造成巨大损害。二是在发展中国家中，还普遍存在金融结构的二元性，或“二元的金融市场”，即一方面是有组织的、中央银行控制的金融机构和金融市场，它们以低利率为现代产业部门和出口部门（主要是大中型企业）提供资金；另一方面，则是民间无组织的、中央银行不能控制的、进行高利贷剥削的资金市场（通常是地方的货币借贷者和索取极高利息的高利贷者），来满足那些被排斥在有组织金融市场之外的农户、小业主、小商人的资金需要。这种现象，既是发展中国家二元经济的反映，又加剧了经济结构的二元性。因而对于政府来说，消除金融的二元性是十分重要的，应把它作为发展政策的一个方面。

5. 个人储蓄。

个人储蓄又称居民储蓄或家庭储蓄，在西方国家中也包括非公司企业（业主制及合伙制企业）的储蓄，是社会总储蓄中的一个重要组成部分。有两大因素决定了一个国家中个人储蓄的水平：一是个人可支配收入（个人总收入中扣除所得税）的总水平，其高低取决于一国经济发展水平所决定的国民收入总量和人口数量，与前者成正比，与后者成反比。个人可支配收入越高，当然用于个人储蓄的数量就会越多。二是人们的储蓄倾向，即平均每个人可支配收入中用于储蓄的比例。在收入既定情况下，储蓄倾向越高，储蓄额也就越多，而储蓄倾向的高低则取决于多种因素，包括收入分配状况、储蓄习惯、金融制度与支付习惯、人口结构、社会保障与社会福利制度、物价水平、利率水平、财政与货币政策等。

6. 外国储蓄和对外贸易。

外国储蓄中的官方储蓄，包括外国政府及国际金融组织（如世界银行、国际货币基金组织）的援助和贷款，一般情况下条件比较优惠，无利息或低利息，期限也较长。外国储蓄中的私人储蓄，则包括外国私人金融机构、企业和个人对本国的贷款、直接投资（FDI）以及购买的本国债券和股票。世界经济发展的经验包括发展中国家的发展经验表明，在政治独立和经济稳定的前提下，外资只要使用得当，对经济落后国家加速工业化和现代化建设，是有重要推动作用的。然而，发展中国家能够利用的外资数量，取决于其政治经济形势的稳定程度，国内市场的大小与潜力，以及吸引外资的各项政策等。

对外贸易也构成发展中国家资本形成不可忽视的重要途径。发展中国家在经济上往往以农业和初级产品加工业为主，缺乏先进的设备和技术。通过对外贸易，可以将本国剩余的农产品和初级制造品出口，以换取先进国家的资本品进口，从而达到资本形成的目的。在历史上，美国的棉花和小麦出口，日本的丝绸出口，俄国的小麦出口等等，都曾为这些国家的早期工业革命换取过宝贵的外汇。

二、资本形成的效率

对于发展中国家来说，除了资本的储蓄筹措之外，更重要的问题，是如何有效地利用资本。在发展经济学的初期，经济学家们不仅强调资本形成是经济增长不可或缺的条件，而且都在不同程度上主张通过强有力的国家干预来积累和动员资本。但是，战后在发展中国家中兴起的国有化浪潮，尽管加强了政府对国民经济的控制，却在经营上普遍存在绩效不佳的问题；片面强调工业化而忽视农业发展的政策，导致了国内产业发展的不平衡，扩大了贫富差距。这使得那些实行进口替代工业化和计划管理的国家，竞争力并没有明显提高，结构性矛盾却日渐显现。由此可见，仅仅关注资本形成本身是不够的，人们还要更关注资本使用的效率。资本使用效率的提高，意味着一定资本的产出量增加或一定产出所需要的资本量的减少，从而节约了资本并增加了收入。很多发展中国家的实践表明，和资本不足相比，资本使用不当和使用浪费方面的问题可能更为严重。

资本形成的效率，通常以资本/产出比来衡量。资本配置的一般原则，是将资本投向边际收益最高（即资本/产出比最低）的经济活动中。为此，在现有生产力发展水平和当今经济发展阶段，从根本的方面说，就需要把市场经济作为资源配置的基础方式，改革那种依靠行政手段直接配置资源的方式，发挥企业和金融市场在资本配置上的主导作用。

在有效配置资本资源方面应该做好的工作主要有：

1. 把握好资本使用同劳动就业与产业结构的关系。

新古典增长模型显示，在工业化发展初期，应重点发展那些较多使用劳动力、较少使用资本的劳动力密集型技术和产业，而不是耗费大量资本的资本密集型的技术和产业，以增加社会就业和人们的收入，提高消费需求，改善人民生活。但这样的发展思路是不能绝对化的。在经济发展问题上，马克思主义曾强调了重工业优先发展的思路，并由此在一些国家特别是大国形成了完整的国民经济发展体系，为这些国家国民经济的进一步发展打下了坚实基础。新中国成立以来的经济实践也表明，过分强调劳动密集型行业的发展，既不利于这些领域劳动者收入水平的提高，也经不起国际经济舞台上的风吹草动，更没有从根本上解决了社会就业问题。

2. 把握好技术创新与资本形成效率的关系。

资本形成必须要促进技术创新，这样的资本形成才会具有促进国民经济发展的重大作用。但是，技术创新本身也需要进行大量的资本投入，因而创新活动的效益如何，必须始终成为与资本形成相互联系的课题。只有这样，才能不断转变发展中国家的经济发展方式，降低资本/产出率，提高投资效益，促进发展中国家的高效经济发展。

3. 把握好在企业组织结构上的资本配置问题。

在发展中国家，人们往往看重那些现代化的大中型企业，在信贷等方面提供优厚的条件，而忽视那些为数众多的中小企业、青年创业者及农户。后者不仅难以得到资金方面的足够支持，在政策支持、市场信息、技术培训、对外交流等方面的帮助也很少。但实际上，对于劳动就业与提供人民生活水平、发展国民经济而言，中小企业和大企业所发挥的作用是同样的。因此，发展中国家要使经济发展具有活力和效率，就需要在各种所有者的大中小型企业之间求得资本的均衡投入和发展，这对于提高资本的有效配置是非常重要的。

4. 做好对已有投资项目的管理和利用。

大多数发展中国家的政府，往往会将注意力集中在新投资项目的审批上，而对已有工程拨付的日常开支和维护费用很吝啬，往往不提供足够的资金使其正常运转。但从经济学的角度看，做好对已有投资项目的管理和利用，由于减少了对固定资本的投入，能在更短的时间内组织生产，因而更容易产生较高的经济效率。因此，发展中国家应该不省该花的钱，不花该省的钱，通过加强对已有投资工程的日常监督和利用并提供必要的追加投资，就可以更快更好地提供资本的利用率和产出率。

第三节 常用经济发展度量体系

在以下两节中，我们将给读者介绍当今世界在经济发展度量方面的一些基本成果。从实践中看，建立科学而完善的经济发展度量指标体系，有助于发展中国家客观地了解自己与其他国家之间的差距，找出不足，制定出适宜政策推动本国经济发展进程；有助于完善国民经济统计体系，为发展中国家的经济决策提供可靠的统计资料基础；同时也使发展经济学家们能够进行发展水平的国际间比较，并检验具体的发展战略的利弊，推动和完善发展经济学理论研究。

一、经济增长与经济发展

要做好经济发展度量工作，理论上的一个基本前提，就是要把经济发展和经济增长这两个范畴区别开来。

经济学在长期的一段时期内，是在经济增长的意义上来理解经济发展的，也就是说，只有一个国家有了一定的经济增长速度，就可以认为该国出现了经济发展的态势，因而过去人们所理解的发展，是指原来或多或少处于停滞状态的一国经济，以每年5%～6%速度增长的这种能力，这就把发展当作一种单纯的经济现象看待了。但人们通过对1960—1970年代一些发展中国家的观察表明，经济增长并不一定带来经济发展。因为在一些经济增长速度很高的国家，并没有取得社会经济的普遍进步，反而出现了“有增长无发展”或“没有发展的经济增长”的现象。正因为如此，经济学家认为在现实生活中经济增长和经济发展犹如人的增长和发展一样，增长只包括身高和体重这类指标的变化，而发展就要包括一个人体质协调能力的增加、个人对环境适应能力的增强、个人向外界学习能力的提高等这样一些方面。这样，从1970年代起，新的“经济发展”概念产生了，并被人们所普遍接受。发展学者们在新的范畴中，把经济结构变革、满足人的基本需要即发展，看作是为消除贫困、失业和不平等的收入分配的基本路径，这反映了发展经济学发展思想的演进。

我们今天所说的经济增长，是指一个国家或地区的产品和劳务数量的增长，或按人口平均的实际产出的增加，通常以GDP、GNP或国民收入NI，或它们的人均数值来度量。经济发展的概念要比它广泛，要求在经济增长的基础上，还要有国民生产总值中农业比重的下降，制造业、公用事业、贸易金融、建筑和政府管理机构比重的相应增加，以及伴随着经济结构变化而来的劳动力就业结构的变化，教育程度、人才培训水平的提高，职业类型及其地理分布的变化等。总之，经济发展要求随着经济产出的增加，相应地出现人们收入结构上的变化，以及经济条件、政治条件、文化条件的变化。因此，若将经济发展看作是数学概念上的“全集”，经济增长就是该“全集”里的一个“子集”了。

当然，从逻辑上讲，经济增长虽然只是经济发展的一个部分，但却是最基本也是最重要的部分。这是因为经济增长是实现经济发展的手段和前提，没有经济增长就不可能有经济发展，且只有具备了一定幅度的经济增长，才有可能获得和谈到经济发展问题。

今天人们还认识到，对于经济发展来说，并不是一个短期内能实现的目标。经济发展的主要内容包括：增进了人们的物质福利（特别是对低收入阶层）；消灭了大多数人的贫困及与之相联系的文盲现象、疾病和夭折现象；收入和产出结构有了变化（一般表现为生产结构由农业转向工业，就业与提升不为少数权贵所独占）；广大人民群众能参与经济以及其他方面的决策等。这样，我们可以把经济发展用下面的等式来表示，即

经济发展＝经济增长＋经济结构变化＋个人收入结构变化＋群众能参与经济等决策

二、世界银行的经济发展度量指标

世界银行长期使用人均国民生产总值（GNP）指标来度量各个国家的发展水平，这也是世界上被最普遍使用，同时也是最富权威的度量发展水平的指标。它按照各个国家的官方汇率，将该国货币转换成美元，然后根据该国相关统计资料计算出人均国民生产总值，从而进行比较。应该说，使用人均 GNP 指标衡量，具有操作简单的特定，既可以对同一个国家不同年份的数据进行纵向比较，也可以对不同国家同一个年份的数据进行横向比较。但是，这一指标的缺陷也是明显的，如它只是一个经济增长指标，不能反映我们所要关注的经济发展的状况和水平；不能反映所生产的产品或服务的类型及从中取得福利的情况，不能反映由于环境污染、资源破坏等所给社会经济发展带来的危害；不能反映非市场的产品和劳务生产状况，如自产自用的产品、家庭妇女的劳务收入与福利等；不能反映一个国家的总体经济发展状况，例如经济结构的变革、国民福利的增长、文化教育水平的提高、医疗卫生条件的改善等。另外，发展中国家甚至一部分发达国家的经济统计资料并不完全、不准确，这也使得不同国家相互间的可比性降低了。

基于这些情况，世界银行在继续使用这一度量指标的同时，在上世纪末则根据购买力平价（PPP）标准来重新进行度量。所谓购买力平价，是指在本国市场上购买与用一个美元在美国所能购买的商品和劳务具有同样购买力时所需要的本国货币的数量，按购买力平价度量的 GNP 是按购买力平价计算的汇率

将 GNP 换算成美元来计算的。如果一个国家的国内价格低，用购买力评价计算的人均国民生产总值，就要高于用外汇汇率来转换计算的人均国民生产总值。正因为如此，在用这两种度量标准计算的人均国民总收入之间，是存在较大的差异的。例如，中国 2005 年按汇率计算的人均国民总收入是 1740 美元，而按购买力评价计算的人均国民总收入则是 6600 美元。但相比较而言，购买力评价方式由于考虑了国内外商品价格的实际差距，因而能相对准确地衡量一国的经济增长水平和经济实力。

运用这套评价方法，根据世界银行 2006 年的国家分类标准，人均国民收入小于等于 875 美元的为低收入国家，人均国民收入在 876～3465 美元区间的为中低收入国家，人均国民收入在 3466～10725 美元区间的为中高收入国家，人均国民收入大于 10726 美元的为高收入国家。按照这一标准衡量，2007 年全世界人均收入最高的国家是卢森堡，达到 43940 美元，中国 2007 年的经济总量占世界经济的 6%，但人均国民收入为 2360 美元，被划入中低收入国家中。

三、人类发展指数

联合国（UN）曾从经济增长角度，将发展中世界划分为了三个组：最不发达的贫困国家、非石油出口的发展中国家，以及在 1970 年代以来由于盛产石油而使国民收入显著增长的石油输出国组织（OPEC）成员国。其中最不发达的贫困国家有 49 个，被国际社会称为“第四世界”，拥有世界上将近 1/10 的人口。此外，有影响的经济合作与开发组织（OECD）也曾从人均收入水平出发，将发展中国家或地区（包括那些不属于联合国系统的国家或地区）划分为 61 个低收入国家或地区（即 1993 年时人均收入低于 650 美元的国家或地区）、11 个新兴工业化国家或地区、13 个石油输出国组织成员国。这 158 个国家或地区几乎包括了所有的不发达国家或地区。

除经济增长角度的衡量外，联合国开发计划署从 1990 年开始，通过其主持发行的系列年度人类发展报告，超越了仅仅用人均收入水平来衡量不同国家发展程度的传统理念，建立起了相应的人类发展指数（HDI），以对发达国家与发展中国家的社会经济发展状况做出系统而综合的比较分析。我国近年来，也在联合国开发计划署指导下按年度发布了中国的人类发展报告。

人类发展指数根据其认定的经济发展的三个目标或最终结果，将所有国家按照它们所得的分数进行排序。构成人类发展指数的三个组成部分是：用出生时预期寿命来度量长寿状况；用成人识字率（占 2/3 比例）和在校受教育的平均年限（占 1/3 比例）的加权平均数来度量学识状况，后来在校受教育年限又被调整为初级、中级及大专的综合入学率，仍占 1/3 权重；用经过调整的实际人均收入（根据购买力平价及与世界平均收入水平相比较来进行调整）来度量进行物质选择的生活水平状况。人类发展指数对每一个指标都分别确定了最高点和最低点，然后用 0 和 1 之间的数值来进行衡量。由此，人类发展指数将所有国家分成了三组，即低水平的人类发展（0.0～0.5），中等水平的人类发展（0.51～0.79）和高水平的人类发展（0.80～1）。其中，拉丁美洲和东亚许多国家及一些阿拉伯国家已进入中等或高等人类发展指数层次，而撒哈拉以南非洲和南亚国家还处于低水平人类发展状态。

由人类发展指数测算所发现的规律有：

1. 人类发展指数与财富或人均 GNP 之间，并不存在必然的联系。一些国家收入相同，但人类发展指数却不同；或者人类发展指数相近，但收入水平却相差很大。例如，几内亚的人均国民生产总值几乎是肯尼亚的一倍半，但它的人类发展指数却不到后者的一半；在高收入国家中，加拿大的人均国民生产总值并不最高，但它的人类发展指数却排在美国、日本等国前面。

2. 从 1960 年到 1992 年以来，没有一个国家的人类发展指数是下降的。整个发展中国家的人类发展指数，从 1960 年的 0.260 提高到了 1992 年的 0.541，最不发达国家也从 0.165 提高到了 0.307。联合国开发计划署在 2009 年 10 月 5 日发布的研究报告中，则以 182 个国家和地区 2007 年的人类发展指数衡量，认为全球人类发展状况自 1980 年以来，总体改善 15%，其中中国、伊朗和尼泊尔改善幅度最大。这些数据表明，现代社会中人类的进步是很明显的。

3. 人类发展指数在地区间存在不平衡性，这是比较普遍的现象。中国上海和北京的人类发展指数在 1992 年就分别达到了 0.865 和 0.861，已经跨入高人类发展水平组，但青海和西藏却只有 0.550 和 0.404，属于中低水平人类发展水平组。即使在发达国家，也存在不同程度的地区人类发展不均衡现象。

近年来，在人类发展指数的基础上，联合国开发计划署又进一步对各国的人类发展状况进行了细分，分别建立了衡量各国贫穷状况的人类贫穷指数。由于发达国家和发展中国家的贫穷状况及标准差异很大，他们区分了适用于发展中国家的人类贫穷指数和适用于发达国家的人类贫穷指数。此外，还制作了衡量性别歧视和平等程度的发展指标 GDI 和 GEM，前者衡量一个国家和地区男女在寿命、知识和收入方面的不平等状况，后者衡量不同性别在政治参与及决策权、经济参与及决策权，以及控制经济资源的能力（通过男性和女性所获得的收入来衡量）等方面的不平等。统计数据表明，发达国家的性别歧视要小于发展中国家，少数国家的性别歧视非常严重，因而逐步消除性别歧视，是未来人类发展状况改善的重要内容之一。

四、中国发展指数

2007年，中国人民大学中国调查评价中心发布了中国发展指数（RCDI），在研究借鉴联合国开发计划署人类发展指数编制思想的基础上，结合中国的具体情况，增加了一些新的指标。该指数包括健康指数、教育指数、生活水平指数、社会环境指数四大类，其中健康指数包括出生预期寿命、婴儿死亡率、每万人病床数等指标，教育指标包括成人文盲率、大专以上文化程度人口比例等指标，生活水平指数包括农村居民年人均纯收入、人均GDP、城乡居民年人均消费比、城市居民恩格尔系数等指标，社会环境指数包括城镇失业登记率、第三产业增加值占GDP比例、人均道路面积、城市居民人均居住面积、省会城市空气污染指数、人均环境污染治理投资额等指标。这四项指数相互联系，各有特定，构成一个完整的中国发展指数。根据各个单项指数的得分，再以相同权重计算最终的发展指数。

应该说，中国发展指数的建立，是中国经济学家对于建立适应中国国情、具有中国特色的经济发展度量指标体系的重要尝试。其中也得出了一些有意义的结论，如中国健康指数的地区差异最大，社会环境指数的地区差异最小；按照中国发展指数的测算，全国31个省级行政区可以被划分为四个类群，其中组成第一类群的北京、上海，在健康水平、教育水平和生活水平指数方面，都明显高于其他三类地区。但是，中国发展指数的缺陷也是明显的，如指标太多，权重相同，这就把枝叶和主干混在了一起，模糊了经济发展中要达到的主要目标，从而使得其观察经济发展得失的能力大打折扣。

第四节　其他经济发展度量体系

虽然上述的经济发展度量体系各有其特色和长处，但对于经济发展本身的看法在学术界是仁者见仁、智者见智的，因而许多发展经济学家都试图寻找自己心目中理想和完美的经济发展度量尺度。这其中，有联合国社会发展研究所的社会经济发展主要指标，阿德尔曼和莫里斯的社会、政治和经济变量体系，也有一定的社会影响。

一、联合国社会发展研究所的社会经济发展主要指标

这一指标体系是由联合国社会发展研究所（UNRISD）于1970年提出的，其中包括9个社会指标和7个经济指标共16个指标，分别是：出生时预期寿命，两万人以上地区人口占总人口的百分比，人均每日消费的动物蛋白质，中

小学注册人数总和，职业教育入学比例，每间居室平均居住人数，每千人中读报人数，从事经济活动人口中使用电、水、煤气等的百分比，每个男性农业工人的农业产量，农业中成年劳动力的百分比，人均消费电力的千瓦数，人均消费钢的公斤数，能源消费（折合人均消费煤的公斤数），制造业在国内生产总值中的百分比，人均对外贸易额（以1960年美元计算），工薪收入者在整个经济活动人口中的百分比。

我们看到，这一套指标体系仍是繁杂而无序的，因而在现实生活中所进行测算的难度和成本较大。但由这套指标体系测算中所发现的规律是：发达国家的人均国民生产总值与发展指数之间的联系，要比发展中国家的两者间紧密得多，这表明发达国家之间在经济发展方面的共同点更多一些，发展中国家间的发展道路更丰富多彩一些；而当人均产值达到500美元（1960年价格）时，社会发展的速度要比经济发展的速度快。

二、阿德尔曼和莫里斯的社会、政治和经济变量体系

经济学家阿德尔曼（Irma Adelman）和莫里斯（Cynthia Morris）试图根据社会、政治和经济变量的互相依赖关系，特别是某些关键变量与经济发展之间的关系，来对发展状况作出度量。为此他们提出了社会、政治和经济变量度量体系，选择了传统农业部门的规模、二元结构的程度等40个变量，对74个发展中国家进行了分组考察。但是，这套体系的最大缺点就是过于复杂，且有些非经济变量的主观色彩很浓，既不客观也难以量化，即使是算出来了数据，也很难说对具有不同政治体制的发展中国家能有可比性；另外，指标在设计上还明显带有发达国家的价值观念色彩等，如它不是根据人民的福利状况来考察结构变革和经济发展，而是包含发展中国家都必须要走资本主义国家发展道路的假定等等。正因为如此，这套体系对认识发展中国家的经济发展问题并没有实际价值。

三、莫里斯的物质生活质量指数体系

由于社会、政治和经济变量体系不具有客观性和实用性，莫里斯又试图建立相对简单但又实用的指标度量体系，这就是“物质生活质量指数”（PQLI）。在这套指数体系中，莫里斯用三个指标，即人们1岁时的预期寿命、婴儿死亡率、成人识字率，来组成一套简便的综合指数。其中每项指标都用百分制来表示各个国家的成绩，“1”表示“最坏”，“100”表示“最佳”。例如，在预期寿命方面，其上限100分定为77岁，这是瑞典1973年的实际数字，下限1分定为28岁，这是几内亚比绍1950年的预期寿命，各国的预期寿命都在这上下限

之间，从1到100评分。一旦一个国家的预期寿命、婴儿死亡率和识字率按百分制打出分来，用同样的权数加权平均，就可以计算出这个国家综合的物质生活质量指数了。

运用这套指数体系进行测算后发现，人均国民生产总值和人们的物质生活质量之间，并不十分密切，一些人均产值高的国家在物质生活质量方面甚至低于最穷国家的平均值，一些人均国民生产总值很低的国家的物质生活质量，却比中上收入水平的各国的平均值还高。我们说，该套体系的优点是所需资料容易找到，计算简便易行，并能进行国际间的比较。它的缺点，是所考察的经济发展尺度和后来在此基础上形成的人类发展指数相比，有着明显的不足，缺少作为经济发展基础的经济增长指数；指数体系里同时收进了预期寿命和婴儿死亡率这两项反映类似现象的指标，但却没有从理论上加以说明；另外，设计者对生活质量范围的理解也较为狭窄，没有考虑到社会和心理上的许多因素，诸如安全感、公正、人权等；体系中每个指标的权数相同，但在实际生活中其作用是各不相同的。

以上我们给读者介绍了当今世界或在应用、或有一定社会影响的经济发展度量体系。应该说，这些度量体系对我们认识和分析发展中世界的内部状况及发展状况和趋势，都有一定的帮助和启示。但我们也要看到，上述划分标准尽管各有其独立的实践和理论价值，在国际社会中也有相当的认可度，在经济发展理论的研究和数据统计中被普遍采用，但从发展中世界的丰富多彩角度衡量，这些划分标准的缺陷也是显而易见的。这是因为，它们主要依据的是一个国家的人均收入水平，这能在一定程度上反映一个国家国民生活的富裕程度，却很难反映一个国家的真正发展水平。例如，许多石油输出国组织成员国，其收入水平在世界上处于前位，但它们充其量也只是富国而已，而不是强国，一场战争就有可能被别国所占领。在中国，内陆和香港地区实行一国两制，从统计的角度说香港当然比内陆的人均收入水平要高得多，但这并不等于说两者之间的经济发展程度也是按同样比例的差异存在着的。正因为如此，即使是那些从更为广泛领域采集数据来对发展中国家进行分类的一些方法，如UNDP的人类发展指数，由于发展中国家的状况过于复杂，对于比较不同类型的发展中国家而言，其指标选取和测算的科学性也是需要探讨的。这是因为，发展中国家内部的经济发展对策和状况，比起发达国家来要复杂和丰富得多。在这个意义上，继续探索科学、统一、简洁、实用的经济发展度量体系，仍是人们努力的方向之一。这需要我们在重视相关数据的同时，更要具体问题具体分析，运用唯物主义辩证法的方法来对发展中世界的具体情况进行剖析。

第三章　人力资源及其开发

人作为劳动者，是生产的基本要素之一。在大多数发展中国家，人力资源十分丰富，但没有能够得到充分利用，大量劳动者的素质低下是最主要的原因之一。发展中国家人口增长过快，出现了大量的劳动力失业、人才浪费和流失等社会问题，导致了严峻的就业问题，并成为经济发展的主要障碍。

随着知识经济席卷而来，加大知识产权保护力度，不断缩小知识差距，已成为发展中国家在竞争中赢得一席之地的重大战略。而这一切的基础是增加对教育的投资，提高劳动者素质。

第一节　人口增长与人口限制政策

发展中国家人口增长过快，虽不是发展中国家贫困落后的主要原因，但它已经导致了严重的社会问题，并成为经济发展的主要障碍。人口增长的严峻现实，已经给人们敲响了警钟：要充分协调好人口增长与经济发展的相互作用关系。

一、发展中国家人口增长现状及其原因

（一）发展中国家人口增长过快

1950年代，全球人口总数为25.21亿，而到了2000年，这一数字已达到60.55亿。现在，世界人口仍然在继续增长，每年新增人口7800万人，其中95%的新增人口出生在发展中国家。这表明人口增长的势头未能得到有效控制，每天都有20多万的新生婴儿降临到这个星球，而绝大部分是在发展中国家，最不发达国家人口增长最为迅速。据预测，2013年，世界人口将达到70亿，2028年将达到80亿，2054年将达到90亿。

（二）发展中国家人口增长过快的主要原因

1. 生活水平提高，人口增长显著。由于经济上独立和发展、人民群众生活水平的提高和社会福利的增强，大多数发展中国家的人均寿命普遍延长，人口激增的趋势是显而易见的。

2. 人口基数大，出生率居高不下。在目前的世界人口中，3/4 生活在发展中国家。在如此庞大的人口基数上保持高出生率，人口快速增长是必然的结果。发展中国家正在由“高出生率——高死亡率——低增长率”走向“高出生率——低死亡率——高增长率”。

3. 死亡率下降，寿命延长。发展中国家过去在殖民统治和封建统治下，社会生产力低下，人口平均寿命提高十分缓慢。自 1950 年代起，随着殖民统治和旧封建制度的崩溃，社会生产力的发展，医疗卫生条件的改善，发展中国家的人口平均寿命有了迅速的提高。

二、人口增长与经济发展的内在联系

（一）经济发展水平决定着人口增长的数量和质量

社会经济的发展是人类生存和发展的基础与前提，没有一定的经济条件和经济基础，人类就不可能生存，更谈不上发展。经济发展的水平决定着人口增长的数量和质量。

1. 人口数量的发展经历了缓慢增长→增长逐步加快→逐步趋于稳定三个阶段。从总体上来看，生产力发展水平越高，经济越富裕，该地域的人口出生率和死亡率就越低，人口数量也趋于稳定。

2. 一个国家或地区的经济发展程度，决定着该国家或地区人们的生活质量。人口的身体素质、科学文化素质、思想道德素质随着经济的不断发展而增强和进步。

（二）人口增长对经济发展的双重作用

人口增长状况并不是消极地受动于经济的发展，它具有相对的独立性。它一旦形成，反过来就会能动地反作用于经济发展。这种能动的反作用，贯穿于经济发展的全过程。

1. 人口增长对经济发展的促进作用。首先，人口增长为经济发展提供充足的劳动力资源，降低或消除劳动力供给不足给经济发展的制约。其次，人口增长可以扩大国内需求，增加国内市场容量，促进经济快速发展。再次，人口增长加速了发展中国家的技术进步和工业化进程。

2. 人口增长对经济发展的阻碍作用。人口的过快增长，使发展中国家背上了沉重的负担，严重影响了社会和经济的发展，加大了发展中国家的就业压力，导致严重的失业，并给生态环境、医疗卫生、社会治安、抚养孩子带来许多难题，如造成住房紧张，交通拥挤，物价上涨，水电、商业以及其他设施等也都受到不同程度的影响。

总之，在人口增长与经济发展这对矛盾中，经济发展是矛盾的主要方面，它对人口增长起着决定性的影响，但人口增长又不是完全被动的，它反过来又影响经济的发展，即起到加速或延缓经济发展的作用。

三、发展中国家控制人口过快增长的措施

为了抑制人口过快增长造成的负面影响，发展中国家要在人口问题上采取正确措施控制人口增长，使人口的变动、经济与社会的发展，资源的供给、生态环境的承载力相互协调，实现可持续发展。

（一）搞好宣传教育工作，实施全国性的计划生育政策

在广大发展中国家，人口的过快增长已经成为经济发展的严重阻碍。因此，必须对人口过快增长给予特别重视，实施计划生育政策，才能实现人口、资源、环境的协调发展。

（二）转变思路，统筹解决人口问题

从战略上积极转变思路，由控制人口数量转移到统筹解决人口问题。单为控制人口而控制人口，往往收不到理想的效果，应把控制人口过快增长与改善社会、经济、文化教育和卫生保健紧密结合，这样才会取得良好的效果。

（三）加强指导，提供优质服务

切实加强计划生育的指导，免费、方便地向一切育龄夫妇提供避孕药物和“全方位、多渠道、开放式”的药具优质服务，为她们开辟了一条方便快捷的免费药具发放通道。在经济上、政策上对计划生育的夫妇给予适当的补贴和照顾。

（四）发展教育，提高认识水平

发展经济，改善人民生活，发展文教卫生事业，提高全人类特别是妇女的文化和健康水平。出生率通常会随着妇女受教育以及社会富裕程度的提高而下降，因而最好的方法是让女性接受教育。受教育的妇女会自觉的采用科学的方法避孕，以实现较低的人口增长。

第二节　劳动力的充分利用与就业

发展中国家劳动力资源丰富，劳动力供给增长迅速，每年新增劳动力、农村剩余劳动力以及下岗失业人员，要求创造更多的就业岗位。但由于政策、体制、机制等因素制约，供需矛盾尖锐，就业压力加大，出现了“劳动力不得其用”的现象。通过分析乔根森模型、托达罗人口流动模型，有助于认清现实，制定适合发展中国家的政策。

一、人口流动与经济发展

（一）乔根森模型

1961 年，美国经济学家乔根森依据新古典主义的分析方法，创立了建立在充分就业假定上的，旨在研究如何加速劳动力从农业部门向工业部门转移的乔根森模型。

乔根森模型的基本思想是：把发展中国家的经济划分为现代化的工业部门和落后的农业部门，农业部门的发展是工业部门乃至整个国民经济发展的基础。农业被假定没有资本积累，农业产出只需投入劳动和土地，而土地被假定是固定的，因而，农业产出唯一的是劳动的函数。在工业部门，工业产出是资本与劳动的函数，土地不作为一个要素。此外，由于技术进步，两个部门生产被假定随时间而自动增加。

在上述假定的基础上，乔根森建立了他的二元经济发展模型。这个模型的基本结构是：人口增长取决于人均粮食供给，如果粮食供给是充分的，人口增长率将达到生理最大量。当人均粮食供给增长率大于人口增长率时，农业剩余就产生了。农业剩余一出现，意味着总人口中的一部分可以脱离农业领域而从事工业，农业劳动力就开始向工业部门转移。于是，工业部门就开始增长。农业剩余越大，劳动力转移规模就越大，则工业部门发展越快，农业中的劳动力的转移也就越顺利。①

乔根森模型的分析思路非常简明：

1. 找出工业部门发展的前提——农业剩余产生和形成的条件。当人口增长率达到生理最大量时，粮食产出的增长才能产生农业剩余。

2. 分析农业剩余产生后，农业剩余与工业部门发展之间的动态关系。只要工业部门存在一定量的初始资本，那么，农业剩余引起的农业劳动力向工业部门的转移就会给工业产出带来较大的增长，并且，农业剩余的增加还会使工业部门的增长持续下去。农业剩余的大小将是决定工业部门发展和经济增长的唯一变量。

乔根森模式强调技术进步的作用，重视农业发展，否定了固有工资假定，比较贴近发展中国家的现实。它的缺陷主要在于没有考虑到城市中存在的失业问题，忽视了对农业部门增加物质投资的重要性等，它关于粮食需求和经济增长之间的关系的论证和农村不存在剩余劳动力的假定，也是不符合发展中国家的实际的。

---

①　乔根森：《二元经济的发展》，《经济学杂志》1961 年第 6 期。

(二) 托达罗人口流动模型

1960 年代末左右，美国发展经济学家托达罗依据发展中国家的经济现实，创建了自己的人口流动模型。托达罗人口流动模型是建立在发展中国家普遍存在失业这一事实基础上的，旨在探讨怎样放慢劳动力从农村流入城市的速度。

托达罗人口流动模型的基本观点是：

1. 城乡预期收益的差异是决定人们迁移的关键变量。影响他们预期的因素有两个：首先是城乡实际工资的差异；其次是在城市谋得工作机会的可能性。

2. 农业劳动力获得城市工作机会的概率，与城市失业率成反比。现代部门就业概率取决于城市传统部门就业总人数与城市现代部门的新创职位数，就业概率的大小能自动调整人们的迁移行为。

3. 特别强调农村和农业部门发展的重要性。托达罗模式不是把农业作为工业化的一个工具来强调它的发展的，而是把它本身作为一个发展目标。农业与工业、农村与城市在发展过程中具有同等重要的意义。消除发展中国家二元经济结构不是依靠农村人口不断流入城市，而是如何提高农业生产能力，改善农村生活条件，使工农差别和城乡差别不断缩小，最终使二元性完全消失。

4. 提出了非正规就业这一概念。传统人口流动模型通常假设：人们要么在先进的现代工业部门就业，要么在传统农业部门就业。而托达罗指出，城市的非正规部门通常为那些从农村迁移到城市，试图在城市的正规部门谋得一份工作而未能成功的人提供就业岗位。非正规部门就业的概念，反映了真实的人口流动。托达罗人口流动模型实际上讨论了三个部门的就业：农业部门、城市正规部门、城市非正规部门。所以，该模型又被称为“三部门模型”①。

托达罗的人口流动模型基本贴近发展中国家的现实，注意到人口盲目流动不仅加剧了城市已有的失业现象，还会造成其他一系列经济、社会问题，提出了注重农村发展、缓解城市就业压力等一系列重大理论问题和政策措施。但是，托达罗模型也受到一些批评②：

1. 托达罗模型假定发展中国家农村部门不存在剩余劳动力，认为农业劳动边际生产力始终是正数，这与发展中国家的实际不符。实际上，由于农村人口增长快于城市人口增长，在有限的土地上就必然存在一些劳动生产力很低的剩余劳动者。

2. 托达罗模型假定流入城市的劳动者必定在城市里寻找工作，如果找不

① 高波、张志鹏：《发展经济学——要素、路径与战略》，南京大学出版社 2008 年版。

② 谭崇台：《发展经济学》，山西经济出版社 2000 年版。

到工作，他们就宁愿在城里传统部门做些临时性工作或完全闲置着。而实际上，农民在城里找不到工作的话，一般都会返回农村。此外，有些迁移者是临时性地在城里打工，一旦挣到一定数量的钱，他们就会返回农村，把这些资金用于农村投资，促进农村经济的发展。

二、发展中国家的劳动力市场及失业问题

（一）发展中国家劳动力市场的特点

1. 劳动力供给增长迅速，且持续时间长。发展中国家劳动力的快速增长，是由它们人口的高出生率和低死亡率造成的。高出生率促进了人口快速增长，低死亡率扩大了现有劳动力的规模。虽然伴随着发展中国家人们受教育程度的提高和医疗卫生知识的普及，发展中国家出现了人口出生率降低的趋势，但是由于人口基数大，劳动力的增长将持续时间较长。

2. 农业富余劳动力的非农业转移。人口迅速增长与有限的土地存在尖锐的矛盾。农村富余劳动力为了寻找新的就业机会，纷纷向非农产业转移，农村人口向城市流动。这样，农村人口的绝对规模和农业劳动力的相对规模趋于下降。

3. 自谋职业者所占比重增加。人们很难在正规部门中找到一个薪水和待遇都很高的工作，大部分劳动者不得不在农村和城市非正规部门自谋职业。大多数自谋职业者是个体经商、手工业者、小艺人、家庭佣人等，他们的工作和收入没有保障，过着朝不保夕的生活。

4. 知识失业问题较为严重。发展中国家教育水平和失业率之间存在着矛盾：受教育越多，失业率越高。那些文化水平低的劳动者，为了生存，降低了找工作的期望值，他们愿意从事环境恶劣、挣钱少而又辛苦的工作，因此很容易找到临时工作。而受过中、高等教育的知识分子，对找到一份体面的工作的期望值很高，但大多数理论和实践脱节，操作能力欠缺，因此，只能处于知识失业状态。

（二）发展中国家的失业问题：劳动力不得其用

在发展中国家，由于劳动力市场不统一，政府的就业政策不恰当、宏观指导力度不够等因素制约，失业的形式较多，不仅表现为公开失业率很高，而且非公开失业率也很高。我们把公开失业和非公开失业统称为“劳动力的不得其用”。

西方发展经济学家爱德华兹把劳动力的不得其用划分为以下几种[①]：

---

① 燕晓飞：《发展经济学概论》，经济科学出版社 2004 年版。

1. 公开失业，包括自愿失业和非自愿失业。

(1) 自愿失业是指劳动者能够胜任某项工作，但拒绝接受现行的工作条件而造成的暂时闲置状态。

(2) 非自愿失业又称“需求不足的失业”，指工人愿意接受现行工资水平与工作条件，但仍找不到工作而形成的失业。

非自愿性失业有以下几个基本类型：

①摩擦性失业。由于劳动力缺乏流动性，信息交流不完全以及市场组织不健全所造成的失业。

②季节性失业。由于某些部门的间歇性生产特征而造成的失业。主要表现在农业部门或建筑部门。

③周期性失业。由于经济周期波动而造成的失业。在复苏和繁荣阶段，就业人数普遍增加。在衰退阶段，由于社会需求不足，压缩生产，使得雇员被大量裁减。

④结构性失业。经济产业的每一次变动，都要求劳动力的供应能迅速适应这种变动，但劳动力市场的结构特征却与社会对劳动力的需求不相吻合，这种不协调也会造成失业。

2. 非公开失业：劳动者不得其用的状态。

(1) 就业不足。指劳动者实际工作的时间少于他们能够并愿意工作的时间。如一个劳动者一天能够并愿意工作 10 小时，但由于工作机会的缺乏，实际上只工作 4 小时。

(2) 形式上有工作但实际上不得其用。这类失业包括：

①伪装的就业不足。生产过程中生产资料与劳动力的构成失衡，劳动力供给超过了由生产技术条件所决定的生产资料对劳动力的需求而出现的低效用或负效用现象。劳动者全天都在工作，但实际上他们所做的工作只需要很少的时间就可以完成。

②隐蔽性失业。指有些劳动者因找不到工作而选择了非就业活动，比如高校毕业生因找不到工作而重新走进象牙塔继续深造。

③提前退休。劳动者未到退休年龄，却提前办理手续，空闲在家。这种现象在政府部门比较常见，且有上升的势头。

(3) 健康受损。指由于营养不良和卫生保健条件差，使劳动者不能全日制工作。

(4) 无生产性就业。指本来有生产性的劳动者，但因补充性的物质资源不充分，生产效率低，生产出来的成果甚至还不能补偿他们的生活必需品。

三、发展中国家的就业问题

（一）发展中国家就业问题的严峻性

发展中国家人口的迅猛增长，引起劳动力供给的快速增加，大大超过了经济所能提供的就业机会，带来了严峻的就业压力。发达国家的城市失业率是周期性的，而发展中国家的城市失业率是持续性的，即使在经济繁荣时期也在不断上升，主要原因是大量农村剩余劳动力流入城市。

从发展趋势来看，就业问题会日益严重。由于科学技术的不断进步和劳动生产率的逐渐提高，农业劳动工具得到改进，使用了更为现代化的机器设备，就会出现更多的农村富余劳动力纷纷离开土地，到城市中寻求出路。

（二）发展中国家就业的特点

发展中国家的就业问题突出表现为：就业压力不仅来源于新增劳动力与失业者，而且来源于农村剩余劳动力的转移和城镇就业压力。就业压力的产生不仅来源于人口因素，而且来源于经济、社会发展因素，因而就业困难的形成是多方面因素共同作用的结果，具有多样化和复杂化特征。

1. 高增长、低就业，劳动力供需矛盾加剧。发展中国家经济的发展出现了“高增长、低就业”的不协调局面。就业增长滞后于经济增长，劳动力人口增长速度明显快于经济吸纳就业能力，造成劳动力供需矛盾严重，更为突出的是非自愿失业和就业不足。

2. 农村难留、城市难容，两个“市场”非对称。在二元经济社会结构条件下，由于农业人口向非农领域转移的速率缓慢，城市经济不仅难以有效带动农村发展，而且其自身的结构升级也受到严重制约；同时，在人多地少的尖锐矛盾中，农业生产效率的提高与农业产业化、市场化始终难有大的突破，出现了农村里“难留故土”、城市里“难以容纳”的局面。因此，形成了二元经济结构下，农村和城市两个“市场”的非对称性。

3. 期望值高、素质较弱，供给过剩与供给不足并存。城市人就业期望值高，农村人基本素质很难兼备，所以，虽然总量上看，明显的是劳动力供给过剩，但又表现出劳动力供给不足现象。随着科技的进步和产业结构的升级，一部分劳动力由于技能或经验知识缺乏，不能适应新的产业及其带来的新就业岗位，从而造成结构性失业，成为新的失业群体。

（三）发展中国家的全面城乡就业措施

就业是民生之本。要有效解决发展中国家普遍存在的日益严峻的就业问题，就必须综合考虑，制定全面城乡就业战略。

1. 大力发展经济，尤其是农村经济，逐步建立城乡经济间的平衡，尽量减少城乡就业机会不均等。要结合发展中国家实际，重视农村和农业的发展，对农民进行必要的专业基础知识的培训。加大对农业的投入，在农村中建立小型企业，使其形成并扩大规模，提高吸纳就业的能力，增加就业容量。加大对农村的基础设施和公共服务的投入力度，不断缩小城乡差距。这样既可以容纳大量农村剩余劳动力，也能够吸引一部分城市失业人员。

2. 优先发展劳动密集型产业，拓展和培育就业新领域。由于发展中国家劳动密集度高，劳动工人成本较低，所以发展劳动密集型产业可以发挥低成本的优势，从而促进就业。因此，政府要加强对劳动密集型产业的宏观调控和引导，制定符合企业实际的法规和政策，大力进行农业技术研究。从物资、技术和资金上大力支持创办和发展农村小型企业，把开发和推广适用技术与大力发展中小企业结合起来。

3. 调整劳动力的知识结构，把教育与社会、经济需求结合起来。在许多发展中国家，尽管人才短缺，但每年都有一大批刚走出象牙塔的学生毕业即失业，走进“知识失业”的行列。因此，根据发展中国家的客观实际，积极改变不合理的教育结构，普及义务教育、大力发展职业教育，注重培育学生的自主创业能力，把教育和社会、经济需求紧密结合起来，以需定教，培养社会亟需的各类人才。

4. 培养世界眼光，积极融入国际分工体系。随着全球经济一体化进程的加快，当代国际分工格局不断变化。发达国家非熟练劳动力不足，劳动力成本趋于上升，这种成本的变化导致劳动密集型产业比较优势的丧失，最终使之向发展中国家转移，这为发展中国家的就业提供了机遇。对于发展中国家而言，在新的分工模式下，应积极融入国际分工体系，充分利用其丰富的劳动力资源，加速解决二元经济结构导致的剩余劳动力问题，缓解国内日益严重的就业压力。

第三节　人口素质与人力资本

人力资本是一种能增加劳动者价值的资本，是人类向其自身投资而获得的蕴藏在人类机体中的才干、知识、技能、资历和健康素质等的存量，是劳动者掌握的知识、技能和其他一些对经济社会发展有用的才能。现代人力资本理论指出，人力资本投资和物质资本投资一样，其目的和结果都是要减少现期消费，增加未来的生产能力，以期获得更多的经济效益。发展中国家的人才浪费和人才流失现象日益严重，应引起足够重视。

一、人口素质与现代人力资本理论

（一）人口素质

人口素质是人口在质的方面的规定性，指一个国家的人民在改造自然和改造社会过程中所具有的体魄、智力、思想道德的总体水平。它包含思想素质、文化素质、身体素质等，通常称之为德、智、体。人口素质与社会发展密切联系在一起，它既是社会进步的力量和基础，又是社会进步的结果和表现。

（二）现代人力资本理论

现代人力资本理论是1960年代由美国经济学家舒尔茨和贝克尔等人创立的，主要探讨人力资本的基本特征、形成过程和人力投资的成本与效益。以舒尔茨和贝克尔为代表的经济学家创立的人力资本理论，开辟了关于人类的生产能力研究的新思路；而以罗默和卢卡斯等为代表的新经济增长理论家，将人力资本理论研究推向新的高峰。

1. 舒尔茨的人力资本理论。

舒尔茨最早系统地论述了人力资本理论。他把资本分为物质资本和人力资本两种形式，认为人力资本是通过对人力的投资而形成的资本，是凝结在劳动者身上的知识、技能及其所表现出来的能力，是生产增长的主要因素。人力资本可以看作是对劳动者投资的一部分，能够提高劳动者在商品生产过程中的投入，增加劳动力的价值。

2. 贝克尔的人力资本理论。

贝克尔被认为是人力资本理论的主要推动者。他的著作《人力资本》被西方学术界认为是“经济思想中人力资本投资革命”的起点。贝克尔的人力资本理论研究最有代表性的成果是《生育率的经济分析》。如果把舒尔茨对人力资本的研究看作是教育对经济作用的宏观分析的话，贝克尔则主要从微观上进行分析。

贝克尔对人力资本理论的贡献在于：他注重微观分析，弥补了舒尔茨只重视宏观的缺陷，注重将人力资本投资理论与收入分配结合起来。其理论的不足之处表现在：他沿用舒尔茨的人力资本概念，缺乏对人力资本本质的分析，也缺乏对人力资本全面的研究。

3. 以罗默和卢卡斯等为代表的新经济增长理论。

（1）在罗默的收益递增型增长模型中，将特殊的知识和专业化的人力资本作为经济增长的主要因素，它们不仅能形成递增的收益，而且能使资本和劳动等要素投入也产生递增收益，从而使整个经济的规模收益递增，递增的收益保证着长期的经济增长。

(2) 卢卡斯引入了舒尔茨和贝克尔提出的人力资本概念，在借鉴罗默的技术进步的基础上，建立了一个专业化人力资本积累的经济增长模型。他尝试用人力资本解释持续的经济增长，证明了人力资本的增长率与人力资本在生产过程的投入产出率、社会平均的和私人的人力资本，在最终产品生产中的边际产出率呈正相关，与时间贴现率呈负相关。

二、人力资本投资

（一）人力资本投资定义及其特点

人力资本投资指通过对人力资源进行一定的货币、资本或实物的投入，使人力资源的质量及数量指标得以完善，并最终反映在劳动产出增加上的一种投资行为。① 人力资本投资包括正规学校教育和在职教育培训、医疗保健、迁移以及收集价格与收入信息等多种形式。人力资本投资具有鲜明的特点：

1. 人力资本投资的累积性与连续性。人力资本投资要贯穿于人的一生，其能力的形成是一个循序渐进的过程，表现为在生命历程的各阶段上，都需要进行连续不断的人力资本的投资。例如，从小学、中学再到大学的教育投资，便是一种连续的行为。

2. 人力资本投资的时效性。人力资本的形成与效能的发挥都与人的生命周期紧密联系在一起。人力资本的形成是一个动态的过程，在人生的不同阶段，人力资本投资的形成、内容、目的等都不相同。由于知识更新加速，人力资本投资也会不断发展。

3. 人力资本投资收益的多面性。人力资本投资不仅是一种经济资源，而且还是一种涵义更为丰富的社会资源。除了可能带来经济收益外，人力资本投资还可以直接或间接地带来许多社会方面的收益。例如，用于教育的投资，可以通过提高人的教育水平来促进社会整体素质的提高。

（二）人力资本投资的成本与收益

任何投资都要讲求成本和收益，那么，人力资本的投资和收益如何呢？下面从人力资本投资的两个主要组成部分进行分析：教育投资、健康投资。

1. 教育投资。

(1) 教育成本分为两类，一是教育的直接费用；二是教育的间接费用。教育的直接费用是指国家和社会的教育设施建设和购置费用、教师的工资、图书资料等费用。教育的间接费用指学生因受教育可能放弃的收入。

(2) 教育的收益包括个人收益和社会收益。个人收益主要指个人未来较高的

① 燕晓飞：《发展经济学概论》，经济科学出版社 2004 年版。

收入。一般而言，个人的收入水平与他所受教育的年限成正比，受教育的年限越长，其知识面越宽广，研究与开发的能力也越强，因而预期的收入也越高。社会收益分经济收益和非经济收益。经济收益，表现为提高劳动生产率，推动经济增长，改善生活、劳动条件，扩大就业，增加人均收入等。非经济效益，表现为国民教育水平提高后，可增加国民的社会责任感、提高政治参与积极性等。

2. 健康投资。

（1）健康投资的成本。健康投资是指一定时期用于预防和治疗人体病变、维护和保持人们身心健康所花费的所有支出。既包括货币资本投入，如花费在预防和治疗人体病变而支付的医药、医疗器械、医疗设备设施、医务人员服务报酬方面的直接费用，也包括为用于公共卫生、地方病、传染病的防治，以及卫生检疫和卫生宣传方面的间接费用。

（2）健康投资的收益。健康投资能使劳动者抽出更多的时间获取知识、钻研技术，既可以刺激教育方面的投资，又能提高劳动生产率。劳动者经常参加体育锻炼，可以有效地预防和减少各种常见疾病和职业病，减少病假率，并使其自身拥有强壮的身体和充沛的精力。

三、发展中国家的人才浪费与人才流失问题

（一）人才浪费现象及其原因分析

1. 人才浪费现象。

发展中国家人力资本浪费现象相当普遍、日益严重。主要分为以下三种：第一，人才配置得当，但使用不足，即人才有余力、有才能但不能充分发挥出来；第二，人才使用不当，如配置失位、错位，即将人才放错了位置；第三，人才配置多余，如一个人的活三个人干等。

人才浪费是人才外流的催化剂，是“外企潮”、“出国潮”的助推器。当发达国家凭借其高工资、高待遇、高福利吸引大量人才时，发展中国家正承受着人才流失的巨大痛苦。这种为他人作嫁衣裳的尴尬，造成了有限的教育投资的流失，制约了发展中国家经济的发展。

2. 人才浪费现象原因分析。

（1）对人才资源的重要性认识不足。没有认识到人才对社会经济可持续发展的重要作用，忽视了人才是各种资源中最珍贵、最难得的资源。

（2）陷入高学历等于高水平的认识误区。学历表明一个人接受教育的程度，学历的高低与一个人的素质和水平是有关的，但从来就不存在高学历就是高水平的问题。发展中国家的一些招聘单位名曰招聘高素质人才，其实只是招聘高学历人才。

(3) 在人才培养方式上，重数量、轻结构；重理论、轻实用。首先，城市与农村人才的结构严重不合理，形成城市人才相对过剩，农村人才大量短缺。其次，人才层次搭配不合理，造成人才的浪费。各大学为了体现自身的实力，大都注重科技型、开发型、研究型人才培养，而实用型、操作人才的培养相对滞后，如职业技术人才、技工型人才等，严重短缺，形成人才需求与人才培养的倒金字塔结构。

(二) 人才流失现象及其原因分析

1. 人才流失现象。

发展中国家人才外流严重，主要表现在两个方面，一是出国留学，学成不归；二是外流到外资或合资企业。流失趋势表现为：从发展中国家流向较发达国家和发达国家。在人才竞争日趋激烈的今天，掌握着国家关键技术和机密的人才，在国际竞争力和国家安全方面具有战略上的对抗性，这样的人才流失，造成的损失往往比一般的知识侵权更具破坏力和杀伤力。

2. 人才流失现象原因分析。

(1) 分配机制不合理，待遇低。缺乏人才价值观，缺乏一视同仁、公平赋值的分配，使得大多数人才难以体现价值，待遇较低。当人才感到自身价值难以体现时，就会寻求其他可能满足的机会。这是造成人才流失的主要原因。

(2) 用人机制不健全。用人机制存在严重的论资排辈现象，造成人力资源的浪费。同时，没有把人才资源开发作为长期的重要发展战略，不重视人才的继续教育，只注重人才的贡献而忽视了人才的自身需求，使人才感到发展受到阻碍，跳槽谋求新的发展。

(3) 重培养引进，轻留人留心。发展中国家人才流失在持续上升，源于未能很好做到留人留心。发达国家之所以至今仍然是世界各国高级人才的向往之地，除了具有优越的生活环境这一因素外，还在于给优秀人才提供了优厚的待遇、充足的科研经费和宽松的科研环境，这些因素既是吸引人才的重要原因，也是保证科学研究能不断获取新成就的关键因素。

(三) 遏制人才浪费和人才流失的措施

21世纪是知识经济时代，人才是最重要的资源。谁拥有人才上的优势，谁就能在激烈的竞争中占领制高点、掌握主动权，从而立于不败之地。

1. 要树立“人才是最宝贵的资源”的观念，在全社会形成尊重知识、尊重人才的良好风气，营造良好的人才生态环境。人才生态环境建设的重点应当放在优化软环境上，包括法制环境、政策环境、人文环境等。

2. 加快建立开放的科研机制和宽松的科研环境，这既是促进人才进行原始性创新科研成果的“催化剂”，又是吸引创新人才的重要手段。发展中国家要努力减少和消除各种不必要的行政壁垒；在科研机构实施聘任制，建立公正、公平和透明的选聘机制，真正面向全国、面向世界选拔尖子人才。

3. 确立公平竞争的机制，合理配置人才资源。要打破论资排辈，不拘一格用人才，创造一种平等的用人环境。首先要用好自有人才，这是人才使用的基本出发点。其次是用好外来人才，一视同仁，平等对待，落实国民待遇。

4. 建立健全人才激励机制，使优秀人才脱颖而出。要建立一整套客观公正的评价人和用人的标准，做到人尽其才、唯才是用，并把品德、知识和能力作为衡量人才的主要标准。

5. 加强立法工作，完善相关法规。制定有利于人才安全的政策和激励机制，建立人才安全与风险防范制度以及高级人才国家储备与开发制度。对承担国家重点工程和科研项目以及涉及重要机密的人才实行保护措施。

第四节　知识应用与经济发展

当今世界，科学发明和技术成果主要来自发达国家，发展中国家在总体上仍属技术引进国和模仿国，仍处在以引进、吸收和消化国外技术为主、自我创新为辅的阶段，充当着发达国家生产基地的角色。因而发展中国家利用“后发优势”，缩小知识与技术创新能力差距，将成为重大发展战略。

一、知识、知识应用与知识经济

（一）知识

1996 年，经济合作与发展组织（OECD），发布了题为《以知识为基础的经济》的专题报告，报告中将人类迄今为止的知识分为四种形态：

1. 事实知识，即知道什么的知识——“知事”。属于事实陈述知识，一般可以直观感知或以数据反映，通常所说的“信息”即指数据所表达的客观事实，可归为此类知识。

2. 原理和规律知识，即知道为什么的知识——“知因”。属于科学理论型知识，是关于自然原理及规律方面的科学理论。

3. 技能知识，即知道怎样做的知识——“知窍”。属于技术方法型知识，主要指人们行为或行事的技巧、技能和方法。

4. 关于人的知识，即知道是谁的知识　　“知人”。属丁社会人文型知识，包括了特定社会关系的形成，以便可以接触专家并有效地利用他们的知识，也就是关于管理的知识和能力。

这四种知识形态涵盖了从经验到理论、从理论到实践以及在实践中发挥人的主观能动性的一系列知识环节。前三种是传统知识研究的产品，而第四种知识，则是关于人的知识，应该包括研究关于人的生存、生活、心理、行为、交往、价值、文化等属于社会科学与自然科学交叉的知识。

（二）知识应用

知识应用是知识创新的最终目的，它由获取知识、理解知识、应用知识和整合知识四个子过程构成。

1. 获取知识：是知识应用的先决条件。知识应用是针对某一项具体任务而开展的，知识应用过程有它的目的性。在获取知识阶段要求能够快速全面地查到所需的特定知识，即要求有较高的知识查全率与查准率。

2. 理解知识：是行为主体（个人、团队或组织）对知识的主动学习过程。在获取知识后，知识应用主体还需要对获得的知识进行消化、吸收。在真正理解知识的基础上，才能产生创造性思维和对具体问题的解决方法。

3. 应用知识：是行为主体在理解知识的基础上进行的创造性过程。这一阶段要对应用效果进行评估，如果所学的知识无利用价值，就要重新进行获取知识的过程，寻找新的知识。

4. 整合知识：是行为主体在应用知识的过程中，积累经验、认真总结、升华认识的过程。对于知识、经验和方法的总结只是整合知识的一面，更重要的是如何将产生的这些知识、经验和方法，应用到实践中，促进经济和社会的全面发展。

（三）知识经济

1. 内涵。

知识经济是以科学技术为第一生产要素的智力经济，它以知识和信息的生产、分配、传播和使用为基础，以创造性的人力资源为依托，以高科技产业为支柱，是不同于以往工业经济的一种全新的经济形态。

在资源配置上，知识经济以智力和无形资产为第一要素；在产业结构上，知识经济以信息工程、生物工程、环境工程、材料工程、教育工程、金融工程等高技术产业为支柱；在社会消费上，知识经济以高技术产品和新知识为主；在结果评价上，知识经济以知识利用效果对经济发展速度和质量的贡献程度为主要指标。

2. 知识经济的特征。

(1) 科学与技术的研究开发日益成为知识经济的重要基础。从本质上讲，知识经济是一种集约型的可持续发展的经济。知识经济是建立在高科技基础上的经济，并随着高新技术的发展而发展。

(2) 信息和通信技术在知识经济的发展过程中处于中心地位。知识经济是信息化的经济，在全球一体化过程中，表现在网络化将遍布知识经济社会的每个角落。

(3) 知识经济是资产无形化经济。它以知识、信息等智力成果为基础构成的无形资产投入为主。在资源配置上，以智力资源，无形资产为第一要素，知识和智力起决定性作用。

(4) 人力的素质和技能成为知识经济实现的先决条件。教育的发展状况决定着科技队伍的质量、数量和结构。以教育为基础实现劳动者知识化和学习终身化，已成为必然趋势和知识经济时代的重要特征。

(5) 知识产权在知识经济时代越来越受重视。若要在竞争中求得生存和发展，必须要有自主创新能力，而自主知识产权则是创新能力的基础和保障。知识产权的有效利用和保护成为促进知识经济发展的根本性因素。

二、发展中国家的知识产权保护

(一) 内涵及现状分析

随着知识经济和经济全球化的深入发展，知识产权日益成为国家发展的战略性资源和国际竞争力的核心要素。用坚船利炮开拓市场、掠夺资源的年代已经一去不复返了。知识产权是一种无形财产权，是从事智力创造性活动取得成果后依法享有的权利，具有无形性、专有性、地域性和期限性。如果把当今竞争激烈的国际市场看作“战场”的话，那么知识产权就好比“武器”。

在知识产权保护日益激烈的今天，发达国家以知识产权保护不力为名，频频向发展中国家发难，知识产权已成为了一个新的技术壁垒。发达国家在全球推行知识产权保护制度早就超出了知识产权保护本身，而是转化成为一种经济竞争的手段。面对这种形势，发展中国家如何应对？如何让发达国家和发展中国家从知识产权保护中实现合作共赢？

(二) 加强发展中国家知识产权保护的建议

1. 提高知识产权的保护意识。加强知识产权宣传教育工作，把有关知识产权的主要内容引入大学和中等职业教育。知识产权知识的普及还要与科技创新活动、与推动国民经济的发展、提升综合国力和保护国家经济安全紧密结合起来。

2. 加强立法，反不正当竞争。竞争要求公平，就要进一步完善知识产权法律制度，制止不正当竞争。加强知识产权保护，并将取得的成果产业化，对发展中国家经济和社会发展起着积极作用。

3. 制定鼓励创新和有利于技术利用和扩散的政策，为知识产权战略实施提供明确、有力的政策导向。国家应为知识产权战略实施提供财政政策支持，加大对知识产权事业的投入，并努力营造一个有利于创新的知识产权文化环境。

4. 加强知识产权的人才培养。实施知识产权战略首先需要有人才的保证。知识产权专业人才严重匮乏，已成为制约发展中国家知识产权发展战略的瓶颈。大力发展知识产权教育，培养高层次的知识产权专门人才，为知识产权战略实施奠定人才基础。

三、发展中国家缩小知识差距的应有对策

（一）积极从国外获取知识

引进国外知识是缩小知识差距战略的重要内容。发展中国家要建立自己的知识基础，扩大知识存量，就应当利用一切可能的手段，创造一切条件获取外部知识。大力发展国际贸易，鼓励引进新技术，积极进行国际科技合作并吸引外国直接投资（FDI），特别是跨国公司的投资。

（二）在国内创造知识

发展中国家除了吸收国外知识外，还要发展自我创造知识的能力。政府应鼓励研究开发，既可举办各种公共研究与开发活动，也可鼓励私人进行研究与开发。可以向大学、政府研究机构、以研究为主的研究生院提供资金，也可给予优惠贷款、配套资金或实行税收优惠。发展中国家应该从本国实际出发，加强基础教育和科学研究，提高创新能力。

（三）培育信息市场

在知识经济时代，信息就是资产，就是财富。新的信息和通讯技术使得人们可能以更低的价格分享知识，国家要把更有效地利用新的信息技术作为国家发展战略的重要推动力，同时主动打破通讯领域的高度垄断，促进新型通讯技术的迅速普及。

（四）确保公共机构的透明度

发展中国家的公共机构（包括政府和多边机构）要对社会公开业务信息，让社会公众更多地了解政府工作，增加对政府的认同感，吸纳更多社会力量参与公共决策。只有以透明度为支点，加快公共机构改革，才能不断缩小知识差距。

第五节　教育与经济发展

21 世纪是知识经济的时代，发展中国家面临着发展工业经济和迎接知识经济的双重挑战。在这个竞争激烈的时代，有创新才会有发展，而创新的基础是人才，人才的培养靠教育。教育是先导性的基础产业，具有重要的战略意义。

一、教育与经济发展的关系

（一）经济对教育的制约①

1. 经济实力制约着教育发展的物质基础。无论何种阶段、何种形式的教育，都需要一定人力、物力、财力作为物质基础。同时，经济发展的水平制约着教育发展的水平，不同的经济发展水平要求教育为其提供不同数量、规格、质量的劳动力。

2. 经济水平制约着教育发展的规模和速度。一国的经济水平，往往与其文盲率、入学率、义务教育普及年限和高等教育普及程度直接相关。从世界范围来看，在不同的经济水平基础上，教育先后走过扫除文盲、普及初等教育到普及中等教育，最后实施大众化高等教育的道路。

3. 经济结构制约着教育的内容和手段。学校所传授的知识内容，必须要反映所处历史时期的经济发展水平和科技进步成果，只有如此才能适应生产力的创新要求。同样，经济发展、科技进步所创造的现代科技成果，也必然被引进教育领域，促使教育手段的更新与提高。

（二）教育对经济的影响

1. 教育促进劳动生产率的提高。教育可以提高劳动者的平均熟练程度，从而在相同时间内，使用同样的机器设备可以生产出数量最多、质量最好的产品；教育可以促进科学技术的发展和应用，任何一门新兴的科学技术，都必须通过教育，才能以较短的时间，在广阔的范围内为劳动力所掌握。

2. 教育促使教育产业化形成。教育业的发展会直接带动商业、服务业、教育培训产业、建筑业等相关产业的发展。新时期教育产业化机制的形成，是应运而生的一种市场经济运行架构，是市场发展趋于成熟的重要标志。教育产业将成为国民经济新的经济增长点。

3. 教育有利于控制人口增长。教育程度与人口出生率和生育率变动密切相连，较高教育程度与较低生育率相关联。受教育程度高的父母更加倾向于少生优育。因此，提高全社会的文化教育水平，对于控制生育率水平有战略意义，同时对经济增长也将产生积极影响。

二、教育的成本——收益分析

（一）教育的成本

教育成本，是指为了提高现有劳动力素质，培养具有一定熟练程度的劳动

① 李剑萍、魏薇：《教育学导论》，人民出版社 2006 年版。

力和专门人才，所消耗的直接和间接活劳动和物化劳动的总和。教育成本按其来源，可以划分为社会成本和个人成本，而社会成本和个人成本都包括直接成本和间接成本两部分。①

1. 教育的社会成本，是指由社会支付的教育费用，可分为直接成本和间接成本两部分。

(1) 社会直接成本主要是指用于教育的公共支出。由社会直接支付的教育费用有：政府教育经费、企业、社会团体和个人集资、捐赠或有偿委托培训所支付的教育费用，以及学校自办产业、有偿服务等自筹收入中用于教育的费用。

(2) 社会间接成本指由社会投资于教育的机会成本。包括社会因放弃把学校的土地、建筑物、教学设施出租给非教育机构使用的机会；因法定教育机构免税优惠，间接增加了对教育的投入，而支付的社会性间接成本；学校系统所有固定资产因磨损或废旧过时而出现的折旧费。

2. 教育的个人成本，是指学生在求学过程中，由个人或家庭直接支付的各种教育费用和产生的机会成本。可分为直接成本和间接成本两部分。

(1) 个人直接成本指由受教育者个人及家庭直接支付的教育费用。包括：学杂费、文具书籍费等学习用品费；学生往返学校的交通费；因上学而额外支出的各项生活费用等。

(2) 个人间接成本指学生在达到法定就业年龄后因继续求学所放弃的劳动收入。包括：个人因受教育而放弃在劳动力市场上获得收入；父母因子女受教育在时间、就业收入和其他方面牺牲而支付的个人间接成本。

(二) 教育的收益

教育收益，是指通过对劳动者的教育，丰富了知识，提高了技能，从而给个人和社会带来益处。教育的收益按其收益对象不同，可以划分为社会收益和个人收益。

1. 教育的社会收益，是指被社会其他成员所获得的，受教育者本人不能占有的收益。可细化为直接社会收益和间接社会收益。

(1) 教育的直接社会收益，是指教育可以通过提高劳动生产率而增加国民收入。在归因于教育的国民收入增量中，扣除受教育者个人因较高的受教育水平而多得的个人收入，剩下的就是教育的直接社会收益。②

(2) 教育的间接社会收益包括以下三点：首先，政治上的收益。随着国民教育水平的提高，国民的社会责任感不断增强，政治参与能力不断提高，促进

① 燕晓飞：《发展经济学概论》，经济科学出版社 2004 年版。

② 彭刚、黄卫平：《发展经济学教程》，中国人民大学出版社 2007 年版。

了政治民主。其次，经济上的收益。教育扩展了人与人之间的交往的渠道，传递着人类文明的成果，有利于加快信息传播和降低交易成本，促进经济发展。再次，道德上的收益。通过教育，人们的道德认识不断提高，道德情感得到激发和陶冶，道德意志更加坚定。

2. 教育的个人收益，是指受教育者个人因接受教育而形成或提高的劳动能力，使他在社会生产和生活中获得的利益。可细化为直接个人利益和间接个人利益。

（1）教育的直接个人利益，是指由教育带来的货币收入的增加。接受较高水平的教育者在市场上所获得的货币收入水平也较高。具体表现为：学历层次高者的收入水平在任何年龄段都处于较高的位置；不同学历层次之间的收入差距随着学历层次提高而不断加大。

（2）教育的间接个人利益，是指教育给受教育者带来的除直接收益之外的全部收益。一般指，除货币工资收入之外，由教育带来的健康保护能力，理财能力，消费能力，家庭生活能力、闲暇活动能力等提高，而相应增加的收益。具体表现为：受过较高教育的人与受过较少教育的人相比，具有较强的职业适应性和更多的就业机会；养成进行体育锻炼的好习惯，具备较健康的身体和充沛的精力；对后代完成较高教育水平将会产生有益影响；由于掌握了更多的市场知识和商品知识，因而受教育程度较高的劳动者，就有可能在商品选购方面实现支出的节省，或者在支出相等的情况下得到更大的满足。

三、发展中国家教育的主要问题与对策

（一）发展中国家教育的主要问题

随着全球经济一体化和世界教育机会扩大化和均等化潮流的涌现，发展中国家开始大力普及学校教育。学校的数量空前增加，各级学校的入学率成倍增加，发展中国家的教育事业取得了飞速发展。但是，由于经济发展水平较低，教育政策不够科学，教育资金缺乏，发展中国家的教育还存在许多问题。其中比较突出的有以下几个方面：

1. 人均教育费用低。许多发展中国家国民收入和政府预算中用于教育方面的支出增长迅速，对教育的公共支出的增长比对其他任何一个部门公共支出的增长都要显著。但是，由于发展中国家人口多、增长快、底子薄，人均教育经费的数量依然很低。

2. 辍学率居高不下。随着城乡经济发展差距的加大，农村劳动力向城市的大规模流动导致流动人口子女入学难问题出现，由此引发城市流动人口子女辍学；就业预期、教育收益预期不高，新的“读书无用论”出现，导致学生辍

学；部分地区教育教学质量不高，学生学业负担过重，学生因学习困难而辍学的比例大幅攀升。

3. 忽视基础教育。教育结构不合理，教育规模的扩张就很难带来效益，甚至会导致有限资源的浪费；教育质量也无从谈起。一般说来，教育结构包括扫盲、基础教育、高等教育和非正规教育等内容。根据发展中国家的现实，这一结构应成宝塔形，即上端小、底座大，把扫盲和基础教育作为国民教育的基础。然而，实际上许多发展中国家的教育结构过于偏重高等教育。这种不顾实际、盲目攀高的脱离实际的行为，将会失去大多数的教育对象。

4. 教育与经济发展实际需求脱节。发展中国家的教育内容普遍落后和陈旧，教育与经济发展实际需求脱节，对学生操作能力、应用技术能力、创造能力的培养十分欠缺。大多数发展中国家的中小学实行应试教育，很少注重学生能力的培养，以应付升学考试为主要目标。大学期间的学科专业设置、教育内容和课程安排，很大程度上脱离社会需求，以致毕业生难以学用一致。

5. 知识失业现象严重。二元经济结构是发展中国家的基本特征，二元经济结构的存在意味着发达的工业部门与传统落后的农业部门同时并存。由于现代部门就业职位非常有限，学校培养出来的知识劳动者必然有一部分找不到工作，成为知识失业者；或被迫到一些不能发挥专业特长的单位去工作，形成学非所用，或屈身俯就，寻找低一级的工作，这样就会出现具有较高教育程度的人才，对较低教育程度的人才进行替代的现象，导致教育“过度”和严重的知识失业现象。

6. 智力外流。1990年代以来，国际间人才争夺日益激烈。许多发达国家通过提供丰厚的劳动报酬、优越的生活条件、现代化的科研条件、充足的科研经费、宽松的生活环境等措施，竭力吸引发展中国家的优秀人才，造成发展中国家本已稀缺的人力资本大量外流。这样就使得发展中国家重金培养人才并没有使其成为“人才大国”，反而是越来越多的人才流向海外而愈益成为“人才输出大国”。

（二）发展中国家解决教育问题的对策

发展中国家应当制定出以旨在提高教育投资效率为中心的教育发展战略与政策，以使有限的教育资源发挥最大的效能。

1. 改革各级教育体制。发展中国家的教育方式和教学内容基本上是从西方照搬过来的，严重脱离了发展中国家的实际情况，这也是造成发展中国家教育投资收益率低下的重要原因之一。因此，改革各级教育体制，使之服务于本国的经济发展，是人力资源发展的一项重要任务。具体措施包括编写适合本国特点的教材和参考书；开设与农村经济有关的课程；创办和发展本地所急需的技术学校和成人教育机构；按照对本国的实际贡献来衡量学术研究成果，鼓励支持人们结合本国生产实际从事科学研究工作。

2. 从战略上调整教育投资方向，降低辍学率。许多发展中国家把教育投资的重点放在高等教育上是不合适的一种举措。发展中国家应当把大部分的教育预算用于发展初等教育上，加快中小学尤其是乡村小学教育的步伐。另外建立全国性的学籍管理系统，动态掌握和监控辍学率。充分利用现代信息网络技术，建立并不断完善国家级的学生学籍管理数据库。

3. 高度重视基础教育，确保教育资金的足额投入。基础教育是实施科教兴国战略的奠基工程，对提高中华民族素质、培养各级各类人才，促进社会主义现代化建设具有全局性和基础性作用。保持教育适度超前发展，必须把基础教育摆在优先地位并作为基础设施建设和教育事业发展的重点领域，切实予以保障。

4. 在重视发展正规教育的同时，努力发展非正规教育。非正规教育的范围很广，包括在职训练、农业推广、成人识字、电视教学以及基本技能短期训练等。这些教育方式，投资少而效益高，对低收入和以种种原因失去受正规教育机会的人群最为有利。要大力提倡和鼓励社会力量捐资办学、助学，要制定相应的优惠政策鼓励企事业单位、团体、个人及其他社会力量以多种形式依法举办各类教育。

5. 减少知识失业。发展中国家的教育与实践脱节的现象，是产生教育深化和知识失业的根本原因。为了减少知识视野，首先要转变就业观念，引导和鼓励知识劳动者自主创业，逐步树立“先就业，后择业，再创业”的新理念。其次要加大高校教育教学改革力度，促使供需结构对接，培养宽口径、厚基础、重实践的学生，为社会多培养复合型、应用型人才。

6. 遏止智力外流。

(1) 树立科学的人才观，即建立科学的人才评价机制。倡导“以人为本”、“能绩本位”的人才理念，在坚持德才兼备的前提下，把能力和业绩作为人才评价的主要标准，关键是以能绩论才学。

(2) 通过经济和立法的形式建立人才控制机制，是解决智力外流问题的有效措施。智力流出国通过立法对外流人才进行征税，一方面可以对外流人才进行一定程度的限制，另一方面也可以使智力流出国得到一定程度的补偿，将智力外流的负外部性降到最低。

(3) 以感情留人、环境留人、待遇留人，但关键还是要用事业留人，即要给各类人才提供一个能够充分发挥其作用和施展才华的舞台，这才是留住人才的根本。

第四章　科学技术发展及其应用

当今世界，科学技术突飞猛进，推动了生产力的飞速发展，提高了人们的生活水平，给人类经济社会发展提供了强大的助推力。科学技术作为一种社会现象，处在社会这个大系统中，它的产生和发展既会受社会因素的制约，又给社会以积极的影响。

现代科技日新月异，在以经济实力、国防实力和民族凝聚力为主要内容的综合国力的竞争中，能否在高新技术及其产业领域占据一席之地，已经成为维护国家主权和经济安全的命脉所在。“科学技术是第一生产力”的思想，揭示了科学技术对当代生产力发展和社会经济发展的第一位的变革作用。因此，研究科学技术发展及其应用，具有重要的理论意义和实践意义。

第一节　科学技术的发展及其规律

科学技术是人类在认识自然和改造自然的过程中诞生和发展的，已经成为一个庞大的、多层次的、多结构的现代科学技术体系。研究社会发展，必须考察作为推动社会进步的有力杠杆的科学技术。在日益激烈的国际竞争下，我们要掌握科学技术发展的规律，大力发展先进的科学技术，努力缩小与发达国家在科技方面的差距，为我国科技发展提供强大动力。

一、科学技术的内涵、特征和社会功能

（一）科学技术的内涵

从整体角度看，科学属于社会历史范畴，是人们各种社会实践的结果。一般认为，科学是人类实践经验的概括和总结，是关于自然界、社会和思维发展规律的正确的理论知识体系。在科学的发展过程中，逐渐形成了自然科学、社会科学和思维科学三大门类。自然科学是整个科学体系中的重要组成部分。在自然科学的发展中，又分化为基础理论研究和应用研究两部分，统称为科学技术。

科学与技术是辩证统一的整体。两者不仅密不可分，几乎被看做是同一范

畴，而且由于它们的任务、目的和实现过程不同，在其相互联系中又相互独立地发展。具体表现为：

1. 科学的任务是通过回答“是什么”和“为什么”的问题，揭示自然的本质和内在规律，目的在于认识自然。技术的任务是通过回答“做什么”和“怎样做”的问题，满足社会生产和生活的实际需要，目的在于改造自然。

2. 科学主要表现为知识形态，技术则具有物化形态。科学提供物化的可能，技术提供物化的现实。科学上的突破叫发现，技术上的创新叫发明。

3. 科学是创造知识的研究，技术是综合利用知识需要的研究。对科学的评价主要视其创造性、真理性，对技术的评价则首先看是否可行，能否带来经济效益。

4. 科学是反映事物规律的自然知识、社会知识和思维知识的理论体系，技术是科学在生产中的应用，表现为工艺、方法、经验和能力等。

（二）科学技术的特征

广义的科学包括自然科学、社会科学和思维科学，狭义的科学指自然科学。广义的技术包括生产技术和非生产技术，狭义的技术指生产技术，即生产劳动中的操作手段、程序和方法。科学技术的本质特征是：以确凿事实为依据；坚持实践检验；操作严谨；揭示并服从真理；不断创新。

1. 科学是特殊的意识形态。科学作为一种知识体系，属于人的认识范畴，是一种意识形态。但它和属于上层建筑的哲学、政治、道德、宗教、艺术等意识形态有区别，它是一种特殊意识形态，反映的是客观自然过程，具有客观真理性。科学技术本身没有阶级性，这是由它的研究对象和内容所决定的。科学技术的研究对象是自然界，在客观的自然现象面前，不同阶级的人，都可以观察到相同的科学事实。科学技术的客观真理性，并不随着阶级利益的变化而变化。

2. 科学技术是第一生产力。科学技术作为一种社会现象，属于社会生产力范畴。科学技术是生产力中的职能性要素，是知识形态的生产力，即“一般生产力”，它渗透于生产力三个实体要素之中，可以转化为劳动者的知识和技能，提高熟练程度、劳动效率和管理水平。科学技术在生产力中的作用和地位越来越重要，它已成为现代生产力的生长点、突破口和决定因素，是先进生产力的集中体现和主要标志。

（三）科学技术的社会功能

科学技术不是一个封闭的、孤立的系统，而是整个社会大系统中的有机组成部分。其社会功能，在于为整个社会大系统的运行和发展服务。科学技术进步的成果，终将被社会大系统所吸收并转化为社会经济发展。

1. 科学技术促进了物质文明的发展。

(1) 科学技术推进了社会生产力的发展。迎接新世纪的挑战，科技是关键。邓小平说："科学技术是生产力，而且是第一生产力"。21世纪，科学技术对生产力的作用呈现为"指数效应"，即生产力＝（劳动力＋劳动工具＋劳动对象）×生产管理×科学技术，科学技术更加放大了生产力各要素。

(2) 科学技术推进了人类劳动条件的改善和生活质量的提高。科学技术体现了人对自然界的能动关系，它不仅强化了人对自然界的支配能力，也改变了人在劳动过程中的地位和作用，改善了人类的劳动条件。科学技术既推动着社会物质生产的发展，又推动着人类物质生活的改善和提高。科学技术不断满足人类日益增长的物质需求，扩展了人类的活动空间，扩大了人类交往的方式，丰富了人类生活内容。

2. 科学技术加快了精神文明的进步。

(1) 科学技术推动着人类认识能力的提高和人类精神生活的现代化。科学哲学家波普尔说："在人类知识增长的过程中，无疑科学知识的增长是其中最重要，也是最大的知识增长。"科学技术手段的不断提高，越来越使人类的感官和大脑得以延伸，突破自身生理和心理的局限性的能力也在不断提高和扩大，从而推进了整个人类认识的发展，不断解放人们的思想，促进科技繁荣和学术发展。

(2) 科学技术是人们思维方式变革和观念更新的推动力。现代科技促使人们形成了具有系统性、整体性、开放性、创造性和精确性特征的思维方式和方法。比如，系统科学的发展，要求以系统的思维来整合系统的对象，表明了一种在动态中寻求稳态与平衡的思维方式。

3. 科学技术提高了政治文明的水平。

(1) 科学技术不断完善社会管理、促进上层建筑变革。先进的科学技术和管理现代化是推动当代经济和社会向前发展的两大动因，科学技术的发展必将对各种管理方法和理论提出越来越高的要求。同时，科学技术的发展促进了上层建筑变革，这不仅表现在意识形态方面，而且还表现在社会制度方面。先进的社会制度之所以能够战胜并取代落后的社会制度，从根本上说是因为它大大提高了劳动生产率，创造了更高的社会生产力。

(2) 科学技术促进政治的民主化和社会进步，增强了人们的政治参与意识。主要表现为政治价值观、政治信念和政治情感的更新变化，如民主、自由、平等、人权、正义、法治等思想观念的形成、普及和发展，以及人们政治参与意识的普遍增强等。科学技术的发展能最大程度地发挥人民群众的政治积极性，使更多的人能够参与国家政治生活，从而促进民主进步和社会发展。

二、科学技术发展的基本规律

（一）现代科学技术是生产力的新增长点

科学技术已成为第一生产力，是先进生产力的主要标志和集中体现。随着现代科技革命的发展，科学技术化、技术科学化、科学技术一体化以及科技与经济社会发展一体化的新趋势越来越明显。科学技术能够渗透到新的劳动工具和劳动对象之中，不断提高劳动者的技能和科学文化素养，从而使生产过程的管理更加科学。科学技术通过物、人和科学管理的途径进入生产力系统，并使科技含量成为生产力中的首要因素。

随着社会的发展、技术的进步，现代科学技术已经成为生产力的新增长点。其最突出的表现就是，每一现代科学理论及其相关技术领域的突破，都会带动一批产业的发展。现代科学技术不只是在个别的科学理论上、个别的生产技术上获得了发展，而是几乎在各门科学技术领域都发生了深刻的变化，出现了新的飞跃。高新技术产业已经成为体现一个国家竞争力的重要先导产业和国民经济发展的新增长点。

（二）现代科学技术是推动整个经济社会发展的巨大杠杆

科学技术对经济社会的发展起着至关重要的作用。它不仅能促进经济增长方式的转变，推动经济结构的调整和优化，而且还能促进经济社会的可持续发展。当代世界，科学技术不仅成为推动现代生产力发展的决定性要素，而且成为推动整个经济社会发展的巨大杠杆。

现代科学技术的快速发展，特别是网络技术、信息通讯技术的日臻成熟，不仅改变了人们的生活方式、思维方式等，而且使当今世界经济的全球化程度达到了前所未有的水平。世界新科学技术革命发展的势头更加迅猛，以信息、生物和纳米科技为核心的高技术为人类未来的可持续发展提供了更强劲的动力。

（三）科技创新是科学技术发展的基本途径

科学技术的本质特征就是创新。自主创新是各国真正在世界现代科学技术领域占有一席之地的重要基石，唯有掌握核心技术，拥有自主知识产权，才能在激烈的国际竞争中取得主动、占据优势。当今世界，自主创新能力已经成为国际竞争力的决定性因素。只有拥有强大的自主创新能力，才能在激烈的国际竞争中把握先机、获得发展。

（四）科学技术的发展依靠优秀的人才，人才竞争是根本竞争

人才是科技创新的关键，是科学技术研究的主体，是先进生产力的开拓者。知识分子，特别是科学技术工作者，在发展科学技术这第一生产力中的重

要作用日益突出。因此，要积极加强人才培养，保障科学技术研究开发的自由，鼓励科学探索和技术创新，保护科学技术人员的合法权益。

三、我国科技发展现状及其加速

（一）我国科技发展现状

随着以信息技术、生物技术和新材料技术为主导的科技革命的风起云涌和经济全球化的狂飙突进，我国科学技术发展迅速，生产力不断提高，综合国力大大增强。主要表现为：科技进步的周期不断缩短，科技成果转化为商品，转化为经济效益的周期也在不断缩短；高新技术成为产业结构升级的龙头；我国用于人财物等方面的科技投入逐步加强；我国紧跟世界先进科技的发展步伐，瞄准国际前沿科技，坚持技术引进和消化、吸收相结合。这为我国科技事业的跨越式发展奠定了坚实的基础。

但是，我国科技发展仍然是任重而道远。应当清醒地看到我国科技事业还存在急需解决的问题和矛盾：首先，原始性创新不足，科技投入依然落后，科技带动经济发展作用不够明显。特别是与发达国家相比还有很大差距，如科研经费投入，不仅远远低于发达国家的科技投资水平，而且也低于韩国、新加坡等新兴工业化国家。其次，我国科研建设还很不完善，基础还比较薄弱；科技人才队伍建设亟待加强，特别是科技高层次人才流失较为严重，这些都在一定程度上影响我国的科技发展和进步。

（二）我国科技发展加速

1. 扎实推进科技创新战略的实施。

科学技术的发展，为调整人口、资源与环境之间的矛盾和传统的国际分工格局提供了新的契机。技术更新速度的不断加快、新兴产业的不断涌现，为发展中国家提供了实现生产力跨越式发展的历史性机遇。发展中国家要充分利用后发优势，积极实施科技创新战略，营造良好的科技创新环境，增强科技创新意识、调整科技创新的理念、改革科技管理体制，促进经济和社会的可持续发展。

2. 坚持以科技进步为动力，发展高新技术。

发展信息科学技术、生命科学技术、新能源与可再生能源科学技术、新材料科学技术、先进制造技术、空间科学技术、低碳技术和管理科学技术等高新技术。加快发展高新技术产业，运用高新技术改造和提升传统产业，促进经济结构的战略性调整，以信息化带动工业化，以工业化促进信息化，不断加大科研体制和科技创新体制的改革力度，实现高新技术产业的跨越式发展。

3. 普及科技知识，弘扬科学精神。

知识是人类进步的阶梯。普及科技知识必须要有一个基本稳定的政治和社会环境，使科学工作者不间断地进行积累和创新，使学术自由和百家争鸣的传统以及求真务实、严谨协作的学风能够持续保持和发扬，使青年科学家不断地脱颖而出并茁壮成长。始终坚持科学技术是第一生产力的观点，尊重知识、尊重人才、尊重科学、尊重实践，努力端正科学态度、掌握科学方法、弘扬科学精神，实现经济社会的又好又快发展。

第二节　技术创新与经济发展

技术创新是推动和实现产业结构变革的主要动力，是实现经济飞速发展的助推器。蒸汽机的发明和广泛应用，导致了蒸汽动力机械制造业的出现和发展；电子技术一系列重大发明的出现和广泛应用，导致了电子产业的诞生和发展。正是技术创新实现了从技术到经济的质的飞跃。没有技术创新的世界，是一个收益递减的世界。

一、技术创新理论及其在经济发展中的作用

（一）技术创新理论

1. 熊彼特的“创新理论”。

熊彼特（Joseph Alois Schumpeter，1883—1950）是20世纪最受推崇的经济学家之一，他在经济学史上的卓越地位与亚当·斯密、马歇尔、凯恩斯等宗师同列。代表作：《经济发展理论》（1911年）、《经济周刊》（1939年）、《从马克思到凯恩斯》（1950年）。

熊彼特的“创新”是指将技术发明应用到经济活动中去所引起的生产要素与生产条件的重新组合，即新的生产“函数”的建立。他将创新活动归结为五种形式：（1）引进新产品或提供一种产品的新质量；（2）采用一种新的生产方法、新技术或新工艺；（3）开辟新市场；（4）获得一种新材料或半成品的新的供给来源；（5）实现企业组织的新形式。

熊彼特认为，“创新”不是技术概念，而是经济学概念。创新与发明是两个不同的概念。创新是一种不断运转的机制，是将发明应用到经济活动中去；发明则是新技术的发现。他认为，经济发展存在周期，而且经济周期正是由创新所引起的繁荣和衰退这两个阶段的交替而形成的。

熊彼特指出：“我们把新组合的实现称为‘企业’；把职能是实现新组合的人们称为‘企业家’”。强调企业家及“企业家精神”在经济活动中的主导地位，是熊彼特创新理论的特色。企业家是指那些对新企业的发展具有远见卓识

和捕捉能力，对发明或资源开发高瞻远瞩，对审度其经济潜力具有特殊天资并使其在投入使用后不断臻于完善的人。他强调企业家的素质、才干、预见性、首创性与敢冒风险的品格对于社会生产的推进作用。正是企业家的创新行为使潜在的赢利机会变为现实的利润，把科学家的发明创造成果引入经济活动中。创新带来的超额利润的引诱，会促使其他企业纷纷模仿，创新及模仿浪潮必然促进整个经济的增长和发展。

熊彼特的“创新理论”强调生产技术的变革和生产方法的变革在经济发展中的核心作用，把这种“创新”和生产要素的“新组合”看做资本主义的最根本特征，并把创新赋予企业家来完成。于是，熊彼特将技术进步、企业家活动和社会发展联系在一起。但他的创新理论并非十分完善。例如，他强调“创新”就是生产要素在生产过程中的新组合。实际上，他把创新局限在生产过程中的新变化，突出了新技术的商业应用。这种创新就具有一定的局限性，为后来技术创新和制度创新理论的进一步研究所补充和发展①。

2.“创新”理论的发展——新熊彼特学派。

自 1970 年代以来，随着凯恩斯经济学的危机，经济学家们的注意力重新转向供给方面，同时熊彼特对非线性动态系统的直觉推理契合了自然科学的变化，熊彼特的思想开始引起越来越多经济学家的关注。

一般地习惯上把在科学技术问题研究上遵循熊彼特思路的学派称为新熊彼特学派。其代表人物包括约尔逊、罗森伯格等。他们持有与熊彼特一样的假定：资本主义经济是一个由技术和制度创新所导致的内在演化过程。

（1）技术创新是指科学技术和生产技术的根本性变革，是连接科学技术进步与经济增长和发展的中介。一般说来技术创新包括产品创新、工艺创新、设备创新、原材料创新和新市场的开辟。技术创新在其实现过程中有两种类型：一是突变性创新。突变性技术创新往往导致整个工业的技术变革，并会影响产业结构的转变。二是演进性创新。演进性创新虽不能像突变性创新那样起到重大技术变革的作用，但在保证企业满足社会需要和市场需要方面起着重要作用，其内容包括提高质量、节约能源、降低成本等。②

（2）制度创新是指创新者为获得追加利益而对现有制度进行的变革，是经济组织形式或经济管理形式方面的一种革新。制度创新包括宏观经济制度创新和微观企业制度创新两方面。宏观经济制度创新包括财产所有权、决策组织、

① 张凤、何传启：《国家创新系统——第二次现代化的发动机》，高等教育出版社 1999 年版。

② 燕晓飞：《发展经济学概论》，经济科学出版社 2004 年版。

调节机制、激励机制等方面创新。微观的企业创新包括产权制度、内部管理制度的改革，如折旧、分配、用工等制度的革新。

（二）技术创新在经济发展中的作用

1. 技术创新推动生产力跨越式发展。随着各国对科技创新投入的不断增长，科学发展的速度不断加快，以科学技术为基础的产业及其相关联的产业能够获得较高的技术进步率，从而促进生产力的跨越式发展。

2. 技术创新引起需求结构变化。市场需求既是社会生产的前提，又是社会生产的目的。世界上不存在没有需求的产业。需求结构的变化，决定着产业结构或迟或早会发生相应变化。技术创新可以发现新的可替代资源，创造新的可替代资源，创造新的可替代产品，诱发和刺激新的需求。

3. 技术创新通过产业间的技术关联，引起技术扩散。任何产业都不是孤立的。在各产业之间，存在着互为投入产出条件，互为技术支持的依存关系。产业关联的技术核心是技术关联。一个产业的技术创新，不仅会直接改变产业间的投入产出比例，而且还会通过产业间的技术关联，将技术创新扩散到其他产业部门。

4. 技术创新推动产业结构变革。技术创新对经济发展的促进作用表现在很多方面，但尤以推动产业结构变革最为直接和突出。每一个新产业几乎都是在技术创新的基础上形成的。例如，美国制造业曾在日本和西欧一些国家的赶超攻势面前，一度走下坡路，其产品价格偏高，影响了它在国际市场上的竞争力。美国政府通过增量资本投资，向制造业注入高新技术，以新设备、新材料、新能源谋求产业的新活力。这促使美国的部分传统产业从资本密集型转向知识技术密集型，从以传统技术为基础，转为以高新技术为主导。

二、创新过程分析

江泽民同志在党的十六大报告中向全党和全国各条战线提出了“四新”要求，这就是“发展要有新思路，改革要有新突破，开放要有新局面，各项工作要有新举措”。实现“四新”的过程，就是在各条战线展开理论创新、制度创新、科技创新、管理创新和全面创新的过程。为了提高人们创新的主动性和有效性，有必要对创新过程进行分析。

（一）创新过程的要素

创新就是否定扬弃、打破常规、重新组合，以获得多快好省的效果。创新并不遥远，它存在于每个人的日常生活、工作、学习的方方面面；创新并不深奥，要敢于大胆想象，勇于实践。创新过程的基本要素是创新主体、创新客体和创新方法。

创新主体是创新活动的实施者，创新客体是创新活动的目标，而联结创新主体和创新客体的，是创新方法。在这三个要素中，最重要的是创新主体，它决定着创新客体和创新方法的选择。只有具备创新意识、创新精神、创新目的和创新能力的人，才有可能成为创新主体。当创新主体实现了创新目的，将它转化为创新客体的最终形式即创新成果时，创新过程也就基本完成。

（二）创新过程的阶段分析

1. 创意阶段。创新构思可能来自科学家或从事某项技术活动的工程师的推测或发现，也可能来自市场营销人员或用户对环境或市场需要的体验。创新主体要根据需要，充分发挥主观能动性，敢于突破常规，大胆想象。好的创意是创新成功的坚实基础。

2. 实验开发阶段。根据技术、商业、组织等方面的可能条件，综合已有的科学知识与技术经验，提出实现创意的设计原型。在实验室中将设计原型转变为实验原型，以验证设计原型的有效性，完成从技术开发到试生产的全部技术问题，解决生产中可能出现的技术和工艺问题，以满足生产需要。

3. 市场化阶段。技术创新成果的实现程度取决于其市场的接受程度。本阶段的任务是实现新技术所形成的价值与使用价值，包括试销和正式营销两个阶段。试销具有探索性质，探索市场的可接受和容纳程度，进一步考验其技术的可行性，予以不断改进与完善。市场化阶段实现了技术创新所追求的经济效益，实现了技术创新过程中质的飞跃。

4. 产业化阶段。产业化是指在产业形成和发展的过程中，以市场为导向，以产业核心技术为特征，以相关产业为依托而形成产业群的过程。其最重要的特点是：用高新科技实现规模化经营。

创新不可能一蹴而就，创新的过程也不是一帆风顺的。许多创新要经过多次的尝试与反复，有些创新过程会由于遇到难以克服的技术或市场障碍而停止。各个阶段的创新活动也不一定按线性序列依次进行，有时存在着过程的多次循环及多种活动的交叉。

第三节　加快企业技术创新

党中央、国务院审时度势，提出“要建设以企业为主体、市场为导向、产学研相结合的技术创新体系，使企业真正成为研究开发投入的主体、技术创新活动的主体和创新成果应用的主体。”因此，要官产学研相结合，加快企业技术创新。

一、我国企业技术创新现状

改革开放以来，随着我国经济体制和科技体制改革的不断深入，以及社会主义市场经济体制的建立和完善，各部门、各地方积极采取措施推动企业技术创新，在取得成就的同时，要清醒看到存在的问题。

（一）我国企业技术创新取得了显著成就

1. 以企业为主体的创新体系初步形成。企业科研机构整体实力得到加强，科技发展转化为应用技术，再转化为商品的时间逐渐缩短，科研成果向现实生产力转化的过程加快。

2. 高新技术产业发展框架初步形成。现代高技术的发展进程是和现代高技术产业形成和发展的历史相一致的，高新技术产业化已成为技术创新的重要组成部分，产业化是发展高技术的动力和目的。

3. 以科技为先导，原始创新研究方面取得了一定成效。一批对我国经济增长有重大影响的科技项目纷纷建成，如光电子技术、软件和数字网络技术、低碳技术、基因工程等。

（二）我国企业技术创新存在的问题

1. 大多数企业创新能力不强，生产能力在低水平层次上过度扩张。受粗放型经济增长方式的长期影响，企业生产能力得到了很大的发展，但主要集中在低附加值、低技术含量的领域，导致供大于求。

2. 没有形成有效的技术创新中介服务体系。科技中介服务行业规模小、功能单一、服务能力薄弱；由于没有形成互补的服务体系，中介机构的运作往往各自为政，其综合服务效能远远没有得到发挥，很难为企业的技术创新提供全方位、多层次的优质服务。

3. 官产学研脱节。在高等院校和科研院所进行的基础研究和应用研究常常和生产脱节，而应在企业进行的开发研究又没有得到足够的重视。科技界在理论和实验方面的成果只能停留在样品、展品和礼品上，难以转化为现实的生产力。企业和高校、科研院所的合作不是实时同步的，而是脱节的。

二、我国企业技术创新的关键点

提高企业技术创新能力，是企业增强市场核心竞争力，实现又好又快发展的根本保证。我国企业技术创新的关键点是官产学研相结合，加快推进企业技术成果转化。

（一）加强官产学研结合应把握的原则

1. 抓住市场机遇，满足市场需求的原则。企业首先要对市场进行深入分析，进而发现市场的现实和潜在需求，抓住机遇。企业不能一味地追求“高、精、尖”的技术，而要贴近用户，把用户的愿望和要求作为官产学研的出发点。

2. 充分调动各方的积极性的原则。官产学研结合是一项复杂的系统工程，需要政府、企业、高校、科研院所等各个方面通力合作，不断激发官产学研各方合作的积极性。

3. 积极探索合作新机制的原则。加快官产学研结合，关键在于建立良好的合作机制。要努力构建优势互补、互利共赢、务实高效、开放灵活的官产学研合作新机制，不断充实合作内涵，扩大合作领域。由企业组织高校、科研院所一起形成创新联合体或联盟，既能够打破部门和单位界限，实现资源共享，又能加快新技术产业化，走出一条花钱少、效率高、避免低水平重复的新路子。

（二）鼓励官产学研相结合的机制

1. 竞争机制。竞争是一个优胜劣汰的过程。企业为了在激烈的竞争中立于不败之地，就必须通过官产学研相结合来降低成本，提高产品质量和经济效益，以击败对手，获得更多的超额利润，从而增强自己的竞争力。

2. 激励机制。建立资助制度，即以公共融通的资金对由竞争产生的项目予以奖励和研究资助，并对其他从事科学研究与发明的私人和组织予以补贴，鼓励私人公开他们的研究发现和技术成果。

3. 风险机制。风险机制是市场机制的基础机制，也是市场运行的约束机制。积极建立风险机制，如鼓励进行技术创新的风险投资，给予信贷优惠等。

三、促进我国企业技术创新的对策

我国的经济建设和社会发展正处于关键时期，改革处在攻坚阶段。只有加大企业技术创新的力度，切实把经济建设转移到依靠科技进步和提高劳动者素质的轨道上来，才能在激烈的国际竞争中立于不败之地。

（一）完善市场经济，创造良好的条件和环境

政府应遵循市场价值规律，加强国家宏观调控，通过财税、金融、贸易等多方面的支持措施，对企业成为技术创新主体进行扶持。鼓励企业与高校、科研院所的人才交流，实现高校及科研院所的知识、技术向企业顺利、平稳流动。

（二）推动官产学研技术创新联盟建设

通过不断完善促进官产学研结合的政策环境，利用科技计划、经济和科技政策等手段，以提高产业创新能力和竞争能力为目标，以行业骨干企业为龙头，联合科研实力雄厚的大学和科研机构，在国民经济的支柱产业、先导产业和基础产业组建一批官产学研技术创新联盟，最终实现科技成果转化为现实的生产力。

（三）科学引进高、精、尖技术，强调消化吸收再创新

改革开放以来，我国大量引进国外先进技术，对我国产业发展起到无可替代的促进作用。但由于对引进后消化吸收、再创新的认识不足，加之缺乏制度、政策、资金的支持，造成目前我国一些产业陷入了“引进、落后、再引进、再落后”的恶性循环。因此，企业要具有自主创新的意识，正确处理好引进技术和自主创新的关系，在技术引进的同时加大对先进技术的消化吸收，坚持在消化吸收中提高自主创新能力和核心竞争能力。

（四）推进企业信息化建设

企业信息化是带动企业各项工作创新和升级的重要突破口，信息化是核心，计算机和网络是手段。利用信息技术对信息源进行广度和深度的开发利用，有利于对企业实现有效的管理和监控。通过信息技术扩散和应用，促进企业业务流程和组织结构的优化，改善各项基础性工作，提高生产经营效率和整体竞争实力。

总之，建立以企业为主体的技术创新体系，就必须进一步完善以企业为主体、高等院校和科研机构广泛参与、利益共享、风险共担的官产学研合作机制，有效促进科技与经济的紧密结合，积极促使科技成果快速转化，实现生产力的快速发展。

第四节 国家创新体系建设

国家创新体系的概念是英国学者费里曼在1987年提出的。他是在研究日本经济发展的基础上，通过发现日本的产业政策及政府有关部门在日本创新中的重要作用而提出来的。建立国家创新体系是构建科技经济结合新体制的一种战略选择，它包括各个方面、各个层次，尤其要形成一种互动、交互、集成的方式，核心是要把知识创新、科技创新和制度创新结合起来。

一、国家创新体系的内涵和特点

（一）国家创新体系的内涵

在国家创新体系这个概念上，目前国际上引用比较多的是经济合作与发展组织（OECD）定义。国家创新体系指由参加技术发展和扩散的企业、大学和研究机构组成，是一个为创造、储蓄和转让知识、技能和新产品相互作用的网络系统，政府对创新政策的制定着眼于创造、应用和扩散知识的相互作用过程以及各类机构间的相互影响和作用上。

中科院的《迎接知识经济时代，建设国家创新体系》的报告中，将我国国家创新体系定义为：由知识创新和技术创新相关的机构和组织构成的网络系统，即它实际上是在一个宏观层次上，建立起包括企业、科研机构、高等院校和政府部门参加的网络体系。这一定义已被国内广大学者所认同。

国家创新体系由以下六方面组成：

1. 以企业为主体的技术创新体系。技术创新体系包括五种情况：①产品的创新，引进新产品；②工艺的创新，引进新的生产方法、生产手段；③开辟新市场；④开发新的资源，控制原材料的供应来源；⑤组织管理的创新，实现企业的新的组合形式。所以企业技术创新是一项系统工程，强调过程性、系统性、综合性和创造性。

2. 以科研院所和高等学校为主体的知识创新体系。在知识创新过程中，既重发现，更重发明、重专利；既重成果，更重转化、重应用；既重研究，更重管理、重创新。只有这样才能实现生产要素的有效组合，实现效益最大化。

3. 以政府为主体的制度创新体系。自主创新是强国之道，而制度创新是自主创新的保证，是推动技术进步最强劲的动力。没有政府职能的转变，没有政府创造的良好的政策社会环境，国家的创新体系建设就没有基础。

4. 社会化、网络化的科技中介服务体系。2006 年 1 月召开的全国科学技术大会和国务院公布的《国家中长期科学和技术发展规划纲要（2006—2020 年）》提出，要“建设社会化、网络化的科技中介服务体系。”所谓科技中介服务体系，是指以科技中介机构为主体，以法律法规为依据，以推动技术转移、转化和开发为目的，通过提供技术扩散、成果转化、科技评估、创新资源配置、创新决策和管理咨询等专业化服务，在企业、科研院所、大学、金融机构和政府等之间发挥桥梁和纽带作用的科技服务体系。

5. 金融与创新。知识要变成资本，没有金融的参与是不可能的。只有知识和资本的结合，才能实现“才”和“财”的良性循环，才能促进人才创造更多的财富，同时创造的财富也能吸引更多的人才。

6. 作为基础设施的信息网络。网络不仅是一种技术，更是一种组织结构。在网络经济时代，技术变迁决定新的制度环境，同时又为制度所决定，这种互为因果、交互作用的过程已经成为网络经济的明显特征。

总之，国家创新体系概念的核心就在于它是一个以国际舞台为背景的“相互作用的自组织网络或系统”。通过这一交互作用网络或系统，我们可以积极参与国际交流，使得创新成为国家进步的动力，国家创新体系这一自组织系统不断实现着自我发展和自我完善。

（二）国家创新体系的特点

1. 国家创新体系的核心是创新活动。国家创新体系必须是在国家层面上展开的，对经济增长和经济发展具有重大影响的创新系统。

2. 国家创新体系是经济和社会可持续发展的基础和引擎，是培养和造就高素质人才的摇篮，是综合国力和国际竞争力的支柱和后盾。

3. 国家创新体系中的制度安排是中心变量。国家创新体系是在国家层面上所进行的安排，国家可以直接进行创新活动，或者是创造一种使创新活动得以顺利进行的条件和制度。如日本的国家创新体系即是政府主导型的，其特点是政府直接介入创新活动，并制定许多创新政策和创新策略。而美国的国家创新体系则是市场调节型的，政府的作用只在于为企业创造一个良好的创新环境，市场是调节企业创新活动的主要力量。

（三）从系统论角度看国家创新体系

国家创新体系是以政府为主导、充分发挥市场配置资源的基础性作用、各类科技创新主体紧密联系和有效互动的社会系统。国家创新体系的提出，说明人们对科技创新在经济发展中作用的认识已发生了质的变化，它从系统论角度深入地考察了创新的动态交互反馈过程。国家创新体系与系统论的内在联系表现为：

1. 国家创新体系的构建是对“结构决定功能”的系统论原理应用。按照系统论的观点，系统是由相互联系、相互作用的若干要素组成的具有稳定结构和特定功能的有机整体，具有整体性、结构性、层次性和开放性的特点。国家创新体系正是由此出发，强调构建创新体系内各种角色之间的相互联系和合作关系。这是政府推进国家创新体系建设、提高创新能力和水平的政策基础和根本理论依据。

2. 国家创新体系的复杂性导致了创新过程的非线性特征。该特征使得创新意识和创新思维也必须是非线性的，体现出了新颖性、灵活性和综合性的特点。由于创新主体的多元化和创新系统的多层次，使得系统要素间的非线性相互作用强化。

3. 国家创新体系的实证性研究是对非线性原则的应用和对系统非线性相互作用关系的描绘。国家创新体系的概念本质上是起源于对线性方法模式的否定。国家创新体系强调以“非线性的系统方法”取代传统的“线性模式方法”来理解创新的过程和推进创新能力的建设。

二、我国国家创新体系的成就与不足

经过30年的改革开放，我国国家创新体系不断完善和发展。主要表现在：

高度依赖技术进口，科技能力发展落后于经济增长的局面已经发生逆转；科技创新支撑和引领经济社会发展的能力明显增强；基础科学和前沿技术研究取得重大创新成果，一些重要科技领域与发达国家的差距正在缩小或已经消失，甚至在若干领域已具有重要国际影响力。

尽管我国的国家创新体系取得了很大进步，但仍然存在一些深层次的问题和障碍，总体上仍然是创新能力薄弱。这些问题和障碍制约着官产学研向广度和深度方向发展，也制约着以企业为主体、市场为导向、官产学研结合的技术创新体系的形成。

（一）体制上的分割

市场机制不完善，没有形成有效推进自主创新的体制和制度环境。部分官产学研结合用行政手段替代市场体制。市场体制在我国的官产学研结合中逐渐发挥主导作用，但在政府推动或国家科技计划支持的官产学研结合中，存在用行政手段替代市场体制的现象，因此产生了官产学研结合形式化的问题。

（二）力量上的分散

官产学研各方对彼此的定位和分工认识不清。相关部门之间和部门内部缺乏协调机制，影响了产业创新能力的提升和产业的发展。官产学研各个主体机构的性质决定了他们有各自的定位。

（三）机制上的落后

官产学研结合的利益保障机制不够健全，引导官产学研结合的评价激励机制有待完善。大学、科研机构对基础研究、应用研究、教学和成果转化人员的评价标准“一刀切”，以学术理论水平和论文发表为主，缺乏合理的分类管理与导向，制约了应用技术研究和成果转化人员参与官产学研结合的积极性和持续性。

（四）观念上的滞后

我国尚没有形成浓郁的创新文化，存在创新意识不强、创新观念落伍的现象。科技成果同传统行业领域的脱节，传统产业未能利用不断进步着的科研成果实现自身的改造。

总之，我国的国家创新体系，既有行为主体界定模糊、管理不完善、运行效率较低的问题，也有行为主体之间相互封闭较多、创新政策不完善的缺陷。因此，需要不断完善我国国家创新体系建设。

三、完善我国国家创新体系

党的十七大报告提出，提高自主创新能力，建设创新型国家，是国家发展战略的核心，是提高综合国力的关键。国家创新体系的建设，决定着一个国家、一个民族的进步，决定着一个企业的生存和发展。中国作为一个发展中大国，国家创新体系建设要立足国情、放眼世界，在做好战略规划的基础上循序渐进。

（一）搭建国家创新体系总体框架

充分认识“国家创新体系”的层次结构，建设以企业为主体、官产学研结合的技术创新体系，并将其作为全面推进国家创新体系建设的突破口，搭建“政府宏观调控—市场中介引导—企业自主创新”的国家创新体系总体框架。只有以企业为主体，才能坚持技术创新的市场导向，有效整合官产学研的力量，不断增强国家核心竞争力；只有官产学研结合，才能更有效配置科技资源，激发科研机构的创新活力，并使企业获得持续创新的能力。

（二）建设各具特色和优势的区域创新体系

《国家中长期科学和技术发展规划纲要（2006—2020年）》指出：“充分结合区域经济和社会发展的特色和优势，统筹规划区域创新体系和创新能力建设。深化地方科技体制改革。促进中央与地方科技力量的有机结合。发挥高等院校、科研院所和国家高新技术产业开发区在区域创新体系中的重要作用，增强科技创新对区域经济社会发展的支撑力度。加强中、西部区域科技发展能力建设。切实加强县（市）等基层科技体系建设。”

（三）积极进行制度创新，为企业自主技术创新提供制度保障和激励

市场机制是一种高效的资源配置方式，在社会主义市场经济条件下应当发挥基础性作用，但从中国的现实出发，在较长时期，政府的宏观调控仍是促进产业界、大学和研究机构互动的重要手段。

（四）充分利用全球性的科技资源，把创新和引进有机结合起来

立足全球化和知识经济的国际发展背景，做好国家创新体系政策框架的战略性调整，选择技术引进和自主创新相结合的国家创新发展战略。将技术创新与技术引进、技术扩散相结合，借助技术引进不断促进本国技术能力的提高。我国应利用“后发优势”引进学习，并瞄准科技前沿自主创新。只有在技术引进的同时，注重对所引进技术的二次创新及相应的技术扩散，才能逐渐摆脱对发达国家的技术依赖，不断完善我国的国家创新体系建设。

（五）建设社会化、网络化的科技中介服务体系

针对科技中介服务行业规模小、功能单一、服务能力薄弱等突出问题，大力培育和发展各类科技中介服务机构。充分发挥高等院校、科研院所和各类社团在科技中介服务中的重要作用。引导科技中介服务机构向专业化、规模化和规范化方向发展。

（六）积极构建创新文化

创新文化是有利于创新活动的一种价值观念、行为准则和社会环境的一个

综合体，是激发创新活动的精神家园，也是“三个代表”重要思想里面的“先进文化”的重要组成部分。创新文化的核心是科学精神，本质是实事求是。

总之，国家创新体系是由大学、科研机构、企业及政府等组成的网络，它能够更加有效地提升创新能力和创新效率，使得科学技术与社会经济融为一体，协调发展。因此，我们在建设国家创新体系时，就必须从国家的整体观念出发，对国家的创新资源进行整体科学优化组合，形成一个能够充分发挥各方面创新要素的官产学研相结合的国家创新体系。

第五章　收入分配与消除贫困

收入分配是指将社会生产成果按照生产要素在生产过程中所做贡献大小而在生产要素所有者之间依据拥有份额状况进行分配的一种活动。就经济学而言，收入分配与消除贫困，是两个紧密相连的重大理论和实践问题。这种重要性不仅在于它是社会再生产过程中的一个重要环节，在生产和消费之间起着承上启下的关键作用，而且在于它能够揭示一定社会制度下各种经济利益主体之间的利益关系，反映出这种利益关系背后的各种决定因素。正因为如此，分配关系是否合理、分配制度是否有效，直接关系到一个国家的国民经济能否持续、快速、健康和稳定发展，关系到一个国家的长治久安。因而对发展经济学来说，收入分配与消除贫困，也是其研究的核心问题之一。

第一节　平等与效率问题及其抉择

平等与效率是一对矛盾，在实际操作中，兼顾二者极为困难。

一、平等与效率及其关系

（一）什么是平等

对于平等，按当代西方经济学的说法，是指社会成员在收入分配上的均等化程度，作为一种经济政策，其目的在于缩小贫富之间的差距，以消除社会的对抗性冲突。我国经济学界对此说法不一，有人甚至认为很难予以确定和衡量。

我们认为，平等应包括以下内容，即机会平等、规则平等、结果平等。机会平等，是指社会中的每个人都有同等的参与社会活动、社会生活的机会，在社会上都有同等的身份、平等的法律地位和人格尊严，机会平等对效率能起良好的促进作用。规则平等，主要指法律规则与市场规则，规则的平等能促进效率的提高。结果平等，是指在分配上不应当有差别。结果平等最受人们非议，一般说来，结果的平等会对效率起反作用。

（二）什么是效率

一是指企业的投入与产出之间的比率关系，也就是生产效率。效率与投入成反比，与产出成正比，这就要求企业的生产要能够实现成本最小化。二是指资源配置效率。它不仅包括企业内部的资源配置效率，而且包括整个社会要素和产品在配置上是否实现了最优。三是指资源的动态效率，是指资源与社会生产活动如何在满足当前需要和未来需要之间的分配问题。它既包括如何处理当前消费和积累的关系，也包括如何在长时期内合理地利用社会生产能力，实现经济的均衡增长问题。

根据效率的上述定义，我们要研究的分配制度的效率，便包括以下三方面的内容：分配制度与生产效率、分配制度与资源的配置效率、当前与未来的消费和积累的关系。

（三）平等与效率的关系

平等与效率之间究竟是什么样的关系，至今在国内外理论界仍是一个争论不休的问题。大致有以下几种观点：

第一种观点认为，平等与效率之间完全是矛盾关系。他们认为对效率的追求不可避免地会产生各种不平等，平等和效率二者不可兼得。要效率就不能要平等，要平等就必然牺牲效率。因为市场根据效率向生产要素的供给者提供报酬，这便是人们的收入。要提高效率，报酬必须有差别，收入必须有差距。如果使收入均等化，像我国计划经济时期的“大锅饭”式的分配制度，其后果就是维护低效率。

就政府的经济政策而言，提高个人所得税税率，有助于缩小贫富差距，但会妨碍效率。这会促使人们少工作、多休息、少消费、多储蓄，还会引起财产向国外转移和人才向国外流动等问题。不适当地提高最低工资标准，虽然会使低收入者受益，但会增加企业成本，降低产品的竞争力，最终影响企业效率，甚至造成企业倒闭。提高失业补助金和救济金标准，有助于改善低收入者的生存条件，这会使社会更为平等，但也会影响效率的提高，因为失业者会安于现状，不急于寻找工作。所以，福利太多，就如同北欧的福利国家那样，形成养懒汉现象。

第二种观点认为，效率理应优先。认为效率本身就意味着平等，效率所反映的是个人的努力及勤奋程度，不重视效率就会挫伤人们工作的积极性，实际上是在鼓励懒惰。因此，必须把效率放在优先地位。

第三种观点认为，平等应放在优先地位。其理由是：平等是天赋的权利，竞争所引起的收入差别是对这种权利的侵犯；效率本身来自于“不公平”，由于每个人占有的资源与受教育程度不同，效率不一定是勤奋的结果；市场本身并不公平，它并不完全按付出给予报酬。因为存在不完全竞争，还有对劳动者的性别、年龄、种族、宗教的歧视等等。

第四种观点认为，平等和效率是可以兼容的。二者可以相互促进、相互统一。平等分配有助于效率的提高，效率的提高可以进一步促进平等。

第五种观点认为，经济学强调效率优先、兼顾公平，是说企业分配要讲效率，社会分配要平等。企业分配是初次分配，社会分配是再分配，所以在分配次序上，效率要放在平等的前面。企业内部分配就得按生产要素的贡献分配，社会分配则追求平等，即追求社会福利最大化。

我们同意第五种观点。平等和效率在社会主义市场经济条件下是可以实现的，也就是说，企业分配要讲效率，社会分配要讲平等。

近年来，制约我国人口自由流动的户籍制度开始松动，不少县级城市、中等城市，甚至个别省城都有条件地放开了户籍管制；国家在农村实行了九年义务教育，并采取了补助、助学贷款等措施，保证穷人的孩子接受高等教育；我国非公有制经济的地位不断提高，行业的准入政策不断松动；我国政府落实统筹经济社会发展和统筹城乡发展的战略部署，不断加大着再分配的力度，如建立了最低生活保障制度、农村建立了新型合作医疗制度等等，这些对缩小收入分配差距起到了十分明显的作用。

二、规模收入分配与功能收入分配

发展经济学将收入分配分为规模收入分配和功能收入分配两种类型。

（一）规模收入分配

规模收入分配，也称个人收入分配或家庭收入分配。它着重于有关家庭、住户和个人等经济单位的收入分配，分析家庭、个人等经济单位的社会特征，诸如性别、年龄、教育、职业及民族等社会属性对经济主体收入分配的影响，其重点在于解释微观经济单位中收入分配的形成特征，以及与此相关的收入不平等的测算与对比。例如，按人均收入水平的高低对所有家庭进行排序，分析不同收入家庭组别所占的比例。它只简单地涉及个人（或家庭）及其所获得的全部收入，而对获得收入所通过的途径则不予考虑。它关心的是个人收入的多少，而不管这些收入是否单一地来自职业还是同时来自其他来源，诸如利润、利息、租金、馈赠或继承等。这种分析思路来源于意大利经济学家维尔弗里多·帕累托（1848—1923），所要探讨的问题是分析某一阶层的人口或家庭的比重与其所得的收入份额之间的关系是否合理，什么因素决定个人或家庭的收入分配结构。

（二）功能收入分配

功能收入分配，也称要素收入分配。是指从国民收入来源角度分析收入的分配，旨在说明各种生产要素价格的形成以及这些要素在国民收入分配中应得的合理份额，同时研究国民收入在居民、企业和政府三者之间分配的比例及其相互关系。

功能收入分配的研究起源于英国经济学家大卫·李嘉图（1772—1823），他以生产要素例如土地、资本和劳动为主体，根据各种生产要素在社会产品生产中发挥的作用或做出的贡献，对国民收入分配问题进行研究。这种方法不是把个人或家庭看成独立的个体，而是将劳动所得当作一个总量，与地租、利润在国民收入中所占的份额相比较。研究功能分配的主要目的，在于分析各种生产要素对生产的贡献与其所得之间的关系是否合理。

（三）规模收入分配和功能收入分配的关系

规模收入分配和功能收入分配是两个既有区别又有联系的概念。规模收入分配是根据社会经济特征（如收入水平高低）将个人或家庭进行分类，然后从每类经济群体所得收入规模与其人口规模或家庭规模之间的关系来研究收入分配，其目的在于说明不同的社会经济群体之间收入分配的形成和变化的趋势。它表明了个人收入分配的均等程度和社会成员从经济发展中所获得的福利，由此建立的分配原则是经济公平原则。

功能收入分配是从收入来源的角度研究收入分配，其目的在于解释资本、土地和劳动等生产要素价格的形成及其所得收入在国民收入中所占的比重，由此建立的分配原则是经济效率原则。

从以上分析可以看出，功能收入分配属于国民收入的初次分配，决定和影响规模收入分配，因为某一经济群体的人口所获收入份额的多少，取决于他们所拥有的生产要素的多少；国民收入在不同的生产要素之间的分配格局，直接影响规模收入分配的格局，即功能收入分配对规模收入分配具有决定作用。功能收入分配差距越大，规模收入分配差距也就越大。

三、洛伦兹曲线与基尼系数

洛伦兹曲线与基尼系数是两个密切相关的概念。

（一）洛伦兹曲线

为了研究国民收入在国民之间的分配问题，美国统计学家 M. O. 洛伦兹提出了著名的洛伦兹曲线。他先将一国人口按收入由低到高排队，然后考虑收入最低的任一百分比人口所得到的收入百分比。将这样的人口累计百分比和收入累计百分比的对应关系描绘在图形上，即得到洛伦兹曲线。

洛伦兹曲线用以比较和分析一个国家在不同时代或者不同国家在同一时代的财富不平等，该曲线作为一个总结收入和财富分配信息的便利的图形方法得到了广泛应用。

在图 5—1 中，横轴 OH 表示人口（按收入由低到高分组）的累积百分比，纵轴 OM 表示收入的累积百分比，弧线 OL 为洛伦兹曲线。

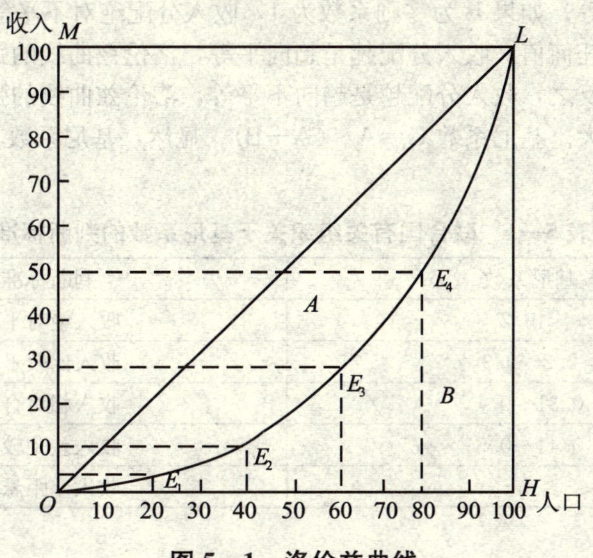

图 5—1　洛伦兹曲线

洛伦兹曲线的弯曲程度有重要意义。一般来讲，它反映了收入分配的不平等程度。弯曲程度越大，收入分配越不平等，反之亦然。如果所有收入都集中在一人手中，而其余人口则一无所获，收入分配会达到完全不平等，洛伦兹曲线成为折线 OHL。另一方面，若任一人口百分比均等于其收入百分比，从而人口累计百分比等于收入累计百分比，则收入分配是完全平等的，洛伦兹曲线成为通过原点的 45°线 OL。

一般来说，一个国家的收入分配，既不是完全不平等，也不是完全平等，而是介于两者之间。相应的洛伦兹曲线，既不是折线 OHL，也不是 45°线 OL，而是像图中那样向横轴突出的弧线 OL。将洛伦兹曲线与 45°线之间的部分 A 叫做“不平等面积”，当收入分配达到完全不平等时，洛伦兹曲线成为折线 OHL，OHL 与 45°线之间的面积 A＋B 叫做“完全不平等面积”。不平等面积与完全不平等面积之比，称为基尼系数。

（二）基尼系数

基尼系数是 20 世纪初意大利经济学家 G. 基尼（1884—1963），根据洛伦兹曲线找出的判断分配平等程度的指标。是衡量一国贫富差距的标准。基尼系数有时也被称为洛伦兹系数。

如图 5—1 所示，设实际收入分配曲线和收入分配绝对平等曲线之间的面积为A，实际收入分配曲线右下方的面积为B。并以A除以A+B的商表示不平等程度。这个数值被称为基尼系数。如果A为零，基尼系数为零，表示收入分配完全平等；如果B为零则系数为1，收入分配绝对不平等。该系数可在零和1之间取任何值。收入分配越是趋向平等，洛伦兹曲线的弧度越小，基尼系数也越小，反之，收入分配越是趋向不平等，洛伦兹曲线的弧度越大，那么基尼系数也越大。基尼系数G=A/（A+B)。显然，基尼系数不会大于1，也不会小于零。

表5—1　联合国有关组织关于基尼系数的判断标准

基尼系数	判断标准
<0.2	收入绝对平均
0.2～0.3	收入比较平均
0.31～0.4	收入相对合理
0.41～0.5	收入差距较大
>0.5	收入差距悬殊

第二节　现代社会“丰裕中的贫困”

几乎世界各国都存在“丰裕中的贫困”问题。

自从人类进入阶级社会以来，便产生了贫富差距。时至今日，虽然世界的财富在不断增加，一些发展中国家也取得了较快经济增长，但无论是发达国家还是发展中国家的内部，都存在着贫困问题。同时，发达国家占有世界财富的比例也呈上升趋势。

据中新社2008年11月27日报道，美国贫困人口为3650万，占总人口的12%。预计受全球金融危机的影响，到2011年，美国贫困人口将增加到4700万。

“丰裕中的贫困”在发展中国家，表现更为严重。有不少发展中国家经济停滞不前，最不发达国家的数量也在增加。

据世界银行2008年公布的数据，按新制定的每天1.25美元生活费的贫困线标准，2005年全世界贫困人口为14亿，其中印度居第一位，有4.56亿人，约占印度总人口的42%。另据中国青年报报道，世界银行2009年4月8日发布的一份名为《从贫困地区到贫困人群：中国扶贫议程的演进》的报告指出，虽然中国自2009年把贫困线提高到1196元，但是中国政府的扶贫标准和投资计划依然难以达到国际标准。

当然，按惯例，各国有权根据本国的实际，特别是经济发展与物价水平，来制定各自的贫困线。

一、“丰裕中的贫困”问题

什么是丰裕中的贫困？在经济全球化的进程中，在新科技革命的背景下，无论是在整个世界范围内，还是就某一个国家或地区而言，都存在着这样一个趋势：在经济增长的推动下，当一些国家、地区和社会阶层经济发展、福利水平提高的同时，另一些国家、地区和社会阶层的贫困状况不但没有好转，反而更加恶化了。在某些特定条件下，原本是为了减少贫困的经济增长却成了导致新的贫困产生的原因。这一趋势作用的结果使得世界范围内的贫富鸿沟日益加深，有时甚至绝对地加剧了。这种丰裕中的贫困，是在过去世界贫困历史上从来都不曾发生过的现象①。

在经济学说史上，“丰裕中的贫困”这一概念最早出现在宏观经济学的创始人、英国著名经济学家约翰·梅纳德·凯恩斯所著的《就业利息和货币通论》中。凯恩斯认为：“社会愈丰裕，则其实际产量与可能产量之差别愈大，经济制度之弱点也愈易暴露而令人愤慨。”②

他指出，这种所谓的“丰裕中的贫困”仅仅是自由放任资本主义所特有的现象或弊端。然而，令凯恩斯没有想到的是，在世界财富不断增加的现代社会中，丰裕中的贫困问题依然存在，经济的不断增长与贫困的日益加剧成为现代社会的一个重要特征。

世界银行则赋予“丰裕中的贫困”更为丰富的含义。在世界银行 2000/2001 年的发展报告中，世界银行首先肯定了在 20 世纪，人类的生存条件比历史上其他任何时期都有更大的进步，全球的财富、相互联系和技术能力以前所未有的速度发展，从而勾勒出这个丰裕社会的基本面貌。但是，由于全球进步所带来的利益分配极不公平，即使在丰裕的社会中，极端贫困的问题不但依然存在，而且更加恶化了。在这个世界上，20 个最富裕国家的人均收入，是 20 个最贫困国家人均收入的 37 倍，过去的 40 年中差距扩大了 1 倍。③

---

①　彭刚、黄卫平主编：《发展经济学教程》，中国人民大学出版社 2007 年版，第 419 页。

②　〔英〕凯恩斯著，高鸿业译：《就业利息和货币通论》，商务印书馆 1997 年版，第 30 页。

③　彭刚、黄卫平主编：《发展经济学教程》，中国人民大学出版社 2007 年版，第 418 页。

丰裕中的贫困具有以下特点：

1. 经济全球化和新科学技术革命是产生丰裕中的贫困的时代背景。

2. 丰裕中的贫困的表现形式是丰裕与贫困的同步增长。

3. 世界各国都存在贫困人口，但贫困人口的80%在东亚、南亚、拉丁美洲以及撒哈拉以南非洲的发展中国家。

4. 从国家角度比较，财富在向发达国家集中。

5. 从国内角度比较，财富向少数人集中。

二、解决“丰裕中的贫困”的对策

进入21世纪，解决“丰裕中的贫困”问题仍然是全人类的难题。前世界银行行长詹姆斯.D. 沃尔芬森在为《2000/2001年世界发展报告：与贫困作斗争》撰写的前言中，开篇第一句话就是：“丰裕中的贫困是我们这个世界中最大的挑战”，他号召全世界“用我们满腔的激情和专业化的手段来与贫困作斗争”。这足见世界范围的反贫困斗争的重要与艰难。

我们提出以下的认识和对策：

1. 丰裕中的贫困的形成，在于经济全球化进程中国际分工体系的不合理。发达国家利用高新技术创新，控制世界资源，以产品标准和商业游戏规则的制定，来保证自己在世界经济中的根本利益，从而也成为经济全球化的主导和最大利益的获得者。这极大地损害了发展中国家的利益，制约了发展中国家的经济与社会发展。因此，必须重建国际经济秩序。

2. 各国必须改革不合理的体制、机制、制度，特别是不合理的收入分配制度，穷人必须分享经济增长的成果。

3. 发达国家必须履行对发展中国家的援助承诺，给发展中国家提供无偿的技术和资金援助，特别是帮助最不发达国家摆脱困境。

4. 经过30多年的改革开放，我国国力不断增强，贫困人口数量大幅度下降，目前贫困人口的大多数在农村。消除农村贫困人口的办法，一是落实统筹城乡发展战略，继续加大对农村公共产品的投入，二是消除给农民同等国民待遇的种种障碍，如影响农村人口自由流动的户籍制度、同工不同酬的工资制度、多数农民及农民工没有享受的社会保障制度等等。

第三节　收入不平等与绝对贫困问题

收入不平等与绝对贫困，是20世纪里影响世界经济健康发展的重大问题。人类已经进入了21世纪，但无论从世界范围来比较，还是从发展中国家内部的收入分配状况来考察，收入不平等与绝对贫困问题，都依然是发展中国家经济发展的严重障碍。

一、发展中国家的收入不平等问题

发展中国家的收入不平等包含以下两方面内容：发展中国家与发达国家相比较的收入不平等和发展中国家内部不同收入阶层之间的收入不平等。

世界财富向发达国家集中，是造成发展中国家绝对贫困的重要原因。

在过去的 40 年间，随着经济全球化程度的不断加深，作为主导者的发达国家成为了最大受益者，经济全球化为发达国家所掌握的世界最新技术和雄厚的国际资本，开拓了寻求更高利润的地域和空间，在发展中国家经济实力与发达国家相差甚大的背景下，经济全球化使发展中国家收入差距与发达国家拉大。1960 年，最富裕的 20 个发达国家的人均国民生产总值是最穷的 20 个国家的 18 倍。到 1995 年，这一差距扩大到 37 倍。世界银行的数据表明，1997 年高收入国家的人均国民生产总值是低收入国家的 73 倍，2008 年更高达 93 倍。

表 5—2 低收入与高收入国家人均国民生产总值对比 （单位：美元）

国家类别	1988 年	1997 年	2008 年
低收入国家	320	350	438.87
高收入国家	17080	25700	40899.57

资料来源：根据世界银行《1990 年世界发展报告》（中国财政经济出版社 1990 年版，第 179 页）；世界银行《1998/99 年世界发展报告》（中国财政经济出版社 1999 年版，第 191 页）及世界银行数据库有关资料整理而成。

联合国 192 个成员国中，发达国家不过 32 个（2006 年世界银行公布的数据），其余都是发展中国家。全球 65 亿人口中，发达国家人口仅仅 10 亿多，其余都在发展中国家。而在全球社会财富占有方面，发达国家共占 80%，其中美国占有全球财富的 30%，发展中国家只占 20%。

近 40 年来，多数发展中国家经济都有所增长，收入分配不平等状况理应趋于好转。但发展中国家内部实际收入分配不平等状况却并非如此：有的好转，有的恶化。恶化的原因可能有多种，但根本原因是收入分配制度不合理。

表 5—3　部分发展中国家的基尼系数变化情况

国　　家	调查年份	基尼系数
肯尼亚	1992/1997	57.5/44.0
吉尔吉斯	2002	29.0
马达加斯加	1993/2001	43.4/46.0
马来西亚	1989/1997	48.4/49.0
马里	1992/2001	57.5/39.0
墨西哥	1992/2002	50.3/49.0
巴拿马	1989/2000	56.6/55.0
秘鲁	1994/2000	44.9/48.0
菲律宾	1988/2000	40.7/46.0
俄罗斯联邦	1993/2002	49.6/32.0
南非	1993/2000	58.4/58.0
泰国	1992/2002	46.2/40.0
委内瑞拉	1990/2000	53.8/42.0
津巴布韦	1990/1995	56.8/57.0

资料来源：世界银行：《1996 年世界发展报告》（中国财政经济出版社 1996 年版，第 198、199 页）；世界银行：《2006 年世界发展报告》（清华大学出版社 2006 年版，第 280、281 页）。

二、发展中国家的绝对贫困问题

发展中国家的绝对贫困，也是国际社会广泛关注的重要问题。世界银行将 1980、1990、2000/2001、2003、2004 年度世界发展报告的主题都定为消除贫困和饥饿，足以说明这是一个世界性的难题。

（一）贫困的定义

贫困是一个十分复杂的问题，按照经济学的一般理论，贫困是经济、社会、文化贫困落后现象的总称。但首先是指经济范畴的贫困，即物质生活贫困，可定义为一个人或一个家庭的生活水平达不到某一社会可以接受的最低标准。贫困的存在有着历史与现实的双重原因，因而，贫困又是一个历史性的范畴。根据不同的划分标准，贫困可以分为不同的类型。如绝对贫困和相对贫困，生存型贫困、温饱型贫困和发展型贫困，区域型贫困和个体型贫困，城市贫困和农村贫困，狭义贫困和广义贫困等等。

贫困不仅只是经济概念，更关乎基本的公民权利、能力，其实质是一种权利和能力的贫困。比如与高额医疗、养老、教育、住房等民生支出相对应，公民就会在获得健康权、养老权、教育权、居住权等能力方面存在缺失。

世界银行 1990 年给出的贫困定义是："缺少达到最低生活水准的能力"①。

① 世界银行：《1990 年世界发展报告》，中国财政经济出版社 1990 年版，第 26 页。

其“最低生活水准”的内容既包括收入或消费，也包括医疗卫生、预期寿命、识字能力等。

世界银行在《2000/2001年世界发展报告》中，明确提出了广义的贫困概念，并将其定义为：“贫困是指福利的被剥夺状态。”福利被剥夺的含义是什么呢？报告解释说：贫困不仅指物质的匮乏，而且还包括低水平的教育和健康。除此之外，贫困还包括风险和面临风险时的脆弱性，以及不能得到自身的基本需求和缺乏参与机会。显而易见，世界银行报告所说的福利是一种广义福利的概念，它不仅包括物质福利，而且还包括文化福利和政治福利，因而贫困实际上是指广义福利被剥夺的状态。这种广义贫困的概念，可以使人们更加深入全面地了解贫困产生的原因，从而制定系统全面的反贫困战略和政策，更加广泛地采取与贫困做斗争的行动。

（二）国际贫困线的标准及变化

为了对发展中国家的贫困状况做出准确度量和客观评价，世界银行1990年制定了国际贫困线标准：赤贫为人均年生活费支出275美元，贫困为人均年生活费支出370美元。370美元的贫困线，基本折合每天1美元，因而世界上通行把每天生活费低于1美元作为贫困线。到了2008年，世界银行则把贫困线标准修订为每天生活费1.25美元。

世界银行认为，部分中低收入国家所采用的日均生活费用2美元的高贫困线（2005年价格），更适用于中等收入国家。

各国参照国际贫困线标准，根据本国的经济发展水平，也大都制定了自己国家的贫困线。

另外，经济合作与发展组织在1976年提出了一个贫困标准，即以一个国家或地区社会中位收入或平均收入的50%，作为这个国家或地区的贫困线，以供各国或地区制定贫困线时参考。

（三）各发展中地区的减贫进展不平衡

世界银行2008年8月公布的有关数据表明①：

1981年，东亚地区是世界上最贫困的地区，但1981—2005年间，用1.25美元贫困线衡量的贫困人口占本地区总人口的比重从近80%下降到18%，约为3.3亿人，这主要是由于中国在减贫方面取得了巨大成就。

1981—2005年间，南亚地区以1.25美元贫困线衡量的贫困率也从60%降至40%，2005年本地区的贫困人口数量约为6亿人，其数量并未减少，原因是该地区人口增长过快。

① 郑兴、吴小滨：《全球还有14亿人赤贫》，《人民日报》海外版2008年8月30日。

世界贫困人口的约 1/3 来自印度。印度的贫困率高于撒哈拉以南非洲地区。从 1990 年到 2005 年的 16 年间，印度的经济增长较快，但其贫困率下降幅度远低于 1981 年至 1990 年期间。

1981—2005 年间，撒哈拉以南非洲地区以 1.25 美元贫困线衡量的贫困率并未显示出持续下降趋势，一直维持在 50%左右。同时，本地区贫困人口的绝对数量几近翻番，从 1981 年的 2 亿人增加到 2005 年的 3.8 亿人。但是，本地区近期显示了良好的势头：贫困率从 1996 年的 58%下降到 2005 年的 50%。

发展中国家所采用的 2 美元高贫困线（2005 年价格）更适用于中等收入国家。根据这一标准，拉美以及中东与北非地区的贫困率自 1981 年以来有所下降，但贫困人口数量并未减少，其原因是人口自然增长率较高。

1981 年以来，东欧与中亚地区以 2 美元贫困线衡量的贫困率有所增加。

（四）最不发达国家状况堪忧

据世界银行统计，最不发达国家个数，1971 年为 24 个，1981 年为 39 个，2006 年增加到 50 个。其人口数量，2006 年为 7.5 亿人（其中 34 个国家位于撒哈拉以南的非洲地区，涉及人口近 7 亿），半数人每天的生活费不足 1 美元（世界贸易组织副总干事拉纳在 2009 年 5 月 31 日召开的第二届最不发达国家贸易部长会议的发言中指出，最不发达国家 50%的人口“生活极端贫困”，“如果不采取紧急措施，这一比例还会再上升三分之一”）。

最不发达国家的普遍特征是：文盲比例高、婴儿死亡率高、人均寿命最短、人均国民生产总值低。

文盲比例最高的占全国人口的 82%；婴儿死亡率最高的达 16.2%，居世界之最；人均寿命最短的 39 岁，仅及日本人均寿命 78 岁的一半。

世界银行最近还把最不发达国家中的 10 个国家列为全球最穷的国家，他们是莫桑比克、埃塞俄比亚、坦桑尼亚、塞拉利昂、布隆迪、乌干达、乍得、卢旺达、尼泊尔和不丹。这些国家年人均国民生产总值在 200 美元以下。世界最穷国是莫桑比克，年人均国民生产总值 80 美元，平均每人每天 0.2 美元，约为瑞士的五百分之一。联合国贸易和发展会议 2009 年 7 月 16 日发布的《2009 年最不发达国家报告》指出，全球经济危机对最不发达国家的影响，已经严重到再也不能维持现状的程度了。

按照联合国的减少贫困千年发展目标计划，世界贫困人口的比例从 1990 年的 29%下降到 2015 年的 10%。但是，就目前的发展水平来看，撒哈拉以南非洲地区的国家可能无法达到这项要求。该地区的平均贫困率目前仍然高达 40%。这也使得人们愈发关注地区之间越来越明显的不平等发展情况。同时，在过去的十年里，经济增长并非一定意味着贫困的减少，由于失业率增高、教育不普及和医疗费用的支出，穷人并没有分享到经济发展的成果。

第四节　消除贫困的理论与政策

专家、学者、国际组织对如何消除贫困问题，进行了不懈的探讨。

一、库兹涅茨假说及其检验

1955年，美国经济学家西蒙·库兹涅茨在当年《美国经济评论》第3期发表的《经济增长与收入不平等》论文中，提出了收入差距的“库兹涅茨曲线”，即“倒U型假说”。他根据经济增长早期阶段的普鲁士（1854—1875年）、美国、英国等地区（1880—1950年）收入差距的统计资料，提出了如下观点：“收入分配不平等的长期趋势可以假设为：在前工业文明向工业文明过渡的经济增长早期阶段迅速扩大，尔后是短暂的稳定，然后在增长的后期阶段逐渐缩小”。简单地说，在从传统农业社会向工业化社会的转型过程中，居民收入分配的差距会呈现“先恶化，后改善”的趋势。表现在图形上是一条先向上弯曲、后向下弯曲的曲线，形似颠倒过来的U，故人们将其称为“倒U曲线”。

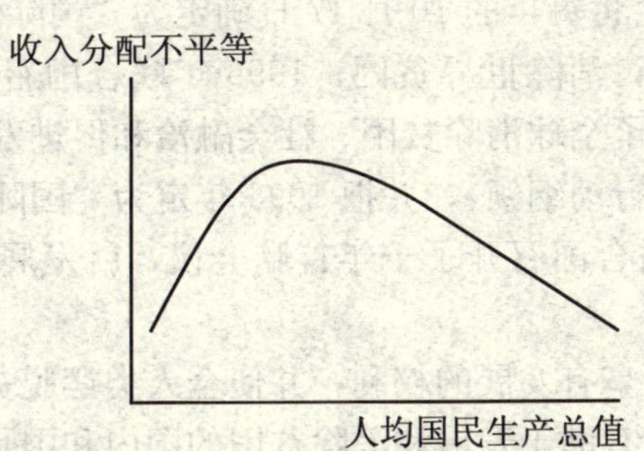

图5—2　库兹涅茨曲线

库兹涅茨在解释该曲线时认为，收入差距在经济发展早期阶段逐步恶化的原因有两个：一是储蓄和积累集中在少数富裕阶层，而储蓄和积累又是经济增长的动力，因而在经济增长中必然是穷者越穷、富者越富；二是工业化和城市化是经济增长的必然结果，而城市的居民收入比农村更加不平等，所以城市化水平的提高必然带来收入分配的恶化。

有人认为，经济发展中收入分配的轨迹并没有什么“经济规律”可循。倒U曲线所表明的收入分配变化状况与实证研究并不完全符合，所以也常常被称作“倒U假说”。典型的例子是亚洲“四小龙”的经济发展过程。在工业化初期，它们的收入不平等程度都有所改进而不是恶化。另外，日、美和欧洲等发达国家在工业化后期的收入分配差距的变动，也没有像“倒U假说”所说的那样逐渐缩小，相反却出现了扩大趋势。然而，也有人以我国为例，认为从我国经济增长与收入差距的相关性来看，与倒U曲线是基本一致的。

二、消除贫困的政策安排

对于消除贫困，发展经济学的主流观点是：经济增长不会自动解决贫困问题，但经济增长是消除贫困的重要前提。关键的问题在于经济增长类型的选择，即是主要有利于富人、还是全体社会成员利益分享的增长类型。也就是说，穷人必须分享经济增长的成果，这样才有利于发展中国家经济社会的持续发展和全球的和谐与进步。

为消除贫困，国际社会做了不懈的努力。

近年来，联合国将消除贫困作为重要议题，积极推进世界反贫困进程：1990年《联合国第四个国际发展战略》、《联大第十八届特别会议宣言》、《1990年代援助最不发达国家行动纲领》等文件，都把促进发展中国家经济持续发展和消除贫困，作为国际发展战略的目标和国际合作的优先领域；1992年第47届联合国大会将每年的10月17日确定为“国际消除贫困日”，要求各成员国切实采取行动，消除世界贫困；1995年联合国召开社会发展世界首脑会议，再次集中讨论了全球消除贫困、社会融洽和促进发展的有关问题，通过了《哥本哈根宣言和行动纲领》，并把1996年定为“国际消除贫困年”。

2000年9月，联合国召开了千年首脑会议，就发展和消除贫困问题做出以下承诺：

1. 致力于使人人享有发展的权利，并使全人类摆脱贫困。

2. 决心创造一种有助于发展和消除贫困的国内和国际环境。

3. 致力于建立一个公开、公平、有法可依、可以预测和没有歧视的多边贸易和金融体系。

4. 关注发展中国家在调动为持续发展提供资金所需的资源方面面临的障碍，将倾尽全力为这些国家的发展筹措资金。

5. 承诺满足最不发达国家的特殊需要，呼吁工业化国家对最不发达国家的几乎所有出口商品免税和免除配额。

6. 实行对重债穷国减免债务的强化计划，不再拖延，并同意在这些国家作出减轻贫困的明确承诺之时，取消这些国家的所有官方双边债务。

7. 更加慷慨地提供发展援助，尤其是向真正作出努力利用其资源减轻贫困的国家。

8. 决心全面有效地解决中低收入发展中国家的债务问题。

9. 增加对内陆发展中国家的财政和技术援助，改善它们的交通运输系统来帮助它们克服地理上的障碍。

另外，决议规定：到 2015 年：将收入低于每天 1 美元的世界人口的比例和饥饿人口的比例减少一半；将无法获取或负担不起安全饮用水的人口的比例减少一半；世界各地的儿童不分男女都能完成小学全部课程；男女享有接受各级教育的同等机会；将产妇死亡率在现有基础上降低 3/4，将 5 岁以下儿童死亡率在现有基础上降低 2/3；向因艾滋病而沦为孤儿的儿童提供特殊帮助。到 2020 年，明显改善至少 1 亿贫民窟居民的生活。

决议还承诺，将促进男女平等和赋予妇女权利，作为与贫困、饥饿和疾病作斗争并刺激真正可持续发展的有效方法；将制定和实施使各国年轻人真正有机会找到像样而有益的工作的战略；鼓励制药业发展，使更多的人能够得到基本药品，使发展中国家所有需要基本药品的人们都能支付得起；在寻求发展和消除贫困方面，与私营部门和民间机构建立牢固的伙伴关系。

为实现联合国规定的上述目标，世界银行制定了新世纪治理贫困的行动纲领，提出了三项具体措施：

1. 给穷人提供机会。扩大经济机会即通过市场和非市场行动的结合，使穷人积聚资产并且提高其资产的回报，以扩大穷人的经济机会，增加他们的收入。

2. 促进参与赋权：使国家制度对穷人更负责、对其需要作出及时反应，加强穷人在政治进程、地方决策和社区管理中的参与程度，取消来自性别、民族、种族和社会地位差距的社会障碍。

3. 加强安全保障：建立社会保障机制，减少因疾病危害、经济灾难、自然灾害及暴力对穷人造成的伤害，帮助穷人化解风险。

为落实联合国的决议，发展中国家一直做着不懈努力。然而，时至今日，发展中国家消除贫困的前景仍不容乐观。

三、我国“国家八七扶贫攻坚计划”

1978 年，我国农村绝对贫困人口 2.5 亿人，占农村总人口的 30.7%。改革开放以后，我国在农村有计划、大规模地开展扶贫工作，到 1993 年底，农村绝对贫困人口减少到 8000 万，占农村总人口的 8.87%。

1994 年 3 月，国务院发布“国家八七扶贫攻坚计划”。“八七”的含义是：力争用 7 年左右的时间（从 1994 年到 2000 年），基本解决 8000 万贫困人口的温饱问题。

以该计划的公布实施为标志，我国的扶贫工作进入了攻坚阶段。这是我国历史上第一个有明确目标、明确对象、明确措施和明确期限的扶贫工作行动纲领。

计划指出：8000万贫困人口主要集中在国家重点扶持的592个贫困县，分布在中西部的深山区、石山区、荒漠区、高寒山区、黄土高原区、地方病高发区以及水库区，而且多为革命老区和少数民族地区。共同特征是：地域偏远，交通不便，生态失调，经济发展缓慢，文化教育落后，人畜饮水困难，生产生活条件极为恶劣。这是扶贫攻坚的主战场，与前一阶段扶贫工作比较，解决这些地区群众的温饱问题难度更大。

建立社会主义市场经济体制，给贫困地区的发展带来了前所未有的机遇和更广阔的前景，但在这个过程中贫困地区与沿海发达地区的差距也在扩大。在这种新形势下，抓紧扶贫开发，尽快解决贫困地区群众的温饱问题，改变经济、文化、社会的落后状态，解决以至彻底消灭贫困，不仅关系到中西部地区经济的振兴、市场的开拓、资源的开发利用和整个国民经济的持续、快速、健康发展，而且也关系到社会安定、民族团结、共同富裕以及为全国深化改革创造条件，这是一项具有重大的、深远的经济意义和政治意义的伟大事业。

7年中，国家采取加大对农村基础设施及教育、文化、卫生方面的投资、鼓励建立资源开发型和劳动密集型的乡镇企业、支持兴办贸工农一体化、产加销一条龙的扶贫经济实体、放手发展个体经济、私营经济和股份合作制经济等措施，使贫困人口大幅度减少。

到2000年底，农村贫困人口减少到3000万人，占农村人口的比重下降到3%左右。除了少数社会保障对象和生活在自然条件恶劣地区的特困人口以及部分残疾人以外，全国农村贫困人口的温饱问题已经基本解决。

2001年，在总结《国家八七扶贫攻坚计划》实施经验的基础上，国家公布《中国农村扶贫开发纲要（2001—2010年）》，部署今后十年农村的扶贫开发工作。其目标是：尽快解决少数贫困人口温饱问题，进一步改善贫困地区的基本生产生活条件，巩固温饱成果，提高贫困人口的生活质量和综合素质，加强贫困乡村的基础设施建设，改善生态环境，逐步改变贫困地区经济、社会、文化的落后状况，为达到小康水平创造条件。

据统计，2002年至2007年，中央财政扶贫资金从106亿元/年增长到144亿元/年，共投入753亿元；2008年中央安排的财政扶贫资金（含以工代赈）为167.34亿元，增幅和增量均达到历史最高水平。截至2007年底，我国农村绝对贫困人口已减少到1479万，占农村居民总人口的1.6%。2009年初，我国农村贫困人口为4007万。贫困人口数量之所以增加，是因为大幅度提高了贫困线标准。

四、中国扶贫工作的基本经验

我国扶贫工作的成就，得到国际社会的公认。其基本做法和基本经验是：

1. 从道义性扶贫向制度性扶贫转变。即把扶贫工作纳入各级政府职责范围，以提供制度保证。

2. 由经济性扶贫向开发性扶贫转变。这使扶贫不同于一般的社会救济工作，而成为一项独立的社会工程。开发性扶贫的重心是帮助贫困人口通过各种手段提高其素质，形成自我发展的条件。

3. 由扶持贫困地区向扶持贫困人口转变。

4. 坚持综合开发、全面发展。把扶贫开发纳入国民经济和社会发展计划。

5. 坚持可持续发展。扶贫开发与资源保护、生态建设相结合，与计划生育相结合，控制贫困地区人口的过快增长，实现资源、人口和环境的良性循环，提高贫困地区可持续发展的能力。

6. 坚持政府主导、全社会共同参与。动员社会各界帮助贫困地区的开发建设。鼓励多种所有制经济组织参与扶贫开发。做好沿海发达地区对口帮扶西部贫困地区的东西扶贫协作工作。

7. 实现贫困地区产业结构的调整和升级。把发展种养业作为扶贫开发的重点，积极推进农业产业化经营。

8. 改善贫困地区的基本生产生活条件。加强基础设施建设，支持贫困地区大力发展教育和公共卫生事业，减轻贫困地区人民子女教育、医疗负担。

9. 加大科技扶贫力度。在扶贫开发过程中，把科学技术的推广和应用作为一项重要内容，不断提高科技扶贫水平。努力提高贫困地区群众的科技文化素质。

10. 积极稳妥地扩大贫困地区劳务输出。加强贫困地区劳动力的职业技能培训，组织和引导劳动力健康有序流动。

11. 稳步推进自愿移民搬迁。对目前极少数居住在生存条件恶劣、自然资源贫乏地区的特困人口，要结合退耕还林还草实行搬迁扶贫。

12. 保证财政扶贫资金。安排增加扶贫贷款。

13. 密切结合西部大开发，促进贫困地区发展。实施西部大开发与扶贫开发相结合，着力带动贫困地区经济的发展。

14. 切实落实扶贫工作责任制。

15. 发展扶贫开发领域的国际交流与合作。争取国际组织和发达国家援助性扶贫项目。

第六章　可持续发展及其推进

20世纪后半叶，可持续发展思想逐渐兴起，成为世界各国选择经济社会发展战略的理想模式。实际上，人们已经深刻认识到发展的可持续性并不是经济活动外在的约束条件和限制因素，而是现代经济发展内在的基本目标和必然要求。以资源的大量消耗、生态环境的严重破坏为代价的粗暴式经济增长不再是现代文明所谓的经济发展，现时代的经济发展应该是合理利用资源，在生态环境可以承受的前提下获得更高的经济增长，使人类在财富增长的同时，实现人与自然和谐相处的可持续发展。

第一节　现时代的可持续发展

一、可持续发展的兴起及其内涵

在人类文明的历史长河中，可持续发展本身并不是一种全新的观念，朴素的可持续发展思想是古来有之的。比如，中国古代文明中很早就存在着“天人合一”、“道法自然，返璞归真”、“与天地参”等体现人与自然相和谐的可持续发展观念。再比如，1798年，英国人口学家马尔萨斯发表了著名的人口学著作《人口原理》，探讨了人与资源的关系，马克思恩格斯还针对其中的错误观点进行了批判。然而，人们真正提出可持续发展的概念并把它作为重要的战略思想加以系统阐述，形成完整的理论体系，还是最近几十年的事情。

为什么呢？这是因为：当世界进入工业文明以后，特别是第二次世界大战以后，世界经济以前所未有的速度高速发展，工业文明达到了一个全新的历史高度。可是人类却没有顾及到环境的承受能力，积累物质财富和加快经济增长成为人类追求的唯一目标，从而片面强调GDP增长，其结果是对资源的大规模掠夺、对生态平衡的严重破坏。许多全球性难题突显在人类面前，诸如人口爆炸增长、资源能源危机、全球性气候变暖、生物多样性锐减等等，可以说，这些问题能否得到有效解决，关乎着人类文明的生存和长远发展。于是，人们开始反思工业革命以来的经济发展方式，反思人与自然的关系、发展经济与保护环境的关系，探索走向生态环境与社会经济双赢模式的可持续发展之路。

1962年，美国海洋生物学家蕾切尔·卡逊出版了《寂静的春天》一书，产生了巨大的社会反响。1968年，环境保护运动的先驱组织、著名的罗马俱乐部成立，它主要关注人类所面临的共同的世界难题，研究探索如何突破人类的发展困境。罗马俱乐部成立后的第一份研究报告是《增长的极限》，报告对人类社会的传统发展方式提出质疑并进行深刻反思，阐述了环境与资源对人类发展的重要性。此后，罗马俱乐部陆续发表了多份针对全球性问题和有关人类未来发展的研究报告，对人类的发展问题进行了跨学科综合研究，提出了许多极具参考价值的理论模型，对可持续发展理论的形成做出了巨大贡献。

面对日益恶化的环境现实，加之各界学者的努力呼吁以及民众的响应，各国政府和相关国际组织开始采取行动。1972年6月，联合国在瑞典的斯德哥尔摩召开联合国人类环境会议，这是人类从传统发展观走向可持续发展观的一个里程碑。会议明确提出为了这一代和将来世世代代的发展而重建地球上的秩序，并指出三个努力的方向：爱护人类共有的生物圈，学会在技术圈中生存，制定人类生存战略。1992年6月，联合国在巴西里约热内卢召开了规模宏大、影响深远的联合国环境与发展会议，各国在可持续发展方面达成了更为广泛的共识，确立了国际协调机制和各自的可持续发展战略，它标志着可持续发展全球行动的正式启动。会议通过了《里约环境与发展宣言》、《21世纪议程》等文件，提出了从生态、经济、社会等方面推进全球可持续发展的27项基本原则。会议从环境保护、生产和消费方式、科学技术、国际贸易、公众参与等方面，详细论述了可持续发展的目标和实现手段，签署了《气候变化框架条约》和《生物多样性公约》，联合国也在此后不久成立了联合国可持续发展委员会。2002年8月，可持续发展世界首脑会议在南非约翰内斯堡召开，会议通过了《关于可持续发展的约翰内斯堡宣言》、《可持续发展世界首脑会议实施计划》等重要文件，这是继1992年联合国环境与发展大会以后又一次具有广泛影响的会议，表明人类在实现可持续发展的道路上又迈进了一步。

应该说，可持续发展是对传统的发展方式特别是工业革命以来的“高增长、高消费、高污染、高排放”的粗暴发展方式的否定。可持续发展所追求的目标是既要满足人类当前的各种需要，又要切实保护资源和生态环境，同时又不能对后代人的生存和发展构成威胁。相对于传统的发展观念，可持续发展更为关注实现经济增长所付出的代价问题，尤其是过度消耗资源、严重破坏环境的代价。代价沉重的经济增长并不能实现人类的发展目标，也不会真正满足人们的各种需求，更不会带来经济的稳定持久发展。可持续发展要求人类的经济社会活动不能超过自然资源和环境的承载能力，必须在不伤害自然环境的前提下进行。为此，人类需要转变经济增长方式，统筹人与自然的关系，处理好经济社会发展、人口增长与资源利用、环境保护的关系，推动整个社会经济系统与生态自然系统相互融合，使人类社会走上生产发展、生活富裕、生态良好的文明发展道路。为实现这种转变，人类必须着眼于把经济、人口、资源和环境这些子系统有机结合起来，相互协调。具体而言，就是要理性地制定经济发展计划，有效地控制人口增长，审慎地开采自然资源，永续利用资源，增进和维护良好的生态环境，实现与资源环境承载能力相协调的生态文明发展之路。

二、可持续发展的基本要求

可持续发展是一种要求社会经济具有长期持续性发展能力的新的发展思想和战略，可持续发展思想和战略的实施需要把握以下基本原则：

（一）发展性原则

可持续发展虽然否定传统的经济发展观念，但是并不否定经济发展，特别是发展中国家的经济发展，毕竟只有经济发展才是增加社会财富、提高人民生活水平、推动人类文明进程的原始动力。只有通过发展经济，才能满足当代人和子孙后代对物质、文化、信息等各个方面的需求。因此，可持续发展是一定要以发展为目的、为核心的。历史经验表明，贫穷落后就不可能实现可持续发展，而且很大程度上，可以说正是因为人们的贫穷和落后，造成了一些地区的生态恶化、资源枯竭。在这个意义上对于大多数发展中国家来说，实现经济发展是第一需要，消除贫困是首要目标，不然贫困就很可能成为最大的“污染源”。如果人类自身的生存和发展需要得不到很好的满足，那么生态环境保护以及可持续发展就只能是一句空话。因此，实施可持续发展战略，一定要结合社会经济、生态环境和资源因素，统筹考虑如何实现经济发展，改善人们生活质量，保障人们基本需要，消除贫困落后，只有这样才能形成保护和建设环境的能力，走上可持续发展之路。

（二）可持续性和协调性原则

可持续发展观念与传统发展观念的一个根本不同，就在于它不仅要考虑当前的成本与效益，而且要兼顾现实利益与长远利益。它纠正了传统模式中不计环境生态成本，片面追求经济效益的错误观念，主张经济发展要与资源、环境相协调，限制“无限增长”，消除“无效增长”；它以人类社会具有长期持久的发展能力为前提，追求的是可以持续的经济发展，关注生态环境的可持续性、自然资源的永续利用以及经济发展的持续性，认为经济增长应当适度，注重人类生活质量的改善。正因为如此，它以无损于生态环境为前提，以可持续性为特征，以提高人们生活水平为目的。

（三）公平性原则

可持续发展强调发展权利的公平，这包括代际公平和代内公平。前者就时间维度而言，即世代间的纵向公平，或者说当代人与后代人在生存和发展权利上的公平。人类赖以生存的自然资源是有限的，当代人不能因为自身的发展和需求而忽略后代人也要发展也有需求，当代人必须理性地约束自己攫取自然资源的无限欲望。代内公平是就空间维度而言的，即当代人之间的横向公平，不同国家、不同地区的人应当公平分配有限资源。一方面，不同发达程度的国家在利用地球资源方面权利是平等的，发达国家不应该利用自己在经济、技术等方面的优势，侵占发展中国家在全球资源分配中的权益。另一方面，同一国家内部，不同富裕程度的人拥有同等公平的分配和发展权，富裕阶层不应当追求奢华的消费和生活方式，过度消耗资源。

（四）一致性原则

可持续发展问题是一个全球性问题，地球生态环境的整体性和相互依存性，要求人类必须采取共同的联合行动，因而保持经济社会同资源环境保护相协调是全人类一致的共同任务。这就要统筹人类之间的平衡发展以及人与自然的互惠共生；建设国际社会新秩序，改变不合理的南北两极格局，避免出现局部塌陷导致生态系统整体崩溃；建立国际协调机制，避免各国政策措施不相协作相互抵消而效果不佳。

三、《中国21世纪议程》及其实践

1992年，在巴西里约热内卢召开的世界环境与发展大会通过了《21世纪议程》。会议要求各国政府根据本国实际情况，制定出各自的可持续发展战略、计划和政策。中国政府做出了履行《21世纪议程》等会议文件的郑重承诺。里约会议结束不到一个月，国务院就成立了包括多个部门的专家小组，国家计划委员会和国家科学技术委员会也联合成立了“中国21世纪议程管理中心”，具体负责承办日常管理工作，开始了《中国21世纪议程》的编制工作。1994年3月，《中国21世纪议程——中国21世纪人口、环境与发展白皮书》在国务院会议上正式通过，中国成为世界上首先编制出本国21世纪议程行动方案的国家。

《中国21世纪议程》是以联合国《21世纪议程》为蓝本，广泛吸取中外专家学者意见，结合中国国情编制而成的。它阐述了中国的可持续发展战略、计划和对策，具有综合性、指导性和可操作性，为中国在未来解决环境与发展问题指明了方向。同时《中国21世纪议程》已经被中国政府批准，成为中国政府制定社会经济中长期发展计划的重要指导文件，在“九五”“十五”“十一五”规划以及2010年规划等经济社会发展规划中得到了具体体现。

《中国21世纪议程》大体上可以分为四个部分：可持续发展总体战略，社会可持续发展，经济可持续发展，资源的合理利用与环境保护。中国政府自1994年颁布《中国21世纪议程》以来，从经济计划、法律法规、政策宣传、教育文化、科学技术以及公众参与等不同方面积极推动其实施，概括起来，主要有以下几个方面：

1. 确立环境保护为中国的一项基本国策。防治环境污染和生态破坏以及合理开发利用自然资源，关系到国家的全局利益和长远发展，中国政府坚定不移地贯彻执行环境保护这项基本国策。坚持把环境保护纳入国民经济和社会发展计划，实施国家指导下的宏观调控与管理，逐步增加对环境保护的投入，使环境保护与各项建设事业统筹兼顾，协调发展。1996年3月，第八届全国人民代表大会第四次会议审议通过的《中华人民共和国国民经济和社会发展“九五”计划和2010年远景目标纲要》中，把实施可持续发展作为现代化建设的一项重大战略，使可持续发展战略在中国经济建设和社会发展过程中得以实施。

2. 颁布实施环境保护的法律法规。中国通过颁布实施环境保护的法律法规，把环境保护建立在法制的基础上，不断完善环保法律体系，严格执法程序，加大执法力度，保证环保法律法规的有效实施。中国针对特定的环境保护对象，制定颁布了多项环境保护专门法以及与环境保护相关的资源法，包括《水污染防治法》、《大气污染防治法》、《固体废物污染环境防治法》、《海洋环境保护法》、《森林法》、《草原法》、《渔业法》、《矿产资源法》、《土地管理法》、《水法》、《野生动物保护法》、《水土保持法》、《农业法》等。环境标准是中国环境法律体系的一个重要组成部分，包括环境质量标准、污染物排放标准、环境基础标准、样品标准和方法标准。环境质量标准、污染物排放标准分为国家标准和地方标准。到2009年5月止，中国共颁布了459项各类国家环境标准。中国法律规定，环境质量标准和污染物排放标准属于强制性标准，违反强制性环境标准，必须承担相应的法律责任。

3. 推动经济增长模式由粗放型向集约型转变。积极推动经济增长模式由粗放型向集约型转变，推动产业优化升级，提出走新型工业化道路，逐步优化经济结构。推动淘汰“两高一低”（高耗能、高污染、低附加值）产业，认真做好节能减排工作（减少能源浪费和降低废气排放）。中国“十一五”规划纲要提出，“十一五”期间单位国内生产总值能耗降低20%左右、主要污染物排放总量减少10%。

4. 建立健全各级政府的环境保护机构。建立健全各级政府的环境保护机构，能够形成比较完善的环境管理体制，充分发挥环境监督管理的作用。加速环境科学技术的进步，加强基础理论研究，组织科技攻关，发展环境保护在职教育和专业教育，培养环境科学技术和管理方面的专门人才。开发防治环境污染的实用技术，扶植环境保护产业的发展，初步形成环境保护科研体系，积极推广清洁、环保技术等新技术的普及应用。开展环境宣传教育，积极推动公众参与，大力提高全民族的环境意识，加强可持续发展能力建设，利用多种方式、各种机会积极宣传环境保护以及可持续发展意识，比如我们就已经利用北京奥运会来宣传环保理念。中国政府坚定实施计划生育政策，人口增长过快的势头得到遏制，人口素质得到提高，逐步普及中小学环境教育，科技教育事业取得积极进展。

5. 推进环境保护领域的国际合作。积极发展同世界各国和国际组织在环境与发展方面的交流与合作，认真履行国际环境公约，努力发挥中国在国际环境事务中的作用。中国政府积极签署联合国有关公约，并创造条件付诸实施。如1992年在里约首脑会议上提出的、1994年生效的《联合国气候变化框架公约》，1994年签署了联合国《防治荒漠化公约》，1993年的《联合国生物多样性公约》，2001年的《关于消耗臭氧层物质的蒙特利尔议定书》等等。

第二节　发展中国家的环境问题

一、环境问题的产生及其原因

环境问题是指在环境方面所出现的不利于人类社会活动和发展的多种现象。广义上的环境问题，根据其诱发因素大致可以分为原生环境问题和次生环境问题两类。由自然因素引起的为原生环境问题，比如火山喷发、地震、洪涝灾害、山体滑坡、泥石流等引起的环境问题；由人类生产和生活活动引起的环境问题反过来又威胁人类自身的生存和发展，即为次生环境问题，包括生态破坏、环境污染和资源浪费等方面。发展经济学研究的是狭义的环境问题，即由人为因素引发的环境问题。从经济学角度分析，环境问题的产生是基于某些社会经济的原因，产生于经济过程中的决策机制以及社会行为的引导机制运行失灵，使环境成本没有得到有效补偿、自然资源没有得到有效配置。

从微观层面来看，正是市场机制在环境资源保护方面的失灵，造成了环境的退化和资源的耗竭。在市场经济中的微观主体，无论是企业还是个人，无论是消费者还是生产者，都是追求利润（或者效用）最大化的经济人，市场经济通过价格机制、供求机制和竞争机制来引导、调节和约束其行为，以实现资源的有效配置。但是这些机制在资源环境领域中却不能有效发挥作用，环境成本和资源代价并没有充分合理地反映在价格以及供求变化中，微观主体失去了成本约束，片面追求效益最大化，经济行为也就不符合社会效率要求，市场就不能保证资源得到有效配置，市场机制出现失灵。

具体而言，市场在环境问题上调控失灵的主要原因有：

1. 环境资源的产权界定不清晰。市场机制正常运作的基本条件，是要存在明确清晰的涵盖各种资源、产品和服务的产权。产权不明晰或者所有权不确定，人们就会失去妥善保管资源、对其投资改进的积极性，因而产权制度不健全，必将导致对经济资源占有、使用、处分和管理的混乱，其典型的例证就是哈丁提出的“公用地的悲剧”。与之相类似，环境资源也多是公共产品或者具有一定的公共性，如环境空气质量、生物多样性等，由于其不可分割的整体性，致使产权难以界定或者是界定不清，导致环境问题上出现了公用地的悲剧。比如公海捕鱼问题，由于缺少明确的产权主体，一些国家又没有遵守相关国际公约，捕鱼量不断增加，就造成了鱼源普遍枯竭的危险。

2. 市场有效竞争不足。很多环境资源问题的出现，是由于这些环境资源的市场发育不完善，甚至根本就不存在市场，导致这些资源的价格也就不存在，因而人们无偿向自然环境索取，很容易出现过度使用以至于逐渐耗竭。比如在我国部分地区的地下水和灌溉水没有形成价格体系之前，用水就不需要付出成本或者成本很少，或者即使存在市场价格也不能全面反映环境资源的生态价值，因而水资源被大量浪费。另一方面，由于垄断、各种行政管制障碍以及市场竞争本身容易出现自然垄断导致的市场失灵等原因，也使得市场竞争不充分，价格不合理，使得人们保护环境的动力不足。例如，资源产业属于自然垄断行业，资源产品价格受到国家的规制。但是，如果自然资源价格低于再生资源，那么对自然资源的掠夺性开采就会继续下去。

3. 经济活动的外部性。外部性也称外部效应，是指市场主体的经济行为对其活动本身以外的影响，它的存在造成了私人成本和社会成本的不相一致。外部不经济实际上是生产和消费过程中的成本外部化，但生产或消费的企业作为追求利益最大化的经济主体，通常为追求更多利润或利差，会放任外部负效应的产生与蔓延。比如工厂，它的内在动因是获取利润，为此对企业而言最好是让工厂排出的废水不加处理而排入下水道、河流、江湖等，这样就可减少治污成本，增加企业利润，但是却会给周围环境、其他企业的生产和居民的生活带来危害。社会若要治理，就会增加负担。这样本该工厂承担的费用成本，就变成了社会的成本，企业的利润最大化就偏离了社会的福利最大化。当然也存在外部经济，比如环境保护这种公共产品。但是由于具有一定的公共性，容易产生“搭便车”行为，因而其供应往往是严重不足的。

4. 交易费用的存在。交易费用（Transaction Costs）又称交易成本，最早由美国经济学家罗纳德·科斯提出。他在《企业的性质》一文中认为，交易成本是“通过价格机制组织生产的，最明显的成本，就是所有发现相对价格的成本”、“市场上发生的每一笔交易的谈判和签约的费用”及利用价格机制存在的其他方面的成本。应该说，交易费用与市场交易的收益相比微不足道，但当交易费用超过了交易收益时，市场就难以正常运转以调配资源。此外，为建立市场而确定和执行产权也需要成本，如果这些成本高过明确产权带来的收益，则产权及其相联系的市场也难以建立。例如，大气、海洋等环境资源就是由于难以低成本划分产权，而无法形成有效的市场价格。

在环境问题方面，除了市场失灵以外，一些问题的出现是由于政府的不恰当干预，即由政府失灵造成的。政府失灵是指政府的行为不能校正市场失灵，反而使资源配置更加缺乏效率和不公平。从宏观层面来看，政府的某些宏观调控并没有弥补市场机制在调节资源环境方面的不足，反而更为扭曲和干扰了市场机制的作用，加剧了环境问题的产生。政府失灵包括政策失灵和管理失灵。政策失灵是指那些造成资源环境使用中私人成本扭曲的政策，包括税收、补贴、金融、收入、资源环境政策等。一些宏观政策在制定过程中没有给予生态和环境足够的重视，这些政策把原来可以正常工作的市场机制扭曲，或者虽然在其他方面取得成功，却产生了外部的资源环境不经济性。比如，对化肥补贴鼓励农民使用化肥，致使土壤和水资源出现污染。管理失灵是指导致政策实施效果不佳的各级政府组织中存在的一系列管理问题，一方面各种政策在部门之间协调不足，缺乏有效的手段措施达到政策目的，另一方面寻租行为的存在也造成了环境管理的失灵。

发展中国家的环境问题还存在自己特殊的原因和困难，主要包括：发展中国家生产力水平相对低下，经济发展落后，同时人口数量多，人口素质相对较低。由人口增长而扩张的需求压力，会迫使发展中国家过度使用自然资源，容易导致过度放牧、滥砍滥伐、水土流失等生态破坏问题出现。同时发展中国家往往处于经济快速发展、工业化进程中，工业污染严重，但是相关的环境保护资金投入却不足，相关的清洁生产技术、节能减排技术、绿色环保技术等技术资源缺乏，自身科技研发能力有限，其结果必然是环境质量日益恶化。另外，发展中国家的人口增长过快，会加剧数量与质量的矛盾；人口素质偏低，一方面阻碍经济增长，更重要的是造成公众公共意识、环保意识淡薄，公众对环境政策支持不够，政府推行环境保护和污染治理就有较大难度。

二、环境问题对经济发展的影响

环境问题与经济发展息息相关。环境的破坏和污染，对经济发展存在重要影响。如果在经济发展过程中出现了环境问题，那首先是对经济发展成果的一种抵消，如果这种抵消作用超出现有成果的经济价值，那么经济发展本身的意义就值得怀疑，甚至可以说是一种欺骗性的虚假经济发展，因为以后为改善环境而付出的代价很可能更多。对于人类的经济活动，自然环境是有容量限制的。在经济发展过程中，污染物的排放超出环境容量，自然生态系统就会受到破坏，且难以依靠自然的力量自动修复。自然生态系统受到破坏，就必然直接影响人们的生产生活。同时，自然生态系统一旦遭到破坏，要通过人工治理恢复其生态功能，往往要付出大于收益几十倍、几百倍的代价，而最为可怕的是有些环境资源一旦遭到破坏，就永远难以恢复。

环境问题的出现有损于人们的身体健康，环境污染带来的疾病传播影响人们的生活，降低人们的生活质量。事实表明，空气污染，水源污染，农产品污染以及疾病传播甚至瘟疫蔓延等环境问题，无不在伤害着人们的身心健康；而且环境污染不仅仅对当代产生影响也会危及后代，环境污染物质可使生物发生遗传突变和胚胎受到影响，所有这些负面影响都将摧毁经济系统中的重要生产要素——劳动力。

环境状况好坏对地区经济长期发展具有十分重大的作用。经济学是研究物品稀缺性的，当环境污染在世界大多数国家甚至全球范围内出现时，当大部分自然环境因为人类活动都已发生改变时，保存良好的生态环境系统就具有了这种稀缺性，它将成为地区经济发展无与伦比的巨大优势。也可以说，在环境质量全球平台上，环境保护的不同层次造成了环境质量梯度的出现。处于高梯度地区的经济必然可以吸引人力、财力等经济资源积聚，在经济竞争中处于优势地位。事实上，一些高新技术产业已经在全球范围内做出了这样的选择。在知识经济时代，需要有良好环境的经济行业会越来越多，环境的生态价值和作用也成为了人们的共识，因而拥有良好生态环境的地区，就会成为各种经济要素追逐的经济区域，成为世界经济发展的高地。

第三节　发展中国家的资源问题

一、资源的内涵及其与环境的关系

资源是人类社会赖以生存的物质基础，每个人都需要利用资源以维持日常活动。随着经济社会的发展，人类对地球上资源的需求在不断增加，对地球资源的开发和利用，为人类文明进程提供了必要的物质条件。

对于各个生物体而言，资源可以说是维持其生命活动所必需的和经常利用的物质，包括空气、水、陆地、森林、矿产、能源等。对于一个地区而言，资源则是社会经济发展的资源，是一国或者一定地区之内拥有的物力、财力、人力等各种物质要素的总称。而对于整体人类社会而言，资源是一切可被人类开发和利用的客观存在，是人类创造社会财富的起点，其组成包括一切可以利用的有形物质和无形要素，是人们用以创造社会财富的自然因素和社会因素，是一切可被人类开发和利用的物质、能量和信息的总称。它广泛地存在于自然界和人类社会中，它或是自然存在物，或是能够给人类带来财富的财富。换句话说，资源就是指自然界和人类社会中可以用来创造物质和精神财富的具有一定量积累的客观存在形态，如矿产资源、土地资源、海洋生物资源、石油天然气资源、煤炭资源、人力资源、信息资源、科学技术资源等。

资源与环境都是人类社会赖以生存和发展的物质基础和基本条件，作为自然生态系统最基本的两个要素，二者共同构成矛盾的统一体，相辅相成而又相互制约。从发展经济的角度来看，二者都具有经济稀缺性和有限性。资源是人类生产的物质财富，环境是人类生存的空间条件。实际上，资源与环境是一个事物的两个方面，是一个事物两种不同的功能和属性，二者是一个矛盾的统一体。资源和环境的关系是一把双刃剑，如果处理得好，将会推动人类社会的发展；但是处理不好，将会阻碍人类社会的进步。

人类在工业化革命以后，获得了改造自然的巨大能力，而当时人们还沉醉于征服自然的喜悦中，往往片面强调资源开发和获取，忽略对环境的保护，结果在工业化过程中出现了许多环境问题，不仅阻碍了工业经济自身的发展，甚至威胁到人类的生存和发展，使得人们必须关注环境保护，走向可持续发展道路。但是也有矫枉过正的情况。一些环保组织过于强调环境保护，而忽略了资源开发的作用，忽略了资源开发对地区发展的重要作用，也就忽略了地区发展对环境保护的重要作用，也一样没有把握好资源和环境的关系。资源开发为人类提供了物质基础，促进了经济的发展，推动了人类社会的进步，提高了人们的生活水平，改善了人们的生存条件。但是资源开发要有一定的限度，不合理的资源开发、过度甚至掠夺式的资源开发，超过了环境的承载能力，就会影响到环境，甚至破坏生态环境系统的平衡，直接威胁人类自身的生存和发展。比如说，开发资源所排放的物质超过了环境的自净能力，环境质量就会发生不良变化，危害人类健康和生存，也就发生了环境污染。

工业化进程中随着资源与环境问题的不断加剧，人们对资源与环境高度关注，逐渐认识到环境和资源完全可以统一，关键在于人们如何看待资源。应该说资源的定义是在不断的扩展，从自然资源到社会经济资源，再到科学技术资源，再到信息资源。而如今人们已经认识到以智力资源为主要依托的知识经济是世界经济发展的必然趋势，以信息技术、生物技术、新能源技术及新材料技术为核心的高新技术，必将极大地改变世界面貌和人类生活。在传统经济中，人们对资源的争夺主要是在占有土地、矿藏和石油等自然资源。而今天，信息资源日益成为人们争夺的重点。在知识经济发展的条件下，所谓资源保证，关键在于这些高技术的科学应用，以便在经济生活中用富有资源替代短缺资源，实现资源替代。在我国部分地区出现一种奇怪的经济现象，那就是富有资源的地方经济反而落后，缺乏资源的地方经济发展却很快。这是为什么呢？这正是上面所说的资源替代。在现代社会，仅仅依靠自然资源是不大会有长远发展的，资源贫乏地区正因为没有自然资源，只能开发人力资源、技术资源等社会经济资源，实现资源替代，反而发展了起来。而富有资源地区，却只是依靠当地自然资源，不能摆脱路径依赖，结果就在经济竞争中落败。

二、外部不经济与市场失灵问题

外部性是一个经济学概念，由马歇尔和庇古在20世纪初提出。所谓外部性，是指一个人的行为，或两个人的交易所带来的成本或收益，对第二个或第三个人的成本或收益产生直接影响。或者说，一个人并没有承担或获得他自己行为所引起的所有成本或收益。依据作用效果，外部性可分为正外部性和负外部性。正外部性，行为人实施的行为对他人或公共的环境利益有溢出效应。负外部性也就是外部不经济，是指经济行为或活动施加给社会的某些成本，而这些成本没有在该物品或活动的价值中得到反映。

市场失灵是指通过市场价值规律这只看不见的手无法实现资源的最佳配置或者配置效率无法达到最高的情况，也就是市场机制在某种情况下会导致资源不适当配置，即导致无效率。导致市场失灵的原因，主要有不完全竞争、信息不完全、外部影响、公共物品等。如前所述，外部负效应是指某一主体在生产和消费活动过程中，对其他主体造成的损害。前面说过，外部不经济的原因之一在产权界定不清，而环境问题的出现恰恰是基于这个原因，有些经济活动主要依赖于公共资源，如渔民捕鱼、牧民放牧，就以江湖河流这些公共资源为主要对象。这类资源既在技术上难以划分归属，又在使用中无法明晰归属。正因为这样，由于生产者受市场机制追求最大化利润的驱使，往往会对这些公共资源出现掠夺式使用，而不能给资源以休养生息。

从经济学的角度看，环境污染是一种典型市场失灵表现。环境作为一种公共产品，同样具有非竞争性和非排他性两个特点。比如说，采取措施使某个城市的空气没有了污染，某人呼吸了清新的空气，并不能制止他人呼吸。环境问题的非竞争性和非排他性告诉我们，环境这种公共产品无法通过等价交换的机制在生产者和消费者之间建立联系。假如采用市场资源配置的方式进行环境供应，无疑就会发生市场失灵，这是在经济发展中产生环境污染问题的根本原因。

第四节　解决环境资源问题的对策

一、产权界定对环境保护的作用

产权是指由物的存在及关于它们的使用所引起的人们之间相互认可的行为关系，是市场制度的核心和灵魂，其重要性在于它们能帮助一个人形成他与其他人进行交易时的合理预期，从而塑造一个人的行为。但是，产权发挥作用的前提是其本身必须是确定的和完整的，因而产权约束的两个重要内容，是产权的排他性和可让渡性。排他性是决定谁拥有在一种特定方式下使用一种稀缺资源的权利，它给人们提供了自我效用最大化的激励。可让渡性则是产权主体将产权再度安排给其他人的权利，使得将产权配置到最有价值的地方成为可能。产权的模糊及不完整，就会导致产权作用的削弱，会影响所有产权使用者使用资产的预期，也会影响资产对所有者和其他人的价值以及产权交易的形成，从而影响整个社会的资源配置效率。

市场经济是交换经济，交换的前提是健全的产权制度。如果没有形成完善的产权制度，那么市场经济的价格机制及其交易规则就难以形成，市场机制也就无法对人们的经济行为进行有效合理的约束和激励，不能正确引导人们合理使用有限的资源、保护生态环境。当代市场经济通行的产权规则要求产权是明晰的、可以自主转让的，而且必须得到有力保护。而利用市场机制保护环境，关键在于确定环境污染的成本归属或者改善环境的收益归属，真正做到谁污染谁付费、谁治理谁受益，把环境成本纳入经济成本核算中，变资源无偿使用为有偿使用。因此，建立和完善有关的产权制度，划分与明确有关资源的产权归属和产权关系，把外部效应内在化，使有关的经济主体承担环境污染和资源消耗的成本，或者获得保护环境节约资源的收益，才能促进经济主休以可持续发展的方式使用资源，自我抑制滥用资源、污染环境的行为。

通过改进产权制度以达到治理污染或者保护环境的目的，其实质是将外部性内部化，将公共物品改变为私人物品，只有这样保护环境的收益或者污染环境的成本，才能与具体的行为主体建立直接利益联系。实际上，正是因为环境问题上存在公共产品的属性，才难以解决。公共物品与私人物品的重要区别，就在于其公共属性，即不能排他地占有或者消费，不能够单个地向消费者收费。但有些看似不可排他地消费的物品，经过巧妙制度设计，也可以单个地或者近乎单个地向消费者收费，从而变为私人物品。实际上，无论是改进产权制度，还是发现收费方式，都是通过改变人们的成本和收益改变了人们的行为，从而达到保护环境和资源的目标。其核心思想，也就是要改变微观主体的成本和收益。市场经济中的各个企业只从自身的局部利益出发，按照市场信号调整微观经济的资源配置，只有市场信号表明其利益预期发生改变，才会改变人们的行为，使之朝着政策设计的目标努力。

二、政府的环境政策

环境政策大体上分为两大类，一类侧重于通过市场机制本身来解决环境问题，环境经济政策是指运用价格、税收、财政、信贷、收费、保险等经济手段，调节或影响市场主体的行为，以实现经济建设与环境保护协调发展的政策。与传统行政手段的“外部约束”相比，环境经济政策是一种“内在约束”力量，具有促进环保技术创新，增强市场竞争力，降低环境治理成本与行政监控成本等优点。环境经济政策体系是国际社会迄今为止，解决环境问题最有效、最能形成长效机制的办法。另一类则侧重于政府干预来解决问题。这两种环境政策中，前者包括为微观主体建立外部约束机制的政策，为微观主体建立内部激励机制的政策；后者包括环境管理政策，环境建设政策。下面分别介绍其中具有代表性典型的环境政策：

排污收费是国家对排放污染物的组织和个人（即污染者），实行征收排污费的一种政策。这是贯彻“污染者负担”原则的一种形式，国外称之为污染收费或征收污染税。排污收费是控制污染的一项重要环境政策，它运用经济手段要求污染者承担污染对社会损害的责任，把外部不经济性内在化，以促进污染者积极治理污染。这一政策的基本要求是坚持收费标准略高于治理成本的原则，因为只有污染者上缴给政府的治理费用高于自己治理的费用时，污染者才会真正感到压力。而如果排污收费水平过低，不但不能对污染者产生压力，甚至会起到鼓励排污的反作用，误导排污单位“缴排污费，买排污权”，而不去治理污染，这就失去了排污收费的政策作用。

生态补偿机制是以保护生态环境、促进人与自然和谐为目的，根据生态系统服务价值、生态保护成本、发展机会成本，综合运用行政和市场手段，调整生态环境保护和建设相关各方之间利益关系的环境经济政策。主要用于区域性生态保护和环境污染防治领域，是一项具有经济激励作用、与“污染者付费”原则并存、基于“受益者付费和破坏者付费”原则的环境经济政策。生态补偿政策是以改善或恢复生态功能为目的，以调整保护或破坏环境的相关利益者的利益分配关系为对象，具有经济激励作用的政策，具体是指发达地区对不发达地区，城市对乡村，富裕人群对贫困人群，下游对上游，受益方对受损方，“两高”产业对环保产业进行以财政转移支付手段为主的生态补偿政策。目前，发达国家大都采用了生态补偿政策，成效显著。

环境管制是环境管理政策的主要内容之一，它是指政府设定环境质量指标，通过立法、颁布行业规定等非市场途径对环境资源问题进行直接干预。环境管制的好处是它可以迅速地控制污染。企业必须依法遵守政府的环境标准，为此就需要改变生产方式、经营模式或者直接投资于污染控制。排污标准是目前世界上使用最为广泛的污染管制方法之一，是由管制部门制定并依法强制实施的每一污染源特定污染物排放的最高限度。它要求相关的经济行为主体必须遵守，如果超过标准就会受到惩罚。比如，政府规定工业废水排放标准，化工废气排放标准等。

环境建设政策包括生态保护和建设以及环境治理和改善。总体而言，就是要建立科学、完善的生态环境监测、管理体系，形成类型齐全、分布合理、面积适宜的自然保护区，建立沙漠化防治体系，强化重点水土流失区的治理，改善农业生态环境，加强城市绿地建设，逐步改善生态环境质量。对我国来说，这一方面的政策重点主要有：建立完善的生态环境监测与安全评估技术和标准体系；建立自然保护区，建设林业重点生态工程；制定适合土地沙化地区经济发展的经营机制和政策，研究、推广防治土地沙化的适应耕作制度；完善水土保持政策，落实国家对退耕还林、还草的各项政策，发展生态农业，加强城市生态环境建设等。

三、建立完善的循环经济发展体系

循环经济是一种以物质不断循环利用为基础，以生态学规律指导人类社会经济活动的可持续发展模式，所谓循环经济就是指在社会经济活动的资源投入、企业生产、产品消费和废弃物排放的全过程中，把资源节约、清洁生产、绿色消费、废弃物综合利用等有机结合在一起，实现经济活动的生态化和绿色化，进而形成资源利用良性循环，经济发展与生态环境和谐平衡的经济，其基本原则是减量化（reduce）、再使用（reuse）、再循环（recycle）即3R原则，每个原则对发展循环经济必不可少。

建立完善的循环经济发展体系是实施可持续发展战略的重要方式。如何建立完善的循环经济发展体系呢？总体说来可以概括为四个方面：建立三个体系，完善两种机制，实现四个子系统的转变，充分发挥非政府组织、媒体和大众的作用。

（一）三个体系

要建立健全发展循环经济的法律法规体系，制定基本的循环经济法律，促进形成循环经济法律体系。中国循环经济法律创新应在三个不同层面进行法律规制：一是企业内部的循环；二是区域范围内的循环；三是社会整体循环。

要建立健全清洁生产、废弃物回收处理、污染物排放以及资源综合利用等循环经济技术标准体系，研究开发推广应用发展循环经济所必需的各种技术，建立和完善促进循环经济发展的绿色技术支撑体系，加快建立循环经济的替代技术、减量技术、再利用技术、资源化技术、系统化技术的绿色支撑技术开发体系。

要建立健全绿色 GDP 核算制度，完善国民经济核算体系，把资源消耗、环境污染和生态损失，生态系统效益等纳入统计核算体系之中。以国内生产总值为例，在 GDP 中需要扣除为改善自然环境所付出的资本消耗，以得到经过环境调整的国内生产总值，也就是绿色 GDP（GGDP）。这种统计制度能够反映自然资源和环境污染的损失，会促使人们抛弃传统的经济发展模式，走经济、社会环境相协调的可持续发展之路。

（二）两个机制

要不断完善社会主义市场经济，利用市场机制引导微观主体转向发展循环经济，建立有利于引导各类利益主体参与可持续发展的价格调节机制。通过价格调节，引导各类相关利益主体的法人强化节约资源，严格保护城乡生态环境，真正发挥价格机制在资源的市场供求和可持续利用等方面的调节功能。

要不断完善政府环境政策和环境管理机制，加强国家宏观调控能力建设，发挥国家管理调控作用。循环经济发展在很多方面涉及到外部性、公共产品、垄断等因素，为了弥补市场机制的缺陷，政府需要履行管理调控作用。

（三）四个转变

实现四个经济子系统的转变：能源系统、材料系统、城市生活系统、农业生产系统。在能源系统中，最主要的改变是从化石能源向清洁能源的转变，是从石油、煤炭等燃料能源向太阳能、风能、地热能等新能源转变，是从碳基能源向氢基能源的转变。

在材料部门，要实现现在的直线型经济模式向再循环、再利用的环形模式转变，材料在经济系统中的路线不再是从矿山、森林到工厂、企业再到消费者最后进入垃圾填埋场，而是效仿自然界的物质循环，形成一个闭环系统。材料部门寻求突破，使用环保材料、再生材料、新材料等。在这里，环保材料本身要真正具有环保性，即材料不存在危害自然环境的成分；同时，必须关注材料的再生性，即材料可循环使用，不再是用过就扔，而是循环利用。最终，循环经济主要依赖再循环利用已经在用的材料来运转，材料的使用路线将会首尾相连而封闭起来，没有废物产生，不需要垃圾掩埋。

在城市生活中，现行的以汽车为中心拥堵不堪、污染严重的城市交通体系，要转向以铁路为中心包括新能源汽车、轨道交通、自行车和巴士的全新交通体系，建立以节省运力为中心，高效、节约型综合运输体系；建立能够节约资本和节约资源的生活消费方式，倡导建立有利于节约资源和保护环境的消费方式，鼓励使用能效标识产品、节能节水认证产品和环境标志、绿色标志产品，减少过度包装和一次性产品的使用。建立垃圾分类和分选系统，完善资源的回收利用体系。

在农业生产中，现行的大量耗水、过度使用化肥的掠夺式生产方式，要转向生态农业，建立以节地、节水为中心的，促进生态良性循环的集约化农业生产体系。要大幅度降低农药、化肥使用量，建立有机农业和绿色食品基地，实现农产品的优质、无害和高效，把农业生产中的废物重新利用，防治农业环境污染。发展生物技术，选择可持续的耕作方式，提高耕地生产力，减少对森林、草场等土地的占用。保护农业生物资源和生物的多样性，保持农村生态系统的稳定平衡。

（四）三个作用

充分发挥非政府组织以及大众媒体的社会作用，积极推动公众对循环经济建设的参与。非政府组织是为了弥补政府和企业界的缺口而发展起来，大多数非政府组织是与特殊利益集团相对立的公益性团体，非政府组织在环保运动中发挥的巨大支配作用，让人们意识到其存在的重要意义。大众媒体在披露信息、建立沟通渠道、环境监督、宣传教育等方面具有不可替代的作用。现在利用互联网动员人们，更是建设循环经济的可贵手段。发展循环经济必须依靠公众参与，甚至可以说社会公众对循环经济的参与程度，决定了循环经济的发展潜力，因而要通过学校教育、公共宣传在全社会树立循环经济观念，提高公众参与循环经济的意识和能力，倡导良好的道德规范和生活消费习惯。

第七章　工业化、信息化与城市化

一个国家的经济发展状况，与其工业化程度具有密切联系。事实表明，几乎所有的发达国家其工业化程度都很高，而发展中国家的工业化程度都很低，因而推进本国的工业化，是发展中国家一直所致力的重要任务。进入 20 世纪中后期以来，随着新的科技革命浪潮的兴起，信息化又给发展中国家带来了新的机遇和挑战。同时，各国经济发展的实践表明，在工业化的进程中，城市化与工业化是相伴而随的。因此，把握工业化、信息化和城市化的规律，并处理好相互之间的关系，有效地推进工业化、信息化和城市化的发展，是广大发展中国家所面临的重要课题。

第一节　发展中国家的工业化问题

人类社会的发展史表明，工业化，作为近代以来经济发展的核心性内容，是推动各个国家（地区）由经济不发达走向发达的重要动力，是现代化进程中不可逾越的重要阶段。

一、工业化的含义及其衡量

（一）工业化的含义

由于不同国家工业化进程的差异，以及分析问题的角度和出发点不同，人们对工业化给出了一系列不同的解释。其中既包括各种较窄的界定，也包括各种较宽的界定。比如，依由窄到宽的次序，人们分别把工业化界定为制造业比重的提高并占据统治地位；以农业为主的经济向以工业为主的经济的转变；发展或现代化；由贫困落后走向发达的整个过程（这个过程不仅意味着经济结构的变迁，而且涉及到经济、政治、社会、文化等各个方面的变革）等等。

综合上述各种不同的解释，我们这里将工业化界定为：由农业社会向工业社会转化并不断完善的过程。它使一个国家由传统的农业国转变为现代的工业国。

关于工业化的含义，我们在理解时有必要澄清四点认识上的误区。

一是把工业化单纯地等同于工业的发展，而忽视农业的工业化。诚然，工业化的过程，首先表现为国民经济结构由以农业占统治地位，转变为工业占统治地位的过程。但是，一方面，工业占统治地位是就总体而言的；另一方面，农业也要接受工业先进成果的武装，即实现农业的工业化（如在生产工具和手段上的机械化、电力化、化学化等；在生产经营组织方式上的“产业化经营”、“企业化管理”等）。

二是把工业化单纯地等同于工业产值比重的提高，而忽视工业所吸纳的劳动力比重的提高，即“只重物，不重人”。

三是把工业化单纯地等同于第二产业“一枝独秀”，而忽视第三产业的发展。过去讨论工业化问题，往往只在工业和农业之间作比较（如斯大林曾把国民经济中工业总产值占工农业总产值70％以上，作为实现工业化的标准），而第三产业并不被纳入到考察的视线之内。实际上，第三产业决不是在工业化实现之后才从头开始发展的，而是与工业的发展和工业化的进展相伴随，逐步壮大直至“后来居上”的。

四是把工业化单纯地等同于经济增长，而忽视经济发展的其他方面。工业化的推进过程，作为一个经济社会由不发达逐步走向发达的过程，当然首先表现为一个不断实现经济增长的过程。没有经济增长的量的积累，就不会有工业化发展的质的跃迁。但是，增长本身并不一定意味着发展，没有发展的增长也是可能的。从这个意义上说，工业化的过程恰恰是一个通过经济增长而使经济社会不断发展的过程。

事实上，无论是我国工农业差别的扩大、二元结构的强化以及第三产业发展的落后状况，还是重速度轻质量、重规模轻效益、重产值轻就业等弊端，从某种意义上说，与其上述认识误区是不无关系的。

在理解工业化的含义时还要注意的是，工业化既是一个历史性的概念，又是一个世界性的概念。前者意味着工业化的内容和标志不是僵化的、一成不变的，而是与历史发展的进程相联系的。后者意味着工业化的内容和标志不是孤立地、单纯就某一个国家而言的，而是与不同国家的相互比较相联系的。

（二）工业化的衡量指标

随着工业化实践的长期发展和理论研究的不断深入，人们对于工业化进展程度的衡量，分别从不同角度提出了各种不同的指标。主要如.

1. 人均国民收入指标。

实践经验和理论研究告诉我们，工业化和国民收入水平增长有着很高的相关关系，即工业化的进展程度越高，国民收入的水平也越高。美国经济学家钱纳里等学者运用实证分析的方法，从结构转换的角度，把各国人均收入水平①的变动划分为六个时期（参见表7—1)。这六个时期便涵盖了前工业化阶段(也被称为初级产品阶段)、工业化阶段和后工业化阶段。其中的工业化阶段，又可进一步分为工业化的初期、中期和后期阶段。

表7—1　结构转变过程的时期划分

时期	收入变动范围（人均GDP）		
	1964年（美元）	1970年（美元）	2005年（美元）
1	100～200	140～280	745～1490
2	200～400	280～560	1490～2980
3	400～800	560～1120	2980～5960
4	800～1500	1120～2100	5960～11170
5	1500～2400	2100～3360	11170～17890
6	2400～3600	3360～5040	17890～26830

资料来源：钱纳里等著：《工业化和经济增长的比较研究》（上海三联书店1989年版，第71页)；郭克莎：《中国工业化的进程、问题与出路》(《中国社会科学》2004年第1期)；陈佳贵、黄群慧、钟宏武、王延忠等著：《中国工业化进程报告——1995—2005年中国省域工业化水平评价与研究》（社会科学文献出版社2007年版，第21页)。

2. 三次产业结构演进指标。

按照三次产业在GDP中所占比重的高低，其排序一般由“一、二、三”到“二、一、三”，再到“三、二、一”。根据美国经济学家库兹涅茨等学者的实证研究，从三次产业在GDP中构成的变动，可将工业化分为三个阶段。(1)起始阶段——第一产业的比重较高（占20%以上)，第二产业的比重较低；由于市场经济国家在工业化开始时市场化已得到较大进展，以商业、服务业为基础的第三产业的比重较高。(2）中期阶段——第一产业比重降低到20%以下，第二产业比重上升到高于第三产业而在GDP结构中占最大比重。(3）结束阶段——第一产业比重降到10%左右，第二产业比重上升到最高水平后转为相对稳定或有所下降。② 与产值结构的变动相联系，就业结构的变动也表现出类似的趋势。与产值结构的变动相联系，就业结构的变动也表现出类似的趋势。③

3. 工业内部结构状况指标。

---

① 在我国，为了估算上的方便，往往以人均GDP代替人均国民收入水平。

② 上述三次产业结构演进的趋势是就总体情况而言的，某些个别地区（甚至国家）也有不同的情况。

③ 郭克莎：《中国工业化的进程、问题与出路》，《中国社会科学》2004年第1期。

德国经济学家霍夫曼在出版于1931年的《工业化的阶段和类型》一书中认为，衡量经济发展的标准只能是消费品部门与资本品部门之间净产值的比例。这个比例后来被称为“霍夫曼系数”。按照“霍夫曼系数”，工业化可分为4个阶段。第一阶段，霍夫曼系数约为5（±1.5），即消费品工业在整个制造业中居于压倒优势的地位；第二阶段，霍夫曼系数约为2.5（±1），即消费品工业最初所具有的主导地位趋于削弱而资本品工业逐渐发展起来；第三阶段，霍夫曼系数约为1（±0.5），即两类工业的净产值大致相当；第四阶段，霍夫曼系数更低，即消费品工业远不及资本品工业增长得迅速。简言之，随着工业化的升级，消费品工业与资本品工业的净产值之比是逐步下降的。

有必要指出的是，在我国，一般往往用轻、重工业净产值来近似地代替消费品部门和资本品部门的净产值，但由于我国在计划经济时期曾实行优先发展重工业的作法，所以一般认为该衡量指标并不完全适用于中国。

4. 其他指标。

被用于衡量工业化发展阶段的指标还包括：工业总产值占国民生产总值的比重；农业劳动力占社会劳动力总人数的比重；工业自身的物质技术装备水平（包括工业生产的机械化、电气化、化学化、自动化水平等）；农业的技术装备水平和生产效率（包括农业机械化、电气化水平，人均劳动生产率等）；制造业增加值占总商品增加值的比重；第三产业占国民生产总值的比重；人口城市化率等等。

（三）对我国工业化发展阶段的判断

由于衡量工业化的具体指标有很多，而对指标理解和运用的不同，往往也会造成在工业化发展阶段判断上的不同。比如说，就前面提到的人均国民收入指标而言，在结构转变的六个时期当中，已经取得共识的是：第一个时期是前工业化阶段（即初级产品阶段），第二个时期是工业化的初期阶段，第三个时期开始进入工业化的中期阶段，第六个时期属于后工业化阶段（即发达经济阶段）。但对于第四个时期和第五个时期，却存在着不同的看法：一是认为第四个时期仍属于工业化的中期阶段，而第五个时期属于工业化的后期阶段；二是认为第四个时期已经进入工业化的后期阶段，而第五个时期已开始进入后工业化的阶段即发达经济初级阶段，相应地，第六个时期则属于发达经济的高级阶段。①

鉴于此种情况，我国学者在综合借鉴上述指标的同时，结合本国具体的国

① 参见陈佳贵、黄群慧、钟宏武、王延忠等著：《中国工业化进程报告——1995—2005年中国省域工业化水平评价与研究》，社会科学文献出版社2007年版，第22页。

情，对原有的指标作了某些修正，并结合相关理论研究和国际经验估计，确定了一套衡量我国工业化不同阶段的指标体系和相应的标志值（参见表 7—2）。

表 7—2　工业化不同阶段的标志值

基本指标	前工业化阶段	工业化实现阶段			后工业化阶段
		工业化初期	工业化中期	工业化后期	
1. 人均 GDP					
1964 年（美元）	100～200	200～400	400～800	800～1500	1500 以上
1970 年（美元）	140～280	280～560	560～1120	1120～2100	2100 以上
2005 年（美元）	745～1490	1490～2980	2980～5960	5960～11170	11170 以上
2. 三次产业产值结构	A>I	A>20%，且 A<I	A<20%，I>S	A<10%，I>S	A<10%，I<S
3. 制造业增加值占总商品增加值的比重	20%以下	20%～40%	40%～50%	50%～60%	60%以上
4. 人口城市化率	30%以下	30%～50%	50%～60%	60%～75%	75%以上
5. 第一产业就业人员占比	60%以上	45%～60%	30%～45%	10%～30%	10%以下

注： A 代表第一产业，I 代表第二产业，S 代表第三产业。

资料来源： 陈佳贵、黄群慧、钟宏武、王延忠等著：《中国工业化进程报告——1995—2005 年中国省域工业化水平评价与研究》（社会科学文献出版社 2007 年版，第 21 页）。

截止到“十五”期末，我国上述指标所反映的具体情况是：

从人均 GDP 指标看，我国 2005 年人均 GDP 为 14040 元，按 2005 年年平均汇率约折合为 1703 美元；而若按汇率—平价法折算为 2005 年美元，则约为 4137 美元，这相当于工业化中期的后半阶段。

从三次产业产值结构指标看，我国 2005 年第一、第二、第三产业产值的比例为 12.6∶47.5∶39.9，相当于工业化中期的后半阶段。

从第一产业就业比重指标看，我国 2005 年第一、第二、第三产业就业人员的比例为 44.8∶23.8∶31.4，相当于工业化中期的起始阶段。

从制造业增加值占总商品增加值比重指标看，我国 2005 年为 52%，相当于工业化后期的前半阶段。

从人口城市化率指标看，我国 2005 年为 43%，相当于工业化初期的后半阶段。

可见，我国工业化在各个不同的方面其进程是不平衡的。如在人均 GDP 水平和产值结构演进方面，进展相对较快一些；而在就业结构和人口城市化率方面，则进展相对较慢。

综合地看，我国现处于工业化中期的后半阶段。

二、发展中国家传统工业化道路的局限性

（一）传统的工业化道路

就世界范围而言，工业化主要是以产业革命的爆发为其开端的，至今已经历了几百年。在几百年的实践中，形成了不同的工业化道路和模式。对此，可以从不同角度进行划分。

1. 按占主导地位的资源配置方式划分。

按照占主导地位的资源配置方式的不同，一般将以往的工业化分为以下几种基本模式。

（1）以自由市场经济为基础的原生型工业化。

这是欧美发达国家、特别是早期工业化国家所经历过的工业化模式。其典型代表是英国、法国以及后来的美国等。这种工业化模式具有以下基本特征：

一是自发性。早期工业化基本上是一种自发的演进过程，没有前人的经验可借鉴，也没有迅速工业化的国际压力。当然，正是因此，这种工业化的速度也较为缓慢。如英国虽在1760年代就开始了产业革命，但约花费了100多年的时间才真正确立机器大工业体系；法国约于1790年代开始产业革命，经历约80年左右的时间，到1870—1880年代基本完成；美国产业革命约从1790年代至1860年代，也花了约六七十年的时间。

二是民间性。推动英、法、美等国工业化发动和发展的，主要是在市场机制作用下对经济利益最大化的追求。市场机制引导资源的配置，是促进工业化开始和演进的根本力量。这种工业化是由民间发动的，工业化过程主要由个人积累资本和进行投资来完成的，而政府的作用仅限于为工业化创造有利的环境。

三是渐进性。在工业化的初期，最先得到发展的工业几乎都以棉纺、铸铁和铁路为主；经过一段时间的发展之后，重化工业如钢铁、电力、汽车、化学工业等开始成为主导产业；之后，又向深加工工业如机械、电子、电气工业等发展。就是说，工业化过程中产业发展的共同次序为：以农副产品为原料的轻工业—重化工业—深加工工业。在这个过程中，一方面国内市场逐渐扩大，对资本品的需求增加；另一方面生产技术和经营管理手段不断进步，从而推动了经济渐进式发展。同时，一般均采用出口导向战略，即通过扩大世界贸易来推进本国的工业化。扩大国际贸易一方面打破了国内市场狭小的限制、并刺激了国内生产的发展；另一方面，通过赚取外汇、获得外国技术和各种物质资源，进一步扩大国内工业生产规模。

(2) 国家干预条件下的继生型工业化。

这是工业化起步较晚的发达国家以及许多发展中国家所采用的工业化模式，也被称为在国家干预条件下的继生型工业化，其典型代表是继英、法、美等老牌工业化国家之后的德国和日本。与自由市场经济模式的工业化相比，这种工业化模式具有以下基本特征。

首先，市场机制仍在资源配置中起基础性的作用，但其工业化是在政府的直接干预下发动和演进的。在整个工业化的进程中，政府所发挥的作用十分突出。以日本为例，在二战后积重难返的情况下，政府从 1956 年制定并通过《机械工业振兴临时措施法》开始，先后出台了一系列的发展战略和倾斜性政策（法规），来加快工业化的进程。就是说，推动工业化发展的，是民间的自发力量和政府的自觉力量的结合。正是由于民间的自发力量和政府的自觉力量的结合，能够比较充分地利用国内外的有利因素，所以这种模式一般具有历时缩短、进程加快的特点，即能在较短的时间内实现工业化。如德国和日本都只用 20 多年时间就赶上和超过了早期工业化国家。

其次，实行这类工业化模式的国家，其工业化的次序与前一种有所变化。虽然私营企业依然采取从棉纺织工业起步，由轻工业到重工业的发展顺序，但从政府的投资来看，却是优先发展重工业，其目的是尽快建立基本完整的工业体系。

(3) 高度集中体制下的工业化。

这是一种通过自上而下的计划来配置资源的工业化模式。其典型代表是前苏联以及改革开放前的中国等。之所以采取这种模式，主要在于能在较短时间内尽快地集中人力、物力和财力，加速资本的集中，迅速建立起现代工业体系。如前苏联在十月革命后的 20 多年时间里，就形成了能够与西方工业大国相抗衡的工业力量；中国从 1950 年代起也只花了 30 年时间，就建立了完整的工业生产体系。

与前两种模式的工业化相比，这种工业化模式的基本特征是：

首先，从体制背景上看，这种模式的工业化是建立在高度集中的计划经济体制下的。如采取国有化、集体化形式消灭私有制，实行基本上单一的公有制经济；实行高度集中的计划经济体制，在中央政府的指令性计划下进行高积累。

其次，从工业化的次序和方式上看，实行优先发展重工业的方针，高速度地建立以重工业为核心的工业体系；通过较大的工农业产品“剪刀差”的方式，为工业化积累资金。

2. 按工业化的动力机制划分。

按工业化动力机制的不同，可以划分为内源性工业化和外源性工业化。

(1) 内源性工业化。

这是一种主要依靠国内要素来推动的工业化模式或道路。一般认为，像英国这样原生型的工业化，就属于该种模式或道路。英国之所以在18世纪首先爆发工业革命，主要是因为当时的英国具备了推进工业化的各种条件。如资产阶级统治的确立，打破了旧的封建制度的束缚，为工业革命铺平了道路；较为充分的原始积累，为大力促进从封建生产方式向资本主义生产方式的转变过程，缩短了过渡时间；自耕农的消灭，使受封建社会制度制约的“生产者从隶属地位和行会束缚下解放出来”，使广大农民成为工业发展的廉价的劳动力和产业后备军；科学技术的进步，为机器的发明和应用、从而为工业革命提供了充分的准备；手工工场的高度发展，不仅为工业革命准备了必要的技术前提，而且使工厂制所需要的生产组织机构和技术人员队伍也具备了一定的基础。

与内源性工业化相关联的，是进口替代战略的实施。所谓进口替代，是指一国为实现工业化和国民经济走向自力更生的道路，利用贸易保护政策，以优先发展本国制成品的生产，用本国产品来替代原先进口商品，并带动其他经济部门发展的战略。从经济发展的历史来看，进口替代战略是各个国家为实现工业化而最早采取的战略。比如，工业革命兴起后的美、德、法等主要工业国，都是通过贸易保护措施使本国工业获得快速发展和壮大的；二战结束后，阿根廷、巴西、墨西哥等拉美国家也通过严厉的贸易保护措施推行进口替代战略；到了1950—1960年代，亚非拉许多发展中国家都在不同程度上实行了进口替代战略。

(2) 外源性工业化。

这是一种主要依靠国外要素供给来推动的工业化模式或道路。拉美国家一般属于该种模式或道路。

与外源性工业化相关联的，是出口替代战略的实施。所谓出口替代战略，简言之，就是以鼓励出口为中心的发展战略。其实施的背景主要是：一方面，从发展中国家（地区）自身情况看，进口替代发展到一定程度，就需要寻找国外市场，根据国际比较利益的原则，利用自身廉价的劳动力优势，发展劳动密集型的出口加工工业，并通过出口带动经济增长，实现工业化。另一方面，从发达国家情况看，第二次世界大战之后，新的科技革命把发达国家带进了新的黄金时期，其贸易限制得以放松，从而给发展中国家增加出口提供了可能；由于国际竞争加剧，跨国公司从全球经营战略出发，重视利用发展中国家丰富的资源和廉价的劳动力优势；随着发达国家产业调整和升级，一些劳动密集型产业和“夕阳产业”向发展中国家转移。出口替代战略主要是在1960年代中期首先由亚洲“四小龙”等国家（地区）所实施。逐步地，拉美和一些东南亚国家（地区）纷纷转向出口导向的外向型发展战略。

（二）传统工业化道路的局限性

1. 传统工业化道路的“通病”。

就世界范围而言，工业化主要是以产业革命的爆发为开端的，至今已经历了几百年。在几百年的实践中走过的传统的工业化道路，暴露出一系列的“通病”：

一是“污染病”。虽然工业化所创造的生产力比过去一切时代创造的生产力总和还要多，但其代价是自然环境的污染、自然资源的过度耗费以及资源再生条件的破坏。这使人类与自然的关系出现了严重的不协调。

二是“失业病”。工业化不断推进的过程，在一定意义上表现为资本有机构成不断提高的过程；而资本有机构成的日益提高，会导致劳动人口的“相对过剩”（如“机器排挤工人”的现象），从而给就业带来巨大压力。

三是“异化病”。工业化的启动和推进，归根到底取决于生产力的巨大变革。生产力中最为活跃的，便是人的因素。而人区别于一般动物的基本特征，就在于人能够制造工具、进行自主劳动。然而，在以往的工业化进程中，却出现了劳动的“异化”。出现了“物支配人”或“以非劳动者为本”等“倒立”的现象。

有目共睹的是，工业化过程中的上述“通病”，在包括我国在内的发展中国家，同样存在着。此外，发展中国家传统工业化道路还存在着其他的弊病。

2. 发展中国家传统工业化道路的弊端。

首先，从内源性工业化来看，尽管工业化早期进口替代战略的实施对于快速发展民族工业、提高经济自立程度起到巨大作用，但一方面，该战略对刺激民族工业的发展是有限的，因为它并不能完全消除对外的依赖性，依然在很大程度上依赖进口，它只是改变了进口商品的结构，从成品进口改为进口国内不具备的原料、技术专利、机器设备、中间产品与资本等。当发展中国家用高关税保护民族工业时，发达国家也用各种措施破坏或打破关税保护，抵制发展中国家的进口替代，所以进口替代战略常常出现无能为力的状态。另一方面，进口替代战略在实践中逐渐暴露出许多缺陷，如外资进入，利润外流；牺牲农业及基础产业，导致比例关系失调；机器设备等进口增加，导致外汇危机；影响产品出口，降低竞争力等。

其次，从外源性工业化以及出口替代战略的效果来看，尽管在亚洲“四小龙”以及拉美和一些东南亚国家（地区）曾经取得了很大的成就，但一方面，出口替代战略的实施日益受到国际市场的极大限制。国际市场对劳动密集型工业品的需求有限，随着更多的发展中国家采取外向型贸易战略，各国之间的竞争日趋激烈。再加上发达国家的贸易保护主义政策和不断增加的贸易摩擦，发展中国家的出口扩张面临着越来越大的困难。另一方面，出口替代战略本身也表现出一些弊端。如依赖大量出口来推动本国经济发展，会强化经济的对外依赖性，使国内经济容易受到外部经济冲击的影响，如汇率、利率、贸易条件、债务条件的变动和国际游资的袭击等；举债扩大国内投资，使还本付息负担加重；保护措施的实施，在促进出口的同时也会在某种程度上扭曲市场价格体系，降低资源配置效率；由于以重视出口为导向，容易造成对国内消费的忽视，并引发通胀。这些弊端，在 1997 年发生的东南亚金融危机中得到了印证。此外，许多拉美国家由于忽视提高利用外资的质量和适度控制外债，背上巨额债务，从 1980 年代初开始陷入经济衰退与社会动荡，也是这方面弊端的一个反映。

再次，从前苏联以及中国所走过的高度集中体制下的工业化道路看，毋庸置疑，其弊端同样是十分明显的：过度剥夺了农业积累，阻碍了农业发展，深化了城乡二元结构；高积累和优先发展重工业，使人民生活水平长期得不到提高；资源配置效率低，经济发展缺乏活力。正是由于这些弊端的存在，自 1980 年代以来，以前苏联为代表的实行计划经济体制的国家，无一不进行了体制转轨，其工业化已经或正在走上市场化的轨道。

此外，在实施可持续发展战略上其起点和基础的不同、全球化条件下不合理的世界产业分工格局、信息化带来的新矛盾等其他一系列问题，都使传统工业化道路面临着严峻的挑战。

3. 我国工业化的特殊经历和面临的新挑战。

工业化在新中国的大规模推进，是从 1950 年代“一五”计划的实施开始的。经过半个世纪的工业化建设，我国奠定了工业和经济现代化的坚实基础，实现了从落后国家向工业大国的历史跨越。当然，无论同已经实现工业化的发达国家相比，还是同正处于工业化过程之中的其他发展中国家相比，新中国的工业化实践都表现出明显的特殊性。

往后看，我国以往工业化的特殊经历，使我们承付着历史的“欠账”。建国初期，中国面临着苏美两大阵营冷战对峙、西方资本主义大国实行对华遏制和封锁政策等背景，这决定了当时的中国尽管很穷，尽管生产力基础极为落后，但必须集中人力、物力和财力于工业的发展，迅速奠定工业化的基础，即“超常规发展”。而这必然要伴随着其他方面的损失或“牺牲”。从而，使我们今天仍承付着历史的“欠账”。

一是“三农”的“欠账”。我国在较长时期里，是以牺牲“三农”利益来为工业化积累资金的（如较大的工农业产品价格“剪刀差”）。

二是“消费”的“欠账”。我国在以往的工业化进程中，是以牺牲广大人民群众的消费来为工业化积累资金的（如消费率长期偏低）。

三是“结构”的“欠账”。在以往特殊的时代背景下，无论产业结构还是生产力的空间布局，都存在着“扭曲”的现象（如“优先发展重工业”、“大三线”、“小三线”等）。

往前看，我国站在新的起点上，其工业化面临着新的机遇和挑战。这主要表现在：

一是我国发展阶段的变化。进入新世纪以来，我国发展新的阶段性特征不断显现。如，从“三步走”的发展战略看，我国已进入全面建设小康社会的新阶段；从经济成长的过程看，我国已进入起飞之后加速发展的阶段；从经济实力看，我国已进入“新兴经济体”和中低收入国家行列；从改革进程看，我国已进入完善社会主义市场经济体制的阶段。这要求我们必须改变在过去工业化进程中形成的发展方式和理念（如非均衡推进、粗放式增长、非市场化配置资源等等）。

二是国际背景的变化。全球化的趋势，使我们不能仅仅着眼于国内的情况，而必须在复杂的国际分工格局和一体化的潮流中找准自己的坐标；新技术革命的浪潮，使我们不能像发达国家早期那样专注于工业化，而必须在工业化和信息化“双峰逼近”的局面下选择独特的发展路径；世界经济放缓的势头（特别是金融危机的爆发）、贸易摩擦的增加以及“中国威胁论”的噪声，使我们不能不重新审视原有的一些“比较优势”和有利因素，而必须在新的机遇和挑战面前培植新的竞争优势和支撑力量。

三、坚持走中国特色新型工业化道路

（一）新型工业化道路的提出及其含义

前面的分析告诉我们，在全面建设小康社会的今天，要进一步推进我国的工业化进程，既要正视发达国家传统工业化道路所暴露出的问题，又要吸取我国以往工业化实践中的经验和教训。既不能走西方国家曾经走过的传统工业化道路，也不能走我们过去计划经济时期的工业化道路。既要尊重工业化的一般规律，又要科学应对信息化以及经济全球化带来的新挑战。为此，必须适时地转变发展思路，走出一条新型工业化的路子来。

正是在这样的背景之下，我们党于 2002 年召开的十六大，提出“坚持以信息化带动工业化，以工业化促进信息化。走出一条科技含量高、经济效益好、资源消耗低、环境污染少、人力资源优势得到充分发挥的新型工业化路子。”这里，主要涉及到三个方面的具体问题：第一，“坚持以信息化带动工业化，以工业化促进信息化”，谈的是如何处理工业化与信息化关系的问题。第二，“科技含量高、经济效益好、资源消耗低、环境污染少”，涉及的是经济发展方式转变的问题。第三，“人力资源优势得到充分发挥”，涉及到的是“以人为本”、“人尽其才”以及“扬长避短”的问题（包括农业劳动力转移以及劳动密集型产业发展问题在内）。

于2007年召开的党的十七大，进一步强调要“坚持走中国特色新型工业化道路”。这与十七大“发展中国特色社会主义”的主题是一致的。就是说，在前面归结的三方面问题的基础上，这里又涉及到了第四个方面的问题——中国特色社会主义道路在工业化领域的具体化问题。

把与党的十六大和十七大精神有关的上述四方面的具体问题综合起来，我们可以看到，中国特色新型工业化道路，是一条与信息化相融合、能够实现跨越式发展的工业化道路；是一条坚持集约型增长、能够增强可持续发展能力的工业化道路；是一条以人为本、能够充分发挥我国人力资源优势的工业化道路；是一条统筹兼顾、能够加快二元经济结构转换的工业化道路。而从实质上讲，中国特色新型工业化道路，是中国特色社会主义道路的组成部分，是科学发展观在工业化模式上的集中体现，是工业化一般规律与中国特殊国情下工业化实践的有机结合。

（二）中国特色新型工业化道路的特征

与传统的工业化道路相比，有中国特色的新型工业化道路其“新”和“特”主要表现在：

1. 把“以人为本”作为根本的出发点和落脚点。

比如说，发达国家传统的工业化道路往往单纯追求技术与资本对劳动的替代；而有中国特色的新型工业化道路强调要充分发挥我国人力资源优势。再比如说，我们在以往的工业化实践中，一度以牺牲消费去增加积累，在拉动经济增长的“三驾马车”中，也主要是靠出口和投资，而今天走中国特色的新型工业化道路，就必须坚持扩大国内需求特别是消费需求的方针。实际上，这也是社会主义不断满足人民日益增长的物质文化需要这一根本宗旨的要求和体现。

2. 把工业化和信息化融合起来。

从发达国家的实践看，发展的顺序是工业化在先，信息化在后，即是在工业化之后推进信息化的。从而，强大的工业化基础足以支撑起信息化的大厦。比如说，一方面他们具有由传统产业过渡到信息产业的经济力量和准备时间；另一方面他们的信息化得益于传统产业的弱化——在传统产业衰退的情况下，根据产业投资支出的加速理论，将导致资本由传统产业的加速退出，其中可转移的部分将主要转向信息产业；同时还可以通过国民收入再分配的积累部分向信息产业倾斜来实现要素的间接转移。然而，在我国，工业化的任务尚未完成，信息化就以“迅雷不及掩耳”之势逼到近前，从而形成了工业化与信息化“双峰逼近”的局面。显然，在这样的局面之下，我们决不能像发达国家那样，以弱化传统产业来实现信息化，否则就意味着“揠苗助长”；但若完全按照发达国家那样，待工业化完成后再顺其自然地过渡到信息化，也是决不可取的，因为这只会使距离越拉越大，使我们永远落在人家的后面。可见，我们既不能放弃工业化，又不能照样走原来的路，而只能是把工业化和信息化相融合，即把别人在两个阶段所做的事，我们放到一起来做，并力求使二者相辅相成，相得益彰，实现跨越式发展。

3. 把科学的发展理念和方式贯穿于始终。

比如说，传统的工业化道路，是以过度消耗资源、破坏环境为代价来换取工业高速发展的；而走中国特色的新型工业化道路，必须克服早期工业化国家“先发展经济，后治理环境”的作法，坚持实施可持续发展战略。要充分考虑我国资源短缺、环境脆弱的基本特点，不断提高工业化的科技含量、降低资源消耗和环境污染，建立起适合中国国情的资源节约、环境友好型的工业化发展道路。再比如说，传统的工业化道路，是以牺牲“三农”利益、全局利益和长远利益为代价来支撑工业高速发展的；而走中国特色的新型工业化道路，必须克服那种以邻为壑甚至不惜以战争掠夺他国资源的作法，克服持续拉大城乡及地区差距的作法，按照“统筹兼顾”的要求，处理好城乡发展、区域发展、经济社会发展、人与自然和谐发展、国内发展和对外开放等各方面的关系，转变发展方式，提高发展质量，切实把经济社会发展转入科学发展的轨道。

第二节　发展中国家的信息化及其与工业化的关系

信息化是当今世界发展的大趋势，是推动经济社会变革的重要力量。然而，对于广大发展中国家来说，由于工业化的任务还没有完成，所以，在经济发展过程中如何处理好工业化与信息化的关系，就成为十分重要的课题。

一、信息化的发展趋势

（一）信息化浪潮的兴起

信息化是充分利用信息技术，开发利用信息资源，促进信息交流和知识共享，提高经济增长质量，推动经济社会发展转型的历史进程。它使工业社会逐步向信息社会转化并不断完善。

从人类经济发展的历史来看，信息活动的存在与发展可谓源远流长。仅从人类历史上典型的信息技术革命来看，在古代就已经发生过两次。第一次，发明了作为信息载体的语言和文字；第二次，发明了作为媒体制作技术的纸张和印刷术。

然而，信息化作为人类社会的一种“浪潮”，其真正来临，却是在 20 世纪中叶发生的新的一次信息技术革命之后的事情。这里所说的新的信息技术革命，首先表现为信息传送和媒体制作技术的电子化以及数字化、网络化的革命，其核心技术是电子计算机技术。1945 年底，世界第一台电子计算机“埃尼阿克”号在美国诞生，这是信息技术革命“浪潮”来临的一个重要标志。

1990 年代以来，信息技术不断创新，信息产业持续发展，信息网络广泛普及，信息化成为全球经济社会发展的显著特征，并逐步向一场全方位的社会变革演进。

特别是进入 21 世纪，信息化对经济社会发展的影响更加深刻。广泛应用、高度渗透的信息技术正孕育着新的重大突破。信息资源日益成为重要生产要素、无形资产和社会财富，信息网络更加普及并日趋融合。信息化与经济全球化相互交织，推动着全球产业分工深化和经济结构调整，重塑着全球经济竞争格局。互联网加剧了各种思想文化的相互激荡，成为信息传播和知识扩散的新载体。电子政务在提高行政效率、改善政府效能、扩大民主参与等方面的作用日益显著。信息安全的重要性与日俱增，成为各国面临的共同挑战。信息化使现代战争形态发生重大变化，是世界新军事变革的核心内容。全球数字鸿沟呈现扩大趋势，发展失衡现象日趋严重。发达国家信息化发展目标更加清晰，正在出现向信息社会转型的趋向；越来越多的发展中国家主动迎接信息化发展带来的新机遇，力争跟上时代潮流。全球信息化正在引发当今世界的深刻变革，重塑世界政治、经济、社会、文化和军事发展的新格局。加快信息化发展，已经成为世界各国的共同选择。

（二）信息化引起的产业变革

现代信息技术的出现，带来了经济、社会、文化等一系列的后果。尤其是对工业化进程中的产业发展产生了极大的影响。

一是在产业劳动方式上，从机械化向电子化、数字化和网络化发展。18 世纪工业革命的起点——工具机，使机器代替了人的体力劳动，扩大和强化了人手的功能。但随着科技进步和经济发展，某些工作（如遥控、高温等作业）已非人手操作所能完成，而是要用机器代替人的部分脑力劳动，即以自动化的机器体系代替人去指挥和控制。电子技术特别是机器人的普遍应用，为此奠定了基础，从而使自动化的程度大大提高。在轻工业，1960 年代自动化技术投资一般只占全部轻工业投资的 3%～5%；而到 1990 年代，某些发达国家其自动化技术的投资已占到 20%以上。完全自动化的“无人工厂”，在上个世纪已经出现。对于太空工业的建设、深海矿藏的开发等等，利用电脑监视并指挥受遥控的机器，将使现代信息系统、控制系统居于产业劳动方式的主导地位。而电子、网络技术在企业生产经营以及各行各业的管理、协调等方面，所发挥的作用越来越大。

二是在产业结构上，新兴的产业群不断崛起，并逐步取代某些传统产业的主导地位；而旧的产业从再生产过程中得以“脱胎换骨”的改造。信息技术的进步，特别是微机、智能机、大规模集成电路、遥感、卫星通信、光通信、因特网等技术的突破和推广应用，为信息化的推进奠定了物质技术基础，大大地促进了信息产业①和其他高技术产业的发展，一大批新兴的产业（如电子工业、光学工业、生物工程、航天工业等）从无到有迅速成长起来。技术和知识密集型的产业正在取代劳动密集型或资本密集型产业的主导地位。例如，在美国，高科技产业从 1970 年到 1980 年间的增长率达 7%，比同期美国整个工业的增长率（3%）高出一倍多。在过去的 10 年中，OECD 成员国的高技术产业在制造业中的份额已翻了一番，达到 20%以上。尤其是，现代信息技术等高科技的发展，把大批劳动力从直接的生产岗位转移到与生产相关的服务行业中来，从而使服务业在产业结构中居于主导地位。同时，在此基础上一个信息型的“高级服务业”正在逐步形成。在美国，包括计算机工业、通信工业、广播、新闻、出版、银行等部门在内的“信息产业”的总产值，早在 1960 年代就已占国民生产总值的 1/4；而在信息产业部门工作的劳动力数量，早已超过农业、采矿业、制造业和服务业人数的总和。当前，数字技术带来的信息技术与信息产业的汇流，正塑造着未来信息化发展的方向。另一方面，现代信息技术等高科技的发展，虽然使某些传统产业相对衰落，但绝不是传统产业被新兴产业所简单地取代。除个别部门以外，传统产业总的说仍将继续存在，但它将被高科技改造成为“革命的”传统产业。例如，在材料领域，虽然可能出现各种性能更加优异的新材料，但作为传统结构材料中最常用的钢铁，不但不会被轻易淘汰掉，而且仍将在长期内保持人类社会基干材料的地位；但是高科技的发展将使钢铁工业导入还原炼铁、人工智能等新技术，将推出如耐海水腐蚀钢材、表面处理钢板等高附加价值的新产品。又如，对于传统的汽车工业，一旦

① 一般指的是兴起于 1980 年代的信息技术（Information Technology，简称 IT）产业，即 IT 产业。

利用高性能电池或利用超导推进装置的电动汽车广泛应用，则汽车的普及程度将会进一步提高而不是降低，当然这时的汽车工业已是经过改造的“革命的”汽车工业了。此外，传统的信息行业本身，也将获得根本性的改造。总之，无论是建立新兴的产业，还是用来改造传统产业，现代信息技术等高科技都将引起整个产业结构发生质的飞跃。

三是在产业组织形式上，由集中化、标准化、同步化向分散化、多元化和灵活化演变。首先，与机器大工业相适应的一些大公司，由于企业过于庞大，权力过于集中，已无法适应不断涌现的形形色色的新兴产业和技术领域，从而便形成许多分公司或子公司，以使权力分散、企业细化，并增强其独创性。这样做，简化了决策程序，焕发了职工的参与意识。在企业组织结构上，由过去的金字塔形结构变为网络结构，由过去的像树一样的机构变为平面化发展的机构，如美国“硅谷”式的企业结构。其次，现代信息技术等高科技的一些重大突破和广泛应用，冲击着机器大工业中生产专业化、零部件标准化、通用化以及大批量生产的一般原则，而多元化、小批量、单件生产将日益走向统治地位。再次，现代信息技术等高科技向机器大工业中劳动工作制度上的同步化提出了挑战，人们可以不再与机器同步，从而摆脱开机器的束缚。由于有了电子计算机、移动电话、打印机、录音录像设备等，职工可以不在同一时间到达工厂或办公室，而是灵活选择自己的工作时间。自1970年代以来，许多发达国家采取了“灵活工时制度”（工人只要上够工时即可，而不论提前或挪后）。这不仅使人从机器的束缚中解放出来，而且有利于积极性和主动性的发挥。

四是在各产业之间的界限上，由泾渭分明向融合同化演变。现代信息技术等高科技的出现和发展，一方面带来了新兴产业的崛起，另一方面又使各产业之间的界限变得模糊起来。首先，新兴产业与传统产业之间相融合——新兴技术武装传统产业，以至于有时难于将某一新的产业划归传统产业还是高技术产业。例如传统的机械产业，通过并用多种新技术，而可能向多元化方向发展为生物机械产业、宇宙机械产业、电子机械产业、海洋机器人产业、激光机械产业……其次，工业的生产方式向农业和服务业推广，在某种程度上工业与农业、服务业的界限变得暧昧不清。例如，农业机械的高度自动化，以至于“农业机器人”代替农民劳动；人类控制自然（光照、温度、湿度、土壤、气候等等）能力的大大增加；生物、化学工程之广泛地用于培育优良品种；农艺技术和农业生产经营管理之不断科学化……这些使得农业逐步“工厂化”。再次，科学、技术、生产融为一体，生产、教学、研究相互结合，使得科研、革新和生产的界限模糊起来。

二、信息化对发展中国家工业化的影响

对于工业化任务还远未完成的发展中国家而言，其原有的工业化进程，无疑会受到信息化带来的新挑战。以中国为例，主要表现在以下方面。

（一）原有的城乡差距与新的“数字鸿沟”的矛盾

如前所述，我国原有的城乡差距在工业化进程中并没有真正得到解决；相反，在某些方面还人为地深化着这一差距（比如说将城乡割裂开来的特殊的户籍制度的作用）。问题是，任何一次产业革命之后总会加剧贫富差距。以数字技术主导的信息革命也不例外。在中国，伴随着信息化而出现的“数字鸿沟”，无疑给我们缩小城乡差距、加快转换二元经济结构，带来了新的严峻挑战。

（二）资本积累和知识、技术创新的矛盾

二元经济结构转换的核心问题，是实现传统农业部门的剩余劳动力向现代非农产业转移。其途径，主要是加快资本形成，以扩大吸收传统农业部门剩余劳动力的空间。按照工业化进程中二元经济转换的一般途径，资本积累是至关重要的，正如二元经济理论的经典作家刘易斯所说：“经济发展的关键是了解资本剩余的使用。资本主义部门由于把剩余再投资于创造新资本而扩大，并吸收更多的人从维持生计部门到资本主义部门就业。剩余越来越多，资本形成也越来越大，而且这个过程要一直继续到剩余劳动力消失为止。”① 但随着信息化的推进，知识、技术的创新却成为经济增长和发展的最重要的因素之一。显然，这既对投资提出了新的要求（如风险投资），同时也从客观上增高了农业劳动力转移的门槛。

（三）资源稀缺和共享的矛盾

一方面，工业化时期旧有的经济学的基本问题——资源稀缺性和需要无限性之间的矛盾，不仅依然存在，而且日益尖锐；另一方面，信息资源在“稀缺”的同时，也表现出“共享”的特性。而信息资源这种“共享”的特性也会像“普照的光”一样“照”到传统的物质资源上面，使传统的物质资源也表现出了“共享”的特性——既要在当代人之间“共享”（如倡导“地球是人类共同的家园”），又要在不同代际之间“共享”（追求“可持续发展”）。这样，客观上也加剧了发展和可持续发展的矛盾。

（四）其他矛盾

比如，工业化的“集中化”、“同步化”同信息化的“灵活化”、“多元化”

① 〔美〕阿瑟·刘易斯：《二元经济论》，北京经济学院出版社1989年版，第12页。

之间的矛盾；经济扩张与买方市场加剧的矛盾等。

三、大力推进信息化与工业化融合

（一）工业化与信息化融合的必要性和可行性

跨越式发展是社会发展普遍存在的具体形式。不论从人类社会经济发展史的内在逻辑看，还是从我国现实的经济基础看，通过工业化与信息化的融合，力争在某些领域实现跨越式发展，是缩小工业化和信息化差距的最佳路径。

首先，只有大力推进信息化与工业化融合，才能有效地发展现代产业体系。一方面，从现代产业体系自身的发展来看，现代产业体系之所以“现代”，其中很大程度上就表现在信息化上面。比如，现代服务业和传统服务业的区别之一，就在于运用现代信息技术手段的服务与传统的手工服务的不同上面。再比如，就包括信息、生物、新材料、航空航天、海洋等在内的整个高新技术产业而言，其发展本身就是以现代信息业为其带头产业的。另一方面，无论多么现代的产业，都离不开工业化的基础。比如，从设计、加工、运输到消费等各个环节，至少离不开在传统工业基础上发展起来的技术、设备、工艺等等作为支撑。

其次，只有大力推进信息化与工业化融合，才能跨越式地发展传统产业。跨越式发展是社会发展普遍存在的具体形式。比如，机床作为“工作母机”，无疑是传统产业的产物，也是工业化的产物。但从 C620 型号的车床，到 CA6140 型号的车床，再到数控车床，其发展轨迹就体现了信息化与工业化的融合——把现代信息技术融合到传统工业的设备上面。

再次，只有大力推进信息化与工业化融合，才能真正做到提高自主创新能力，建设创新型国家。党的十七大提出，要“提高自主创新能力，建设创新型国家。这是国家发展战略的核心，是提高综合国力的关键。要坚持走中国特色自主创新道路，把增强自主创新能力贯彻到现代化建设各个方面。”而在信息化一日千里发展的今天，其自主创新既离不开诸如信息渠道的拓宽、前沿信息的掌握等信息化的发展，同时也离不开诸如创新成果的加工制造、推广应用等等工业化的基础。

最后，只有大力推进信息化与工业化融合，才能加快转变经济发展方式，推动产业结构优化升级，增强可持续发展能力。比如，加快转变经济发展方式，本身就包括发展理念的转变——由工业化的“集中化”、“同步化”向信息化的“灵活化”、“网络化”转变。再比如，产业结构优化升级，本身既包含现代产业比重的提高，又包含现代信息技术对传统产业的改造。

从信息化与工业化融合的可行性来看，当前我国工业化发展已经具有一定规模，迫切需要通过信息化改善结构，提高竞争力；我国信息技术应用和信息化建设已经有了比较坚实的基础，具备了与工业化在更深层次、更高水平和更广范围相互促进的条件，迈入了与工业化进一步融合发展的新阶段。因此，我们要不失时机，有力地促进信息化与工业化的融合，推动经济又好又快发展。

总之，党的十七大提出的“大力推进信息化与工业化融合”，是总结我国走新型工业化道路的实践得出的科学结论，是新阶段实现科学发展的必然选择。

（二）目前推进工业化与信息化融合的举措

从推进信息化与工业化融合的举措来看，目前主要应抓好以下几个环节：

一是选准信息化与工业化融合的重点和突破口。要推进工业技术研发信息化和产品数字化、生产制造设备信息化、工业生产过程信息化、企业综合管理信息化、产品流通和市场信息化。具体如，做好新型工业化产业示范区工作，加快新能源和电动汽车发展，加快推进软件服务业发展，全力支持 TD 和 3G 发展，积极推进“三网”融合，启动传感网络的研发等等，加快培育新的经济增长点。

二是着力推进高新技术产业发展。要抓住信息科技更新换代和新材料科技迅猛发展的难得机遇，加强自主创新，突破技术瓶颈，努力掌握核心技术的自主知识产权，着力增强自主创新能力，把自主创新与信息技术推广应用结合起来，形成信息化建设与信息产业发展互动、支撑的局面，提高信息技术对信息化建设的支撑水平。

三是充分利用高新技术和先进适用技术改造提升传统产业，大力振兴装备制造业，提高资源利用率和投入产出效率，促进工业做大做强。

四是把利用信息技术助力节能减排放在工作的突出位置，推动实现单位 GDP 能耗水平大幅降低。要着力转变工业发展方式，加快建立节约能源资源和保护生态环境的工业发展模式。继续淘汰落后的生产能力，大力推动钢铁、有色、建材、化工等重点行业的节能减排工作，开发和推广节约、替代、循环利用资源和治理污染的先进适用技术，抓好清洁生产，鼓励和支持发展循环经济。同时要以冶金、化工、建材等行业为重点，开发和应用适合行业生产特点的综合数字控制系统，提高生产过程的自动化、智能化水平，大幅度降低资源能源消耗和污染排放。

五是要做好信息技术推广应用工作。进一步扩展信息技术应用范围，不仅要在改造提升传统工业中发挥作用，而且要广泛应用在经济社会各领域，提高全民信息应用水平。

第三节　发展中国家工业化进程中的城市化问题

城市化，是工业化进程中的一个重要的社会、经济现象。工业化与城市化具有密切的联系。在相当长的时间里，城市化是与工业化相伴而生的。但就广大发展中国家而言，不仅其城市化的进程与发达国家不尽一致，而且还出现了一些与工业化不协调、甚至阻碍发展中国家经济社会发展的问题。正视并有效解决这些问题，是发展中国家工业化进程中的一项重要任务。

一、城市化及其与工业化的关系

（一）城市化的含义

所谓城市化，从狭义上讲，一般是指农业人口转化为非农业人口，并向城市集中的过程。而从广义上讲，则是指乡村分散的人口、劳动力和非农业经济活动不断进行空间上的聚集而逐渐转化为城市的经济要素，城市相应地成长为经济发展的主要动力的过程。该过程不仅表现为人口由农村向城市转移、农业人口转化为非农人口的过程，而且还表现为诸如城市对农村影响的传播过程、全社会人口接受城市文化的过程、人口集中的过程（包括集中点的增加和每个集中点的扩大）、农村地区逐步演化为城市地域的过程、城镇的数量不断增加的过程、城市的人口不断膨胀的过程、城市的用地规模不断扩大的过程、城市基础设施和公共服务设施水平不断提高的过程、城市居民的生活水平和居住水平发生由量变到质变改善的过程等。

就一个国家或地区而言，其城市化水平的高低，通常用城市化率表示。所谓城市化率，是指城市人口占全社会人口的比例。当城市化率超过50%时，一般被称为基本实现城市化；超过70%时，则被称为高度城市化。

（二）城市化与工业化的关系

从历史上看，城市大体上是与阶级、国家同时出现的。欧洲中世纪的城市孕育了近代产业革命。但在工业化之前，城市发展十分缓慢；而进入工业化阶段，城市化进程明显加快。例如，英国和法国1801年的城市化水平分别是32%、20.5%，一百年后，达到78.69%和40.1%。美国1851年是12.5%，五十年后是40%。就是说，虽然城市的出现并非工业化的结果，但只有在工业革命之后，城市才通过经济上的强大，取得了对社会生活的主宰地位。城市化是由工业化来推进的，工业化的过程同时也就是城市化的过程。

工业化推动城市化的原因在于：工业生产需要适当的集中，彼此共用基础设施和公用设施以节约单个企业在这方面的投资；彼此近距离协作、交换以节约因远距离协作和交换而带来的费用；当某一地域集中了一定数量的企业后，它们要进行各种基础设施和公共设施的建设，这些设施又吸引越来越多的投资者和原来处于分散状态的企业。

其实，工业化与城市化是相互促进的关系。首先，工业化使资本和人口向城市集中，加速了城市化。其次，城市化又推动了工业化。这是因为，城市是劳动力和企业高度聚集的地带，能够降低工业企业的劳动力成本和运输成本，又有较大的工业品市场，并能为工业企业提供廉价而高效的基础设施服务、市场信息服务和文化生活服务。工业企业向城市集中，能够得到聚集经济效益和规模经济效益。再次，工业布局与城市布局存在空间匹配关系。工业布局的形态从发展过程看有工业点、工业区、工业枢纽、工业地区、工业地带等五种，工业枢纽一般对应于中心城市，工业地区一般对应于大都市区，工业地带一般对应于巨大城市带。可以说，城市化是工业化在经济空间结构上的表现。最后，城市化是工业化的载体，对工业化也有反作用。当城市化适应工业化发展的要求时，就会推动工业化的加速推进。否则，则会延缓甚至阻碍工业化的进程。

当然，从一些发达国家的经验看，城市化水平虽然随工业化水平提高而提高，但并不是直线上升的。工业化前期城市化速度缓慢，工业化中、后时期城市化加速推进，进入后工业社会时期城市化减缓甚至停滞。城市化何时进入快速发展阶段，各国并不一致。

（三）有关工业化与城市化互动机制的几个原理

1. 最低临界值原理。

最低临界值原理又称阈值效应原理，是指新建或扩建一个工厂需要有一个最低销售额的支持，只有达到这个临界值，投资者才会有利可图，才会给聚集区带来比较利益。就是说，人口越集中的地方，越容易吸引企业投资，因此工业也趋向于集中，这就使城市发展成为可能。联合国区域发展中心一项研究成果显示，城市经济存在着一个人口规模为25万～30万的最低临界值。

2. 初始利益棘轮效应原理。

该原理指的是一个城市的居民对未来所作出的决策，是以这个城市现在必须提供什么为基础的，即过去形成的人口和经济活动分布状况，影响着现时的决策倾向。那么，一个工业实力雄厚，基础设施良好的城市，总会比一个较后进的城市能为新工业发展提供更好的温床。这样，就促使了城市经济规模的自我生长。

3. 循环累积因果关系原理。

该原理把工业增长和城市发展看作一种相互联系的过程，即工业化和城市化的力量在循环因果关系中相互作用。每个发展阶段都依赖于前一发展阶段。新工业的建立，带来就业人口的增多，也就是城市规模的扩大。对外贸易和消费或投资需求带来地方财富增加的同时，必然会建设更好的基础措施，吸引更多的新工业。整个循环过程不仅具有累积效应，而且常常带来加速度，从而使城市和新工业不断得到发展。

4. 磁场效应机制原理。

该原理用磁场效应阐释城市的集聚与扩散功能，认为一个城市就像一个巨大的磁场一样，吸引众多的厂商、管理人才及其他各种资源，使相关产业在此聚集。这些资源一旦被吸引到城市，就会被“磁化”，进而使城市表现出更强的磁力。这些被“磁化”了的资源或产品，即使离开了城市，依然带着该城市明显的烙印，传播着城市文明。

二、发展中国家城市化中的问题

在全球城市化的进程中，发展中国家的城市化进展十分迅猛，其城市人口增长迅速，不仅在增长速度上大大高于发达国家，而且在绝对量上也超过了发达国家。然而，一方面，由于发展中国家人口规模庞大，因此，其城市化水平与发达国家仍存在着很大差距。另一方面，在发达国家通常在城市化中后期才出现的“城市病”，在发展中国家却在早期就出现了，而且正在日益加剧。

（一）城市化与工业化脱节

这又包括“过度城市化”和“城市化滞后”两种情况。

“过度城市化”是指城市化水平远远超越于工业化的发展阶段，表现为城市发展缺乏工业化支撑、经济发展基础薄弱，即“虚假城市化”。从发达国家的情况看，一般在工业化初期，城市化水平低于工业化水平，而到工业化中后期，城市化水平开始变得超出工业化水平，并且差距越来越大。然而，在当代发展中国家，甚至在它们还没有进入最初的工业化阶段时，城市化水平就超过了工业化水平，而在它们进入了工业化阶段后，更发展成了一种过度城市化现象。

“城市化滞后”是指城市化滞后于工业化的发展阶段，表现为城市化率偏低。

上述两种情况，在发展中国家都有发生。前者如某些拉美和加勒比国家，在工业化程度和经济发展水平远远低于发达国家的情况下，其城市化水平却几乎与发达国家并驾齐驱，有的国家（如阿根廷）甚至超过发达国家。后者如中国等发展中国家，其总体的城市化率一直低于相应的工业化发展阶段的其他指标。

（二）城市发展不平衡

城市发展不平衡的问题在发展中国家也比较突出。具体表现如“首位城市指数”过高。所谓首位城市指数，是用来反映一个国家（或地区）城市规模结构和人口集中程度的一个指标，具体是指最大城市人口数与第二大城市人口数的比值。一般地，首位城市指数<2，表明城市规模结构正常；而当首位城市指数>2时，则意味着城市规模结构失衡，即存在着城市人口过度集中的趋势。早在殖民统治时期，许多发展中国家就已经形成了畸形的特大城市，这也是发展中国家政治独立后开始城市化进程的基础。但许多国家独立后并没有主动改变单纯追求首位城市发展的状况。例如，秘鲁的利马其城市首位度高达13.1，菲律宾的马尼拉为11.6。据联合国的一份报告显示，在全球人口超过1000万的20个城市中，有15个属于发展中国家，其中包括中国的上海和北京在内。

（三）城市社会问题增加

随着城市化的推进，形形色色的城市问题，困扰着城市的发展。诸如，因城市人口趋于饱和或过饱和而造成的城市公共服务水平不高、基础设施薄弱、失业与贫困化（如贫民窟和棚户区）等；因城市化的超前发展而带来的城市污染物排放过高、生存环境恶化等；因工作、生活节奏过快所导致的疾病；其他问题（如青少年犯罪、吸毒、娼妓、酗酒）等等。

（四）城乡差距的扩大

工业化和城市化的推进，在提高农业生产技术和社会化水平的同时，也给农业发展带来一定的困难。比如，由于工业化生产的基本建设大量占用耕地，使耕地面积缩小、粮食生产受到削弱。再比如，城乡收入差距扩大、二元经济结构深化等等。

上述问题，在我国也不同程度地存在着。比如，城市化进程相对滞后于工业化；城市化发展不平衡；城市资源利用效率比较低；城市的生态环境不佳；城市公共服务水平不高；城市的规模不足且缺乏特色等。

三、促进城市化健康发展的对策

针对发展中国家城市化中出现的问题，人们从不同方面寻找控制和治愈“城市病”的良方，以求把城市化的成本和代价降至最低点。一般来说，其对策主要包括以下几个方面。

（一）减少农村人口向城市的盲目流动

为克服“过度城市化”带来的弊端，应尽量减少农村人口向城市的盲目流动，改变偏重城市的倾向。与此相关的一个较有影响的理论，是托达罗模型。

托达罗模型是一种说明发展中国家农村人口向城市流动，同时城市却存在着大量失业的理论模型。托达罗认为，刘易斯等人提出的人口流动模型仅从城乡实际收入差别的角度分析农村人口向城市流动的原因，却不能解释为什么在城市已有大量失业的情况下，仍然发生农村人口向城市的流动。托达罗的观点是，只要城市就业的预期收入高于农村，则农村人口就会向城市流动，因此决定人口流动的，不仅是当时城乡收入的差别，而且更主要的是城乡收入的预期差别和城市就业机会可能性的大小。他同时认为，在任何一个时期，流动人口在城市现代部门找到工作的概率取决于两个因素，即现代部门新创造的就业机会和城市失业人数。就业率与前一个因素成正比，而与后一个因素成反比。他强调尽量缩小城乡经济机会的不均等现象，主张在提高农村收入和就业水平的同时，适当地控制城市的工资补贴和就业指标，认为依靠工业扩张并不能解决当今发展中国家严重的城市失业问题，而应通过大力发展农村经济，降低城乡收入的预期差异，从而减少农村人口向城市的盲目流动，促进城乡共同发展。

（二）促进城市结构的合理化

为了解决发展中国家存在着的城市发展不平衡问题，人们主要从两个方面提出对策：

一是控制城市规模。虽然城市规模的扩大能给城市带来集聚效应和规模经济效应，但当城市超过一定的规模时，特别当城市人口的增加速度大大超过现代部门就业机会的增长以及城市生活服务设施的增长时，就会形成严重的问题。因此，发展中国家应当采取措施，严格控制大城市尤其是特大城市和超大城市的规模，同时可适当发展中等城市，并积极发展小城镇。控制城市规模应从发展中国家的国情出发，综合考虑城市的现实基础和资源条件，以其承载力为标准来确定适度规模，而不是以纯粹的人口数量作为控制城市规模的依据。

二是实施城市分散化计划。为了克服人口过度集中到首都和大城市所带来的弊端，将人口从现有的大城市分散到中小城市，无疑成为人们的一个选择。事实上，在发达国家，已经出现了大城市人口向中小城市或农村倒流的趋势。所以，从长期看，城市人口的分散化计划是可以实现的。但要使人口倒流，回到中小城市或农村去，不能单纯依靠强制的行政办法，而是需要大量的经济刺激，如努力使中小城市乃至农村的工作和生活条件达到或优于大城市的水平，否则不仅不能奏效，而且往往会导致公众不满，甚至发生社会动荡。此外，尽管从长期看，城市人口的分散化计划是可以实现的，但就短期而言，城市分散化计划可能会产生一些矛盾的情况。比如，中小城市的扩大，会吸引农村或更小城市的人口向建设中的中小城市集中；会与目前大城市改善居民生活条件的计划争夺有限的资源；等等。可见，发展中国家的城市人口分散化，必然要经历一个较为漫长的过程。

（三）完善工业化和城市化的发展战略

一方面，在以往的工业化实践中，发展中国家往往一味地实施传统的发展战略，片面强调工业现代化、技术尖端化和城市区域的扩大。这样，势必导致机会在地域上的严重失衡，并造成农村人口不断加速地涌入城市地区，使城市人口急剧膨胀。

另一方面，从发展中国家的城市化政策来看，往往注重在城市中提供更多的服务设施与就业机会。这显然会进一步刺激城市的继续扩大。

因此，为了解决发展中国家城市化中存在的各种问题，必须适时调整和完善工业化、城市化的发展战略。尤其要大力发展农业和农村经济，努力提高农民的收入水平，减轻直至消除城乡经济机会不均等的现象。就中国来说，诸如切实转变经济发展方式，坚持走中国特色新型工业化道路，建设社会主义新农村，努力促进城乡一体化等一系列举措，都是根据中国国情所作出的科学的选择。只要认真贯彻落实，并随着实践的发展不断自我完善，就一定会收到应有的效果。

第八章　农业、农村与农民问题

在绝大多数发展中国家，农业是国民经济的基础，因而农业发展问题便构成发展经济学的重要部分和重要课题。1950年代，由于工业化等同于经济增长和发展的观念占据统治地位，许多经济学家把发展问题归结为工业化过程。发展中国家也因此采纳了西方发展经济学的理论，把力量集中于发展工业，而不同程度地忽视了农业的发展。但是随着发展中国家经济的发展，经济结构的变革，农业问题不断出现，农业发展停滞不前，这使许多经济学家逐渐认识到这一问题的重要性，使得农业经济发展越来越受到重视。中国作为最大的发展中国家，近年来在经济发展过程中，农业、农村和农民问题已成为焦点问题。从一定意义上说，解决好“三农”问题，也就解决了经济发展中的最重要的基础性问题。

第一节　“三农”问题及其重要性

一、“三农”的内涵及其关系

“三农”问题是各国在经济发展过程中普遍存在的世界性问题。世界各国在其传统社会以及由传统社会向现代社会转变的过程中，都普遍存在“三农”问题。可以这样讲，只要有农业、农村、农民，就必然存在“三农”问题，所不同的只是具体内容、表现形式、激化程度及解决此问题的目标与途径等。在中国，“三农”问题最早由经济学家温铁军在1996年提出，后来被媒体和官方广泛引用。2000年初，湖北省监利县棋盘乡党委书记李昌平给朱镕基总理写信提出“农民真苦，农村真穷，农业真危险”的断言，以及出版《我向总理说实话》后，“三农”问题在社会上引起了广泛反响。2001年“三农”问题正式写入中央文件，开始成为国内理论界和官方决策层使用的术语。

所谓“三农”，系指农业、农村和农民。“三农”问题是农业问题、农村问题和农民问题的总称。三者之间有着密切联系，也有质的区别，在一定条件下还存在着矛盾。农业作为一个产业部门，为人类提供赖以生存的食品、衣着等必需品，为工业提供原料，是国民经济的基础。农村，作为和城镇对称的、占了空间绝大部分的一个区域，是包含经济、社会、文化等丰富内容的综合体。农民，作为从事农业和农村一切经济、社会活动的主体，又是我国社会主义社会的基本国民，在总人口中占了绝大多数。因而，这三者是密不可分的整体。在中国，社会主义新农村建设要落实科学发展观，实现农业发展繁荣、农村面貌改观、农民生活富裕，既应着眼于当前，也应放眼于长远，要协调和统筹好“三农”之间的关系，防止顾此失彼，只有这样才能把“三农”问题解决好。

二、“三农”问题的现状

我国“三农”问题是在工业化进程中城乡经济社会变革不同步造成的结构偏差问题，现如今已构成我国改革与发展中的最大难题。我国“三农”问题的复杂性、严重性和化解的艰巨性，堪称世界之最。现阶段“三农”问题是中国不公平发展问题的缩影，包含了经济、社会、权利等诸多要素的不公平。这有历史的原因，也有现实的制约。如何从根本上破解“三农”难题，已成为目前经济社会发展中需要研究的重要课题。

（一）农业问题

农业是国民经济的基础，是事关整个国计民生的问题。2004—2009 年，党中央、国务院接连发了六个“一号文件”，都涉及到农业问题。其中有四个突出强调农业问题。2005 年“一号文件”强调“提高农业的综合生产能力”，2007 年强调“发展现代农业”，2008 年强调“加强农业的基础建设”，2009 年强调“稳定农业发展”。这表明，党中央、国务院把“三农”问题作为全党、全国工作的重中之重。

建国以来，我国农业发展取得了可喜成就：实施了家庭联产承包责任制和统分结合的双层经营体制，改善了农业技术装备，促进了农业科研事业的一定发展，使得农业生产持续稳定增长。但同时，在我国农业发展过程中也出现了一些矛盾和问题。

我国的家庭联产承包制决定了在大多数地区只能实行农业小规模经营；农业的资金投入严重不足，政府财政用于农业的公共投资占财政支出的比例偏低，农民由于负担沉重，收入增长缓慢，没有能力或不愿意向农地投资，缺乏有效的生产要素投入，导致生产效率低下，发展后劲不足；基础设施有改善，但是仍然非常薄弱；从事农业生产的农民科技文化素质较低，制约了农业生产力水平的提高；农产品结构与市场结构不相适应，导致农产品卖难问题经常性突出；国家采取的一些有效的农业政策没有落实到实处等等。因此，要解决我国的农业问题，必须在多方面努力，加快现代农业发展。

（二）农村问题

改革开放以来，我国农村发生了巨大变化，农村经济稳步发展，农村基础设施建设进一步加强，农村剩余劳动力不断输出，乡镇企业异军突起，农村各项社会事业投入力度不断加大，促进了农村经济、社会的协调发展。但是，在经济不断快速发展的过程中，农村问题却依然相当突出，主要表现在：城乡基础设施差距较大，城乡社会事业发展落后；农村教育投入不够，发展滞后；农村医疗卫生发展滞后，农村居民医疗卫生状况差；农村文化服务和农村公共服务投入不足，发展滞后等等。因此，为实现经济的可持续发展，必须采取切实有效的措施加以解决。

（三）农民问题

邓小平曾经提出，农民问题始终是中国现代化建设的根本问题。温家宝总理也指出，我国农村全面建设小康社会，根本在于提高农民素质。中国的农业现代化在某种意义上也就是农民的现代化，农民问题始终是中国全面建设小康和推进社会主义现代化的根本问题。农村建设的深入，税费制度的改革，减轻了农民的负担，农民收入水平不断提高，生活条件得到了改善，农民的科学文化素质得到了进一步提高，但农民问题并没有从根本上得到彻底解决。

农民问题主要可以分为素质、减负增收两个问题。第一，我国农民整体素质不高。据统计，全国 4.97 亿农村劳动力中，小学及以下文化程度的占 40%，高中以上的只占 12%，全国 92%的文盲和半文盲在农村，仅有 5%的农民接受过农业职业技术教育，这些都成了建设新农村的障碍。第二，负担重，收入增长缓慢。虽然农村税费改革减轻了农民的负担，但农民的隐性负担如教育、医疗、养老负担却在加重，而生产生活成本的提高，农产品价格的降低等因素，又进一步致使农民增收减缓。

三、解决“三农”问题的重要性

“三农”问题是一个涉及居住地域、从事行业和主体身份“三位一体”的问题，实质上反映的是现代化过程中经济发展与社会进步之间、国民经济诸产业之间、城市与农村之间、农民与其他社会利益主体之间的非均衡发展关系与矛盾，也是传统社会及由传统社会向现代社会转变过程中的普遍现象。因此，在全面实现现代化之前，“三农”问题将会长期存在。

我国是一个绝大多数人口在农村的农业大国，这是最重要的国情。农业、农村和农民问题，始终是我国革命、建设和改革的根本问题。农业是国民经济和社会发展的基础，这是马克思主义揭示的经济和社会发展的一个重要规律。毛泽东也认为“农业是国民经济的基础”。邓小平多次提到农业问题的重要性。他说“农业是根本，不要忘记。”他认为，农业关系到工业以及整个国民经济的发展，“农业搞不好，工业就没有希望，吃、穿、用的问题也解决不了。”农村稳定是整个社会稳定的基础，全面建设小康社会的重点和难点也在农村。我国处在社会主义的初级阶段，农村尤其不发达。全国近13亿人口，62%以上在农村，因而农村能否如期完成建设小康社会的各项任务，对全国来说举足轻重。农民是党在农村的依靠力量，是国家政权最广泛最深厚的群众基础。中国共产党同农民的关系始终是关系党和国家前途命运的重大政治问题，中国现代化目标的实现关键在于中国农民现代化的实现。中国的社会主义现代化建设没有农民的积极性，就没有农业的发展，就没有工业的进步，更谈不上实现现代化。

中国在几千年封建社会里，“三农”问题始终是各王朝统治者关注的焦点。几千年后，“农民很苦，农村很穷，农业很危险”依然是我国经济发展的最大障碍。“三农”问题在中华民族走向伟大复兴的新的历史征程中处于极其重要的位置，发挥着不可或缺的基础和保障作用。对中国这样一个发展中的大国来说，“三农”问题已成为中国现代化建设的根本问题。作为中国现代化过程中的基本问题，“三农”问题与中国共产党的使命和成败密切相关。“三农”问题并不单纯是农业、农村和农民问题，还关系到国民素质、经济发展，关系到社会稳定、国家富强等一系列中国社会发展的重大问题。可以说，“三农”问题解决之日，就是中国现代化实现之时。我国现代化建设正处于关键时期。能否抓住机遇，继续深化认识和妥善处理现代化进程中产生的农业、农村、农民方面的新情况、新矛盾、新问题，是对中国共产党人领导中华民族实现伟大复兴的又一次严峻考验。因此，必须把对“三农”问题的认识推向一个新高度。要深刻认识“三农”问题的长期性和紧迫性；深刻认识增加农业投入、农民收入的关键性。只有全面认识“三农”问题，才能更好地解决“三农”问题。“三农”问题首先是一个改革的路线和方向问题；其次，“三农”问题的解决速度和解决方式决定市场化改革的速度；第三，“三农”问题解决的不好，将会增强改革的难度；最后，“三农”问题解决的成本决定着我国整个经济体制改革的成本。“三农”问题是对党和政府改革总路线的一个考验。因此，只有解决好“三农”问题，才能真正实现农村改革发展基本目标，才能使改革开放和社会主义现代化建设继续深化下去，才能真正实现全面建设小康社会的目标。

第二节 农业发展问题

一、传统农业及其变革

（一）传统农业的内涵与特征

美国著名经济学家西奥多.W. 舒尔茨在《改造传统农业》一书中将“完全以农民世代使用的各种生产要素为基础的农业”称为传统农业。传统农业是在自然经济条件下，采用人力、畜力、手工工具、铁器等为主的手工劳动方式，靠世代积累下来的传统经验发展，以自给自足的自然经济居主导地位的农业。它通过采用历史上沿袭下来的耕作方法和农业技术由粗放经营逐步转向精耕细作，利用改造自然的能力和生产力水平等较原始农业均有了很大程度地提高。其基本特征表现为：

首先，技术停滞是传统农业的最基本的特征。突出表现在，人们世代耕种同样的土地，种植同样的作物，使用同样的生产要素，采用同样的生产技术等。传统农业劳动力充足，资本短缺，生产规模狭小，农业科技文化水平低，农业技术处于停滞状态。

其次，制度因素对农业生产的束缚很大。土地制度是制度因素中的重要因素。亚洲国家多数实行土地占有权和使用权相分离的租佃制，拉美国家大都采用庄园制或农场制，而非洲国家依然存在着带有殖民痕迹的种植园制。由于土地的制度垄断性及其特殊性，使得土地对经济发展产生着重大的影响。当前，多数发展中国家的土地制度及其经营方式虽有其积极的一方面，但由于其大多细小经营，基础设施不合理，规模不经济等问题，使得农业边际生产力很低。这也是发展中国家农民长期贫困的根源和农业长期停滞的原因。另外，价格制度，投资信贷制度、分配制度以及教育科研等制度也在不同方面影响和制约着农业经济的发展。

再次，以自然经济为主，商品经济的发展水平低。自然经济的特点是自给自足，农民从事生产的目的在于维持自身的生存，只有很少的剩余产品可以与外界进行交换。因此，在大多数发展中国家，农业的商品率很低。农业部门只是作为一个维持生存的部门，一方面是农业生产率低下的必然结果；另一方面，也是自然经济束缚农业从传统向现代转型的结果，也必然影响和制约着农业经济的进一步发展。

（二）传统农业的变革

从发达国家农业发展的历史阶段来看，农业生产的发展主要经历了三个阶段：传统的自给自足农业阶段；混合的多种经营农业阶段；专业化、现代化、商品化阶段。从发展中国家农业发展具体情况看，目前大多数发展中国家的农业仍然处于农业生产发展的第二阶段，有的甚至还处于第一阶段向第二阶段的过渡阶段。传统农业由于不能从生物的自然再生以外取得更多的物质和能量，从而限制了农业的发展，表现为农产品产量尤其是人均占有量的长期停滞。因此，为推进农业的不断向前发展，发展中国家必须对传统农业进行改造，实现从传统农业阶段向现代农业阶段的实质性转变。这也是世界各国经济发展客观趋势的反映。

实现传统农业向现代农业转型是一个漫长而艰难的过程，既涉及到生产力的发展，也涉及到生产关系的变革，既要夯实经济基础，也要改进和完善上层建筑，是一项复杂的系统工程，需要从科技创新、组织和制度创新、要素投入、人才培养等几个方面稳步推进。一是坚持生产要素技术化。技术要素存在于具体的生产要素之中，不能脱离其他生产要素而独立存在。舒尔茨认为，传统农业的转变过程就是对生产要素的全面技术化过程。生产要素技术化可以提高各种要素的生产效率，推动农村生产力的快速发展。只有这种全面的技术进步才能打破传统因素的束缚，实现传统农业的转变。二是增加生产要素的投入。生产要素的技术化为增加生产要素的投入创造了条件。新生产要素的引入和投入量的增加，可以发挥要素技术化的外部效益。这样传统农业就必然会经受外来因素的刺激，从而促使劳动生产率的提高和生产方式的全面转变。舒尔茨认为，化肥、新品种及先进生产技术等要素在大多数发展中国家是有效供给的，因采用新要素或增加投入所引起的产出增加将产生广泛的示范效应，从而使得现代农业生产方式取代传统农业的生产方式。传统农业的转变，实质就是建立在农业技术全面进步上的生产力的飞跃。三是全面提高农民素质。舒尔茨重视生产要素技术化的目的，是为了突出人力投资在农村经济启动中的重要作用。他指出，用现代科学技术和现代劳动技能武装起来的农民，才是改造传统农业、启动农村经济的根本力量源泉。人力资源，是生产要素中最活跃、最具主导性和最可技术化的因素。任何先进的科学技术，只有被广大农民所接受和掌握，才能有效地转变为生产力。所以，进行人力投资是启动农村经济的最有效途径。因此，应大力提倡对农民的技术培训和文化科技教育，全面提高农民的素质，培养造就新型农民，充分发挥农民在改造传统农业中的积极作用。

中国的农业正处于由传统向现代转变的关键时期，建设现代农业，既有紧迫性，又已具备了基本条件。中国人多地少、资源短缺，不可能走发达国家农业的道路，因此，应立足实际，积极运用新技术革命的成果，同时吸收借鉴发达国家发展现代农业的经验教训，走出一条有中国特色的农业现代化道路。

二、农业的技术革命

传统农业中的资源配置是有效率的，那么传统农业为什么停滞落后，不能成为经济增长的源泉呢？舒尔茨认为，原因在于传统农业中对原有的生产要素增加投资的收益率低，对储蓄和投资缺乏足够的经济刺激。要打破这种长期停滞的均衡状态，需要引入新的现代农业生产要素。这实际上就是进行制度创新和技术创新。对此，在由传统农业向现代农业转换的过程中，为建立现代的农业生产手段和技术装备、现代的科学技术、现代的农业生产组织形式和经营管理方式，需要加快农业的技术进步，推进农业技术革命。

（一）如何理解"农业的技术革命"

一般而言，当科学技术的发展表现为技术或技术体系发生质的变革时，就称其为技术革命或科技革命，它能引起社会经济结构发生巨大变革，生产率获得极大提高。在农业发展史上，以拖拉机为标志的机械技术在农业生产中的广泛使用可以称作是一次农业技术革命，使农业劳动生产率获得极大提高；以高产良种和化学肥料为标志的育种技术和农业化学技术应用于生产则可以称作是又一次农业技术革命，使土地生产率有一个飞跃的提高。所谓技术革命，应该能够实现农业质的飞跃或根本的改革。即通过技术变革，可以有力地促进农业产业革命的形成，促进农业综合生产能力和劳动生产率的大幅度提高，加速农业的商品化、专业化、现代化进程，最终实现由传统农业向现代农业的跨越式发展。

农业新技术革命涵盖了农业和农村经济发展的方方面面，以革命的综合性或全方位性为其显著特点。其中，思想观念的转变、现代管理体系的形成、主导技术的确立和主导产业的蓬勃发展应成为农业新技术革命的主要内容。农业新技术革命实质上是以现代生物技术为核心，以电子及信息技术和管理科学为纽带，涉及许多相关学科领域的一场将引起农业生产重大突破的巨大变革。目前，随农业新技术革命所要求的各项关键技术的逐步成熟，这一变革的临界时机正在到来。当前，我国稳定的社会环境及改革开放、以经济建设为中心的基本国策为即将到来的这场革命创造了前所未有的机遇及良好的社会条件。由此可以预料，传统农业向现代农业的转换能否真正实现将主要依赖于以现代生物技术为主的农业新技术革命的成功与否。

（二）农业技术革命与改造传统农业

从农业科技进步角度看，当前世界农业发展主要有以下几个趋势：一是各国政府对农业科技越来越重视。许多国家已经建立了庞大的农业科研机构和技术推广体系，鼓励和支持农业高新技术的研究和开发；二是高新技术成为农业发展的强大动力。由生物技术、信息技术、材料科学占主导地位引起的农业科技革命正促进农业面貌发生根本性变化；三是注重运用工业成果提升传统农业。发达国家不断创新农业技术，在作物栽培、畜禽和水产养殖的各个环节都已实现了工厂化，各种形式的设施农业广泛应用于蔬菜、花卉、瓜果等生产；四是实现可持续农业成为主旋律。20世纪80年代以来，随着农业科技的迅速发展，世界范围内一场以生物技术、信息技术等高新技术在农业上广泛应用为标志的新的农业科技革命正在加速孕育和形成，正在对农业产生越来越广泛和深刻的影响。

从某种意义上说，农业生产技术进步是发展中国家农业现代化最重要的因素。因为对任何一个国家来说，农业生产的两个基本要素——土地与劳动的数量都是有限的，而且存在收益递减规律。在人多数发展中国家，土地的稀缺性更明显。因而，要改造传统农业，促进农业超越资源的限制而增长，最重要的途径就是技术进步。农业技术包括劳动节约型技术和土地节约型技术两大类，前者具有替代劳动力作用的技术，主要是机械化的技术；后者指具有替代土地作用的技术，主要是生物技术。发展中国家应该按照自身情况，合理选择农业技术，从而实现对传统农业的改造。一般说来，发展中国家的劳动力资源丰富，选择替代土地的技术更为合适，而如果土地资源丰富，则应该选择替代劳动力作用的技术。也可以通过两种技术的双重效应，加大技术应用与开发，最终实现农业现代化。

三、土地制度、农业政策问题

（一）土地制度与农业发展

土地制度同农业发展存在着密切的关系，土地占有制度对农业生产率有着重大影响，而关系到一国的政治稳定程度，是影响一国经济发展的最重要因素之一。发展中国家农业部门的土地制度是多元的、复杂的。这些复杂的土地制度可以分为四种类型：（1）传统的村庄（部落）所有制度。私人只有土地的收益经营权，没有直接的所有权；（2）传统的私人所有制。所有者可以是个体农民（土地所有权和经营权统一），也可是地主。地主占有土地，而佃民则从地主手中租地耕种，并以实物、劳务或者货币形式向地主缴纳租金；（3）现代的资本主义私人所有制度。土地所有者一般是农业公司或按商业方式经营的种植园；（4）现代的社会主义土地所有制度。土地归国家或集体所有，由集体农庄、合作社的成员耕种。从理论上讲，资本主义的土地所有制度和社会主义土地所有制度是现代土地占有制度，从而优越于传统的土地制度。但对于生产力水平极为低下的发展中国家来说，传统的土地制度占有绝对优势，现代土地制度难以建立。发展中国家土地占有制度的特点是土地所有权垄断。这也是无地或少地农民长期贫困和发展中国家农业发展停滞的根源。因此，土地制度改革应该是发展中国家农业现代化的起步点。发展中国家进行土地制度改革可以通过有偿转移和无偿转移来实现土地所有权的重新分配，或者通过地租契约改革或降低地租来实现土地租佃权的改革，从而通过土地制度的变革来加快农业现代化步伐，促进农业的发展。

当前，我国农村经济发展正在全面推进，进展迅速，势头良好，然而，在农村经济发展的进程中，土地制度已成为制约农村经济发展的重要阻碍。因此，必须加快农村土地制度的创新，进一步完善农村土地制度。一是要明晰土地所有权主体。二是要合理界定土地使用权主体的权利范围。三是要完善土地征用制度。四是要严格土地制度的管理。

（二）农业政策与农业发展

农业政策是国家总体经济政策的重要组成部分。一般意义上的农业政策是指政府对所有与农业相关事务采取的行动，包括农业、农村与农民政策，即“三农”政策。农业政策对农业发展有着重要的影响，国家实行的农业政策是促进和抑制农业发展的重要措施或者原因，农业发展如何，直接关系到整个农业的稳定，乃至整个国民经济的健康发展，科学合理的农业政策可以使农村经济繁荣、农民生活富裕。因此，发展中国家要实现农业现代化，单靠市场自发的力量是难以成功的，必须要靠政府制定一系列支持农业发展的政策。为促进农业发展，保证发展目标顺利完成，农业发展政策在制定的过程中，可以涵盖四方面内容，主要包括农业财政政策、农业信贷政策、农业价格政策、农业科技教育政策。

第三节　农村发展对策

一、农村的经济发展问题

“三农”问题可以说是中国现代化的基本问题。中国经济发展既存在着刘易斯所揭示的采用现代技术的工业部门，同采用传统技术的农业部门并存的二元结构与大量的剩余劳动力；也存在着舒尔茨所揭示的传统生产要素世代相传，生产要素得不到更新的现象。如何处理好这两方面的问题，并推动中国农业走向现代化，实现一元结构是我们必须要高度重视和解决的现实任务。因此，我们要借鉴发展经济学家的意见，一方面要将农业剩余劳动力转移出来，以提高农业劳动生产率，充分利用劳动力资源；另一方面是增加农业投入，在农业中引入资金、技术等新的要素，使传统农业得到根本的改造，加快发展现代农业。

（一）农村剩余劳动力的转移

1. 当前我国农村剩余劳动力转移的现实困境与制约因素。

根据国家统计局资料，1978—2007 年约有 2.28 亿名农业劳动力转移到第二产业和第三产业。目前，农业劳动力中，剩余劳动力约有 9000 万～1.1 亿人左右。从长期来看，随着我国农业劳动生产力和机械化水平的提高和城镇失业人口的增加，在今后相当长的一段时间内，劳动力供过于求的现象还会持续下去，农村剩余劳动力转移将是一个艰巨而长期的任务。然而，近年来，由于受各种因素的制约，农村劳动力转移速度有所减慢。目前，农村绝大多数的劳动力主要集中在第一产业，尽管分布在第二、三产业的劳动力有了较快发展，但滞留在第一产业中的农村劳动力人数仍然超过需求。综合分析来看，农村剩余劳动力的转移主要受到以下因素的制约：

（1）农村劳动力基数大、增量大、素质低。首先，我国农业人力资源丰富，数量巨大，劳动力过剩现象严重。其次，农村劳动力的整体素质偏低。再次，由于我国劳动力总量大，增长快，仅每年新增的农村劳动力就有几百万，劳动力资源的增长远远超过了社会生产的需求，劳动力明显过剩。

（2）二元经济体制与土地制度的制约。建国初期，为适应工业化建设的需要，政府通过强化二元经济社会结构政策，以超经济手段来获取分散在广大农村的农业剩余，以支持现代化工业和城市的发展，相继推行了以二元户籍制度为核心，包括教育制度、就业制度、医疗制度、养老保险制度、劳动保护制度等在内的城乡分割体制，严重阻碍和制约着农村劳动力向城市的合理、有序转移。与此同时，我国目前的土地流转制度还存在着缺陷，使得土地使用权难以实现有序流转，不能割断劳动力与土地的依附关系，这种状况在一定程度上也阻滞了农村劳动力向外转移。

（3）农村剩余劳动力转移路径受阻。首先，向农业内部转移难。由于农业产业化发展滞后、农业后备资源的开发能力有限等原因，农业内部吸纳农村剩余劳动力的能力越来越有限。其次，向乡镇企业转移难。随着乡镇企业资本有机构成的提高和吸纳劳动力成本的增加，吸纳劳动力的能力明显减弱。最后，向城市转移难。中国城市化发展滞后，城镇建设又普遍重数量轻质量，重规模轻实效，难以形成吸纳劳动力的集聚效应，因此，城市难以再大规模吸纳农村剩余劳动力。从而使得农民进城就业既面临劳动力供过于求的总量约束，又遭遇各种歧视性制度的结构制约。

2. 农村剩余劳动力转移的政策选择。

（1）以农业结构调整为契机，促进农村剩余劳动力在农业内部就业。我国农村剩余劳动力转移应充分利用农业结构调整带来的机遇，在保证粮食生产能力稳定提高的前提下大力发展劳动密集型农业，不断拓宽生产新领域。通过农业综合开发，向农业的深度和广度进军，做好农村剩余劳动力转移工作。目前，我国中低农田占现有耕地的三分之二，综合开发的潜力非常大。通过合理垦殖、综合治理、技术改造等多种形式，提高农业的综合生产能力，可以增加大量的劳动就业机会。与此同时，不断加强农业基础设施建设，包括农田水利基本建设、农村交通和通讯设施建设，兴修旱涝保收基本农田，把贫困地区的扶贫开发与改善生产条件和国土整治结合起来，这样就可将一部分农村劳动力转移到农业基础建设和整治国土建设中去。

（2）加快城市化和小城镇的建设步伐，不断扩大就业需求。农村剩余劳动力逐步向现代经济部门转移，是工业化和现代化的必然趋势。因此，要坚持大、中、小城市和小城镇协调发展，走中国特色的城市化发展道路，推动城市化、工业化与现代化的互动。要不断加快现有大、中城市发展，继续调整和完善经济结构、提升产业档次，提高城市的工业化水平和经济效益，完善区域性中心城市功能，充分发挥大、中城市促进农村剩余劳动力转移的作用。同时，坚持小城镇集群发展，要以现有的县城和有条件的建制镇为基础，有计划有步骤地实施，把扩大就业需求，引导农村劳动力转移作为优先目标。为此，还要大力发展小城镇经济，大力发展乡镇企业，把发展乡镇企业与小城镇建设结合起来，引导乡镇企业向小城镇集中，合理布局，推动乡镇企业连片发展。鼓励创办适应农村发展的劳动密集型产业、第三产业，不断拓宽农民就业渠道。

（3）加强教育和技能培训，提高农村劳动力转移就业能力。要解决农民转移就业中的结构性矛盾，必须着力强化就业培训，提高农村外出务工人员的自身素质。首先，政府要加大对农村教育的投人，改善办学条件、完善教学设施、加强师资力量，严格普及九年制义务教育，提高农村人口的整体素质。其次，面对农民创办各类职业学校、技工学校、技能培训学校等不同层次、不同形式的培训机构，有针对性地对农民进行技能培训，增强就业竞争力，以适应产业发展的需要，为农村劳动力顺利转移创造良好条件。最后，要转变农民的思想观念，引导农民主动学习和适应城市文化及现代文明，培养农民的竞争意识、平等意识、公平意识、诚实守信意识等市场经济新理念。

（4）改善农村劳动力转移的外部环境。要进一步完善城市户籍管理制度，统一社会福利制度，有效解决进城务工人员的就业、居住、教育等问题，逐步形成城乡劳动者平等迁移、平等就业的体制，形成城乡有序的流动机制，引导农村劳动力在城乡间有序流动。要加快农村土地产权制度改革，在坚持依法、自愿、有偿的原则下，不断完善和规范土地流转合同，积极培育和发展土地使用权流转的中介服务组织，建立相应的土地流转服务体系，促进农村土地健康有序流转。要建立城乡统一的劳动力市场，逐步降低农村劳动力进城就业的门槛，取消针对农村劳动力进城就业的歧视性就业条件和不合理限制，大力发展和规范各种职业中介机构，为农民工免费提供职业咨询与指导，以及提供就业信息等服务，从而建立良好的外部环境，不断加快农村剩余劳动力的转移。

（二）积极发展现代农业

中国最大的问题是农业问题，中国现代化的实现，最难的是农业的现代化。党的十七大明确提出“走中国特色农业现代化道路”“坚持把发展现代农业、繁荣农村经济作为首要任务”。这是推进社会主义现代化建设的必然要求，也是中国特色社会主义道路的重要内容，为加快农业发展指明了方向。

1. 我国农业现代化过程中存在的问题。

改革开放以来，我国农村实行了以家庭联产承包为基础的经营形式，有效地调动了农民的积极性，农业有了突飞猛进的发展。但是，与世界上发达的现代化农业相比，我国现代化农业的发展，无论在速度、规模，还是效益上，都处于相对落后状态。主要表现在：农业产业结构不合理，农业生产经营以种植业为主，而工、林、牧、渔、贸等产业比重小，且处于幼稚状态。农业生产经营分散，规模小。我国农户约 2 亿个，除数量有限的国有农场和极少数农村实行规模经营外，基本上是一家一户的小农经济，难以形成带动我国农业的规模经济。农业技术投入不够，推广不力，劳动生产率低，造成农产品成本高、价格高而效益低。目前，我国多数农产品成本高于发达国家，其价格已超过国际市场平均价格的 20%左右，而小麦、玉米、大豆的价格已超过国际市场平均价格的 50%～70%。农产品大部分是粗放经营，科技含量低，精加工和深加工的农产品数量少，农产品加工转化增值小，缺乏竞争力。农产品商品率低，出口量小。农产品质量次，信誉不高，相当数量不符合质量指标和卫生指标的产品甚至假冒伪劣产品屡屡出现，充斥市场。基础设施落后，灌溉、排涝、防风等设施有些年久失修，有些缺乏配套设施，因而抵御自然灾害的能力较差。农业人口多，且劳动力素质较差。

2. 农业现代化的战略选择。

(1) 建立现代农业科技体系，注入大量的现代科技要素，构建现代农业的科技支撑。要按照农业的产业特点，在基础性研究、应用研究和高新技术开发研究，以及农业管理领域不断创新。当前，世界科学技术的发展突飞猛进，以农业生物技术、农业信息技术和新材料技术为代表的农业高新技术不断取得突破。因此，在现代农业的路径选择上既鼓励发展生物技术，集约利用土地、水等农业资源，又鼓励发展农业机械技术，集约利用劳动力资源，通过实施农业科技提升，推进现代农业建设。一是增强自主创新能力。以农业公共研究机构为主体，对农业科技创新体系进行重大调整和改革，加速构建新型农业科技创新体系，提高农业科技创新效率。二是提高农业科技推广应用能力。通过政策和技术引导，完善和建立健全新型农业技术推广网络，实现技术推广由注重单项应用向系统集成技术应用转变，提高农业科技的推广应用程度。三是大力推进农业机械化，促进农业信息化。根据农业涵盖农、林、牧、渔各产业和生产、加工、流通多环节的特点，对农民开展以科技为主的综合性培训，不断提高重要农时、重点作物、关键生产环节和粮食主产区的机械化作业水平。

（2）加快发展农业产业化，积极推进农业产业化经营，建立现代农业产业体系。农业产业化是我国农业和农村发展的根本取向，在实施农业现代化的进程中，要实行产业一体化组织战略。一是要加快循环农业、生态农业建设，走上农业可持续发展的道路，加快农业产业化升级。要结合当地资源优势，重点培育农业龙头企业和优势产业。二是要综合运用财政、投资、信贷、税收、价格等手段，调节和影响市场主体行为，不断推进循环农业发展的技术集成体系建设，从体制、政策、技术、管理等方面推进农业可持续发展。三是要在尊重农民意愿的基础上，实现土地流转，多渠道、多形式地筹措发展资金，并不断加快转变农村经济主体生产经营理念，通过农民主体地位的发挥，推进农业产业化生产经营。四是要加快标准化农业、信息化农业建设，加快农业资产运营市场化，不断完善农产品市场体系，以此带动农业产业化发展。

（3）不断加大基础设施建设，拓宽资金投入渠道，建立完善的可持续的政府主导、投资主体多元化的农业投入体系。一是强化农业基础地位，在加大农业基础设施方面投入的同时，引导社会资本向农业产业的多领域投入，重点加强高标准农田和小型农田水利配套设施建设。二是增强城市和工业对农业的支持和反哺作用。加快建立以工促农、以城带乡的长效机制，重点要在“多予”上下功夫，通过政府政策引导、企业参与的形式，将农村所需物资直接投入到改善农民生产生活条件的建设中去。三是采取政府补贴、以奖代补等多种形式，建立农民投工、投劳的劳动积累机制，结合农业综合开发，激发农民参与兴修农田水利、改土改田的热情，调动农民参与兴修农田水利、改土改田的积极性。四是拓宽支农金融服务新渠道。不断完善农村金融服务体系，改善农村信贷供给，提高农业和农民营运资金的能力和需求。

（4）着力建立现代农业教育培训体系。农业科技和现代农业最终的落实者不是科技人员，而是掌握科技、观念更新、信息灵通的知识型农民。目前，农民整体素质低下已成为制约农业科技贡献率、科技成果转化率的关键因素，因此，在发展现代农业的过程中，必须重视农民素质的提高。一是以基础教育和职业教育作为农村教育的重心，加强培养农村劳动力的综合素质和创新能力。同时，搞好专业技能培训，提高农村劳动力职业技能，做到与岗位需要紧密联系。二是抓好提高劳动生产效率的教育和培训，主要包括：经济及法律知识，农业生产技术，医疗卫生知识以及各种操作性技能。三是健全农村劳动力市场服务体系，为农民转移和就业提供针对性的信息和有效服务。

二、农村的社会发展问题

改革开放30年，中国经济取得了飞速发展，但是，长期以来，我们在经济与社会发展中存在的一条腿长，一条腿短的问题依然没有得到很好的解决，尤其是农村社会发展更是滞后。在经济迅速发展的今天，社会事业也日益发展健全了，但是在农村的社会事业发展较之大中城市则有相当大的差异。教育、卫生等社会事业发展滞后，公共服务严重不足，是农村发展中最为薄弱的环节，也是农村群众反映最为强烈的问题。近几年来，在党中央的直接关怀下，农村教育和卫生等事业虽然取得了不错的成绩，但是问题依旧存在不少。因此，加快农村社会事业发展，对于提高广大农民的生活质量和综合素质，对于实现社会公平和正义都显得尤其迫切和重要。

（一）农村教育现状与对策

农村教育既是农村发展的基础性条件，也是农村社会发展状况的重要表征。从20世纪80年代初到90年代中期，在农村改革与农村经济发展的带动下，农村教育获得了长足的发展。而90年代中期以后，随着财政体制与农村经济状况的变化，农村教育正面临着严峻的形势与严重的困难，普及九年义务教育面临着经费严重短缺的困难，继续提高教育水平显得举步维艰，城乡教育与知识差距明显加大。这种状况如果不及时改变，不仅影响教育的普及与提高，更将影响社会的公正与稳定乃至现代化事业的健康发展。因此，把农村教育作为一个战略性问题进行全局性的思考与筹划，实在是当务之急。农村基础教育是中国教育改革和发展的重点。中国农村人口占全国人口的65%，其中，文盲和半文盲2019万；在农村就业人口中，文盲和半文盲占35.9%，小学文化占37.2%，每万人口大学生人数为4名，平均受教育年限为4年。由此可见，大力发展农村教育，把沉重的人口负担转变为人力资源的优势，不仅是教育发展的重要目标，也是现代化建设进程的战略性任务。

为进一步加强农村教育，首先，要激发农民投资教育的主动性和积极性，促使他们更新观念，重视教育。同时，要进一步完善税费改革，切实减轻农民负担，有效填补农村教育经费的缺口。其次，完善创新义务教育管理体制。明确各级政府的相应职责，中央政府对农村义务教育实行宏观管理，对贫困地区和边远地区给予支持，建立和完善农村中小学危房改造以及新建、扩建校舍投入制度。省级政府要在发展农村义务教育中发挥关键性作用。地市级政府承担发展义务教育的相应责任。县级政府要承担起发展农村义务教育的主要责任，把基础教育的发展列为县级发展规划的重要组成部分，不断加大基础教育发展经费投入。与此同时，继续发挥乡镇政府在实施义务教育中的积极作用，动员社会力量以各种方式支持农村教育。第三，改革教育评价机制，尤其是改变对教师的评价机制，变应试教育为素质教育，构建多元化的、符合素质教育要求的评价标准，以有效推进素质教育在农村的全面有效地实施。第四，提高农村师资水平。建立弱势教育补偿制度，对农村和边远地区人口实行教育补偿；实施人才战略培育，提高农村教师待遇，鼓励骨干教师、拔尖教师到农村任教，坚持大中专生分配向下倾斜，逐步优化村级学校教师队伍；选择一批条件好的师范院校，作为农村教师教育基地，有计划地培训在职教师。

（二）农村医疗卫生现状与对策

农村医疗卫生直接关系到农民的生老病死、家庭的生活状况、农村社会的稳定和经济社会协调发展以及农民的全面发展，它在当前农村社会各项治理中占据非常重要的位置。随着农村工业化、城镇化以及农村居民生活方式的改变，农村疾病严重威胁农村居民的健康和生命安全，影响了农村经济发展和社会稳定，制约了农民脱贫奔小康的进程。在中国大部分地区的农村卫生发展严重滞后，基础设施薄弱，卫生人员专业素质不高，农村居民的健康意识、卫生保健意识水平与自我保健能力都亟待提高。国家第三次卫生调查结果显示："在农村，参加合作医疗的人口比例占9.57%、各种社会医疗保险占3.1%、购买商业医疗保险占8.3%、没有任何医疗保险占79.1%。"农村缺少基本的医疗保障，农民缺少基本的医疗费用。由于农村人口数量多和自然条件的限制，多数农民从事着收益低下、节余很少、自给自足的农业劳动。在收入增长缓慢的前提下，疾病问题是农民所面临的最大风险，因病致贫、因病返贫的现象极为普遍。

为有效解决农村医疗卫生问题，首先，要建立农村医疗保障制度，坚持范围从小到大，标准由低到高的原则。鉴于我国经济发展的不平衡性，可先建立"社区型"的以乡镇为单位的社会医疗保障体系。在自愿的基础上，把农民组织起来，实行自我保障，然后随着经济的发展，逐步发展，形成全县全省以至全国的农村社会医疗保障体系，最后通过立法，确立我国的农村社会合作化医疗保障制度。其次，建立和完善农村社会医疗保障体系框架。当前的首要任务是加强立法，在此基础上争取到相应的国家政策支持。同时，加快社区保障和商业性医疗保险的发展，把社区保障和商业性的保险结合起来，使农村社会医疗保障向多形式、多层次城乡一体化的方向演进，保障程度和内容也逐步由低水平、单一化向高水平、多样化发展。第三，建立农村多层次的健康保障体系。具体而言，农村的卫生服务分为三个层次：一是公共卫生服务，二是基本医疗服务，三是超出基本医疗范围的更高层次的医疗服务。鉴于目前农村经济发展水平不高，面向全体农村人口的医疗保障主要是提供两个层次的保障，这种保障水平必须与社会及个人经济承受能力相适应。第四，建立新型农村合作医疗制度的组织制度保障。各级政府要积极组织引导农民建立以大病统筹为主的新型农村医疗合作，重点解决农民因患传染病、地方病等大病出现的因病致贫、返贫问题。具体来说，可以通过强化组织领导，规范基金运作，扩大统筹范围，完善报销制度，引入市场机制来确保新型农村合作医疗的有效推进和全面实施。

（三）农村文化发展现状与对策

经过几十年的农村改革与社会发展，广大农民群众的精神文化生活得到了很大的改善，基层文化建设取得了令人瞩目的成绩。但是，当前农村文化发展过程中的问题依然十分突出。主要表现如下：各级领导对农村文化建设的重视程度不够，农村文化在社会事业中的地位较低，政府投入不足，政府没有承担起农村文化建设应有的职责。文化建设投入主体作用发挥不到位。当前，虽然我国已初步形成了农村文化投入主体多元化的格局，但是，这种过多依赖乡镇财政的多元化投资格局无法满足农村文化建设的资金需求，乡镇政府已无力加大农村文化投入的能力，企业和个人向农村文化建设投资的积极性没有充分调动起来，并影响到投入主体作用的发挥。文化管理体制仍然难以适应文化发展的需求。县乡文化管理体制不协调，县文化主管部门的职能被削弱或弱化，对文化站和图书馆等机构的管理缺乏考核制度，缺乏公益性文化活动的补助制度。文化专业人才和文化管理人才匮乏，普遍存在年龄老化、知识老化、管理方式老化的现象。农村文化市场分散、经营方式落后，市场管理存在明显缺失，对个体和私营文化企业的管理不够规范。文化产品、文化服务供给不足，农民文化生活形式单调、文化活动吸引力不够。

农村文化建设如何，直接关系到能否满足人民群众日益增长的物质文化需求，关系到农村群众精神文化生活质量的高低，影响着新农村建设的整体综合水平，必须采取切实有效的措施加以解决。首先，切实加强宣传教育，建立和巩固建设农村文化的思想基础。当前，各级组织都要把农村文化建设作为长期的、艰巨的系统工程，纳入经济和社会发展总体规划，要采取多种宣传形式，不断加强宣传教育，用农村和谐文化引领新农村建设。其次，要坚持体制创新，构建农村文化发展的新机制。要建立健全文化管理机制，进一步明确各级政府、各部门在农村文化建设中的职责，并建立共同推进农村文化建设的协调、考核和监督机制，建立中国特色的公共文化服务的新模式和公共服务体系。第三，建立农村文化投入的长效机制。要加大财政投入力度，加快农村基层文化网络设施建设，逐步建成以县城为中心、以乡镇为依托、以村为基础的具有基础设施和基本功能的三级文化网络。要建立健全中央财政对经济欠发达地区文化建设的转移支付制度，建立创新投入机制，要搞好文化阵地资源整合，对农村会议室、文化活动室等实行优化配置，综合利用。要动员社会力量发展农村文化，建立和完善政府，集体、个人相结合的多渠道、多层次、多体制的投资格局。第四，大力培育农村文化产业。要积极培育和引导农民的文化消费观念，培育精明强干的文化管理人才、文化经纪人才及其他相关人才，协助企业培育竞争力，打造文化品牌；要不断拓宽农村文化产业发展领域，着力打造一批有地方特色、有实力、有影响的文化企业和文化品牌。第五，抓好特色文化建设，丰富农村文化形式。要根据地域和民族民间特色，利用现有的文化阵地或其他固定场所，经常性开展科技讲座、法制宣传、信息交流、文艺汇演等活动，抓好特色文化建设，不断活跃农民群众精神文化生活。

（四）农村公共服务现状与对策

处于社会转型时期的广大农村，由于历史、自然等多方面因素的影响和制约，农村公共服务明显滞后，严重阻碍了农村的进一步发展，主要表现为：政府公共行政观念明显滞后。政府作为社会事务的管理者，没能充分发挥好职能，政府在行政管理中缺位，越位、错位的现象时常发生，导致政府公共服务的质量和效率低下，不能反映农民的意志，也无法满足农民的需求。城乡二元制社会结构造成农村社会服务不平衡。由于城乡二元制格局以及其他历史的或现实的种种因素，城乡居民在享有公共服务方面存在有较大的不平衡现象。我国农村的公共服务供需严重脱节，一方面，与农民息息相关的、农民急需的和农村可持续发展所需要的公共服务和产品严重供给不足。如：农村基础水利设施、交通、教育和医疗卫生等。另一方面，某些公共服务和产品却是供给过剩，如一些乡镇修建的农贸市场，实际利用率很低。农村公共服务缺乏有效的监管。处于转轨时期的我国农村公共服务，由于信息相对不对称，行政体制改革滞后和法制健全的不完善，缺乏有效的监管。我国农村公共服务资金的筹措、使用、管理混乱，经常被挪作他用；公共服务供给环节过多，公共资金被层层“过滤”，农民实际享有的微乎其微。农村公共服务在没有强有力的监督下，效率、效益低下；地区、部门之间竞争攀比，公共服务和产品供给增长无序，供给成本加大；政府缺位和错位，公共服务供需矛盾激化。

因此，要不断完善和创新农村公共服务体系。首先，加强政府在公共服务中的主导地位。完善我国农村公共服务保障机制的关键是加强政府的主导地位。政府必须转变传统公共服务理念，创新公共服务体制，牢牢掌握公共服务的规划决策权，做好对公共服务的宏观调控，对公共服务进行严格的监督检查，对关系到农民切身利益的公共产品直接供给和经营。其次，借鉴当代西方行政改革提出的公共服务管理理念，创新我国农村公共服务运行体系。要建立充分体现农民利益的决策机制，不断完善公共服务监督机制，积极推进公共服务提供主体的多元化，加快实现公共服务的城乡一体化。同时，严格控制公共服务的企业准入，进一步完善农业服务体系。

第四节　农民增收问题

农业、农村和农民问题是社会普遍关注的焦点问题，其关键和核心问题是农民增收问题。当前，我国农业和农村经济正处在新的发展阶段，农民收入增长缓慢已成为制约新农村建设和全面建设小康社会的重点和难点。因此，需要给予高度重视，并稳妥地解决。

一、农民增收的制约因素

（一）影响农民增收的宏观经济因素

1. 二元经济结构与城市化。从中国目前的现实情况来看，中国经济正处于二元经济状态。一方面在城乡分离的户籍分隔下，农村剩余劳动力难以实现有效转移，农业发展缓慢；另一方面，中国工业部门从总体上说资本积累能力和利润率不高，在工业部门由劳动密集型向资本技术密集型的转轨阶段，吸收劳动力的能力不断弱化，城市就业压力大。这种落后的二元经济结构已成为影响农民增收的重要因素。单纯地从城市化来看，现阶段，我国城市化进程滞后，不仅造成了城乡经济发展长期处于失衡状态，而且进一步导致了国内消费市场需求疲软。在城乡居民收入水平差距不断扩大的背景下，受恩格尔定律作用，食品消费支出占总消费支出的比重随着收入水平的提高不断下降，相对较小的城市人口规模难以对农产品形成有效的消费需求，以致屡次出现农产品“卖难”的现象。同时，农村人口规模庞大，收入水平过低，也难以对城市工业品形成强劲的消费需求，造成了城市耐用工业消费品出现生产过剩的局面，从而又反过抑制着农民收入的增长。

2. WTO与农业贸易。当前，中国已经加入WTO，农业贸易条件发生了很大变化。农业贸易条件通常用来反应农产品价格和农业生产资料价格的相对变化。农业贸易条件的好坏，通过影响农业生产决策、投入成本大小和营利状况等对农民收入产生作用。目前，我国农产品供求格局发生了根本性的变化，从过去短缺转变为供大于求，通过增加产量实现增收的方式已无法实现。同时，加入WTO后，农产品国际市场价格对国内价格具有封顶作用，加上恩格尔定律作用下农产品收入弹性低，农产品相对价格变化对农民增收的效应不断减弱，农民收入增长不得不越来越依靠非农产业收入的增长。在实施农业开放和贸易自由化之后，由于市场准入程度提高，中国农产品的国内市场价格又明显高于国际价格，农产品缺乏竞争力，对农民的收入增长必然产生一定的抑制作用。

（二）影响农民收入增长的现实因素

1. 农产品产业化水平低、精深加工较少，制约了农民增收。农产品产业化生产是实现农产品附加值、促进农民增收的有效途径。目前，从我国总体情况来看，农产品产业化水平还不高，在农产品的深加工、品牌化等诸多方面还相对薄弱，与发达国家相比存在很大差距。据资料显示：发达国家农副产品加工深度在90%以上，而我国只有不到30%；发达国家从事农副产品深加工的劳动力是从事农业生产的5倍多，而我国还不到1/5。农产品加工增值链条短，直接影响了农民收入增长。另外，我国农产品加工工艺、技术水平较低，农产品增值额低，在国际市场上缺乏竞争力，必然会影响到农业收入。

2. 乡镇企业发展速度下滑，吸纳农业剩余劳动力的能力减弱，影响了农民增收。我国乡镇企业崛起于20世纪80年代，由于受二元结构体制的制约，异军突起的乡镇企业成为吸纳农村剩余劳动力的主要形式。据统计，在1978—1996年，中国共创办了2500多万家乡镇企业，转入乡镇企业就业的农村剩余劳动力由2218万人增加到1.35亿人。但是，进入20世纪90年代后，尤其是1994年以后，在乡镇企业私有化体制转型的过程中，劳动力使用数量不断减少。同时，从1997年开始，受国内外需求不足、竞争加剧、亚洲金融危机以及产业结构升级等多种因素影响，乡镇企业发展明显受阻，就业总量也随之出现下滑。近几年来就业数量虽有所回升，但增幅很小。所以，在乡镇企业吸纳农村剩余劳动力有限的情况下，大量的剩余劳动力不能从农业部门转移出去，不仅阻碍了农业的发展，也使农民的非农产业收入增长趋势减缓，进而也影响到农民增收。

3. 农民种地成本增加、比较效益低下导致农民增收难。近几年，国家虽然取消了农业税等费用负担，但农业生产资料价格却与日俱增，种子、化肥、农药等生产资料价格的增加使得农民种地的成本非但没有降低，反而节节攀高，也增加了农民的负担，制约了农民增收。更甚者，部分地区在农产品价格持续下滑的情况下，生产资料价格的持续上升使农产品出现了增产不增收的迹象，农民增收的成效进一步降低，也降低了生产的积极性。加之一些不法分子受利益驱动趁农资市场尚不完善之机，以次充好、以假乱真，欺骗农民，害得农民减产减收，更直接地增加了农业生产成本。

4. 农民科技文化素质不高，农村劳动力过剩和就业难的矛盾突出。目前，在全国 4.85 亿农村劳动力中，高中以上文化程度的仅占 12%，受过专业技能培训的仅占 9.1%，农民人均受教育年限为 7.6 年，与美、法、日等农业发达国家相比有很大差距。农民科技文化素质低，使其一方面对新技术、新成果、新信息反应不灵敏，缺乏接纳、消化吸收、应用能力，直接导致农村科技进步贡献率极低，农业发展缓慢。另一方面使其缺乏就业技能，直接影响到向非农产业和城镇转移以及稳定就业，从而必然影响到收入的提高。

（三）影响农民收入增长的制度因素

1. 农村土地制度的固化，严重制约着农民收入的增长。我国农业的基本制度是家庭承包经营责任制。目前，我国农村人多地少，户均经营规模小，劳动生产率低。我国农村人均经营耕地仅 2.1 亩左右，户均耕地仅约 7 亩，部分地区更少，人均甚至只有 1 亩左右。全国有约 2.4 亿个农户，差不多就是 2 亿多个农业生产单位。随着市场经济和现代农业的发展，这种小规模家庭经营弊端日益凸现，不仅表现在劳动生产率低、土地产出率低、粮食商品率低等方面，而且表现在对市场需求的应变能力弱和缺乏吸纳现代农业科技的内在动力等方面，使得农户超小型经营规模所造成的“规模不经济”和“非理性”的现象普遍存在。由于生产经营规模小，难以采用规模化、现代化的耕作手段，我国农产品的生产成本普遍偏高，无法产生规模效益，农民在土地上投入越多亏损越大，成本与效益、投入与产出形成强烈的反差。于是，农民在选择技术投入型或劳动投入型时往往偏重于劳动投入型，这极不利于先进农业生产技术的推广和应用，延缓了农业现代化发展进程和劳动生产率提高的速度，制约了农民收入的增长。

2. 国家不平等的产业、就业政策造成农民就业机会减少，农民隐性失业严重，影响农民增收。新中国成立后，中国实行的是重工业优先发展战略，政府通过不合理的工农产品剪刀差，以剥夺农民的利益来维持不具有比较优势的重工业的优先发展，这在当时的特定历史条件下具有重要意义。然而，这一战略也在很大程度上制约了农业的发展和农民的增收。同时，由于城乡分离和我国经济转型过程中的结构性矛盾，许多城市存在着大量的下岗职工，造成城市就业压力巨大，于是，许多地方政府对城市下岗人员和农民工采取了不公平就业政策，使农民在城市就业处于不利地位。加之，经济转型时期，原有就业吸收能力较强的企业，加快了技术进步与产业升级步伐，用资本和技术替代劳动力，对农村剩余劳动力就业也产生很大冲击。与此同时，由于人均可耕地面积较少和部分进城就业农民的回流，农村隐性失业队伍加大，这部分隐蔽性失业人数的存在也成为影响农民收入增长的一个重要原因。

3. 农村公共品供给体制不合理，农村基础设施投资欠账多，直接影响到农民增收的后劲。从新中国成立后几十年的财政支出数据可知，国家对农业基础设施的投资比例占财政总支出的很少一部分。据统计，1995—2000 年国家财政用于农业支出占财政总支出的比重只有 8.63%，2001 年国家对农村固定资产投资占全社会固定资产投资的比重只有 19.38%，2001 年国民经济按行业分基本建设投资中农林牧渔业仅占 2.93%，其更新改造投资仅占各行业总额的 0.36%。因此，在广大农村农业生产和发展所需的公益事业和公共物品就只能依靠农民的自行解决，但他们根本没有能力进行投资，由此使得农村公共品供给严重不足，这一方面造成农村青年接受教育的水平和质量落后于城市地区，在劳动力市场处于劣势，另一方面直接制约着农业生产，从而影响农民的短期和长期收入。与此同时，国家在农村的金融制度安排上也存在缺陷。目前能够真正为农村经济主体提供金融服务的只有农村信用合作社。然而由于诸多原因，农村信用合作社已根本不能满足农民增收对于金融的需求。在农村，劳动力与资本之间的配置效率低下，农民由于缺乏发展资金，收入水平也就难以提高。

二、农民增收的对策分析

综合分析制约农民增收的因素，可以从供给政策、结构政策以及其他配套政策三个方面来促进农民增收。

（一）供给政策

供给政策旨在通过提高农业的产出效率、稳定农资农具的投入成本和农产品的产出价格来稳定提高农业发展水平，从而提高农业边际产出。从我国农业的现状来看，实施供给政策应立足于完善农业投资环境，改善农村基础设施、加大农业扶持力度，提高农业生产能力等方面。其中，在农业投资环境改善方面，需要稳定农村基本制度，包括所有权制度、收入分配制度、资源经营制度等，在所有权制度上保持农村土地的集体所有与农民承包经营的统分结合的所有制度，并不断加快土地制度改革；在收入分配制度上应该加大宏观调控力度，逐步向农村、农民倾斜；在资源经营制度上进一步明确土地流转方式，明确森林、矿产、草场等资源的所有与经营权限，促进资源合理高效配置。在改善农村基础设施方面，加大财政对县级以下农村中小型基础设施的投入，进一步完善财政支农体制，不断加强水网、电网、路网、信息网络四网建设，不断完善农村医疗、养老、教育三大民生设施，推行城乡一体的养老、医疗保险制度，加强农村的环境保护工作力度，特别是农村水体环境、大气环境、植被保护方面增加投入，增强农业发展的和谐和可持续性。在加大农业扶持力度、提高农业生产能力方面，应进一步完善农业补贴和转移支付制度，扩大补贴范围和转移支付规模；鼓励农业领域采用先进的农业技术和农业生产的现代化、机械化水平，积极调整农业内部农、林、牧、渔各产业结构关系，在保障国家基础农产品安全的基础上，大力发展经济农业，为农民增收开源；稳定农业生产资料价格，逐步提高农产品国家收购价格，减少农产品收购环节，理顺农业投入产出价格关系，维护农民利益；扩大并完善农业保险制度，减少农业生产领域的不确定性，促进农业稳定发展。

（二）结构政策

结构政策主要是劳动力供给结构调整政策，是广义的促进就业政策的组成部分。狭义的促进就业政策是针对经济发展过程中出现的产业结构转换引起的结构性失业、社会需求不足引发的需求不足失业而采取的政策措施。面对我国当前的农业剩余劳动力和隐性失业问题，需要从广义上采取结构政策，调整劳动力供求结构，引导农村剩余劳动力资源的合理配置。第一，要继续发展劳动密集型工业、制造业和第三产业中的劳动密集型服务业，大力发展个体私营经济，以培植新的经济增长点，不断吸收农民工就业，促进经济发展，同时提高农业劳动力供给弹性。第二，要加快我国的城市化、城镇化发展水平，特别是促进二线和三线城市和中心城镇的发展，通过调整城镇化政策，积极发展小城镇，引导乡镇企业合理集聚，完善农村市场体系，吸纳和转化农业人口。同时，要提高农民工的技能培训和教育力度，发展其技能专长增加农民工的职业素质和就业竞争能力。第三，要加大城镇户口管理制度改革，县城及县城以下城镇户口应全面放开，允许自由迁移及定居。大、中城市定居的“门槛”也应进一步放低，以促进农民流动和进城谋取二、三产业收入。

（三）其他配套政策

针对供给政策和结构政策引导过程中出现的其他问题，在当前的农民增收问题上还需要其他配套政策的配合。如，为配合劳动密集型产业和服务业的发展，需要适当的产业结构政策支持；扩大农村基础设施建设需要更为合理的投资体制相配合；针对农民工合法权益的保障，还需要经济法律方面加快立法进度，对农民工用工制度和劳动利益依法给予保护；促进农村经济的金融支持，积极推进农村金融改革与创新，加快政策性金融、区域性金融和民营金融的发展速度，改进对农户和农村中小企业的金融服务，提高其经济的货币化和商品化水平，加快农村商品市场和生产资料市场的建立和流转等。

第九章 经济全球化及其运用

1990 年代以来，国际经济形势发生了重大变化，呈现了诸多发展趋势，其中，经济全球化是当代世界经济不可逆转的发展趋势，并日益为国际社会所广泛关注。它使企业生产的内部分工不断扩展为全球性分工，使生产要素在全球范围内实现优化组合，达到资源优化配置，从而促进了各国和全球经济的共同发展，同时也带来了全球共同面临的社会经济问题。

第一节 对经济全球化的基本认识

一、经济全球化的内涵

经济全球化出现于 1980 年代中期，1990 年代得到认可。经济合作与发展组织（OECD）认为，“经济全球化可以被看作一种过程，在这个过程中，商品与服务市场、金融体系、公司与产业、科技与竞争都越来越国际化”。同时国际货币基金组织（IMF）也指出，“经济全球化是一个历史进程，是人类创新和科技进步的结果。它指的是各个经济体通过商品、服务、资本以及劳动力和知识的跨国往来，日益一体化的过程。”因此宽泛地讲，经济全球化这一概念描述了国家间经济活动的依赖程度日益增强的现象。这些现象具体包括国家间日益增多的货物与服务贸易、贸易壁垒的降低、资本的国际流动、跨国公司现象、外国直接投资、外包以及移民。而这些要素的跨国流动又进一步促进了技术、知识、文化以及信息在国家间的传播。

二、经济全球化的现状和原因

（一）世界各国采取了以市场为导向以及对外开放的政策

1970—1980 年代以来，有越来越多的国家认识到，只有选择市场经济体制和对外开放，才能提高本国经济的发展速度、提升本国的经济效率、改善本国人民的生活水平。特别是对于发展中国家来说，完全依靠自身的资金、技术将难以缩短和发达国家间的差距。而有些国家所施行的计划经济体制由于存在缺少灵活性和激励不足等问题，致使其资源无法得到有效配置、使用效率低下。所以，不管是传统的封闭经济，还是起源于前苏联的计划经济，都不约而同地走上了向市场经济转型以及对外开放的道路。具体表现在对国际间资本流动管制的放松、大幅度降低贸易壁垒以及采取吸引外资等政策。

以印度为例，在1980年代中期以前，印度施行的是自给自足的经济政策，同时强调政府对经济活动的广泛干预。印度有着全亚洲最为严格的贸易管制政策，存在着非常高的名义关税和非关税壁垒。但从1980年代后期开始，印度开始转向出口带动增长的发展战略，开始了贸易自由化的进程。进口和行业许可制度有所放松，关税取代了更为严格的定额限制。即便如此，1989—1990年间，印度的平均关税仍然高达90%，为此印度政府随后制定了较为激进的贸易自由化计划。在印度政府制定的贸易政策五年规划（1992—1997年）中，印度政府大幅削减了进出口限制。到1995年，受到进出口数量限制的产品种类从1987/88年的87%下降到了45%；到1996年，印度的平均关税水平下降到了37%。贸易自由化政策的结果，导致了印度对外贸易额占GDP的比重大幅上升，从1980年代的平均13%，上升为1999/2000年间的19%。要指出的是，印度的贸易自由化过程并非个案。很多发展中国家如哥伦比亚、墨西哥、中国，也都经历了类似的过程。

（二）以信息技术为核心的技术进步是促进经济全球化的物质基础

当今世界，生产要素、制成品在国际间的流动变得越来越容易，这得益于交通成本的降低。但是更为重要的，是多媒体以及网络技术的发展，使得信息在世界各地进行传播变得更加迅速低廉，沟通更加便捷。信息技术尤其是基于个人电脑的互联网技术的普及，为人们提供了廉价便捷的沟通网络，这个沟通网络可以轻松地超越地域的限制，因而极大地促进了产品、创意（idea）以及资源在国家间以及人与人之间的流动。可以说信息技术革命大大提高了人们的经济潜能，是世界经济一体化的催化剂。

信息技术对全球化的影响具体表现在如下几个方面。首先，信息技术革命拓宽了人们获取信息的渠道，大大缩短了产品的周期。研究表明，产品的平均生命周期已经从1990年代初的5年下降到了目前的12—18个月。这就要求企业在生产的过程中降低固定成本、去垂直化以及采取外包的方式。信息技术的发展使得厂商将一部分业务分拆外包到其他国家或地区成为可能。其次，信息技术大大降低了企业内部以及企业间的交易成本。企业内部交易成本的降低意味着企业可以在更大的市场开展活动，包括到其他国家投资设厂、开设分支机构、或者兼并收购其他国家或地区的企业；而企业间交易成本的降低则意味着企业可以和地域上更为遥远的企业开展经贸往来。可以将企业的部分生产活动外包给其他国家或地区的厂商。这样（发达国家的）企业就可以将注意力集中于其核心竞争力，而发展中国家在承担发达国家外包业务的同时，也可以通过“边干边学”提高自身的技术水平。最后，信息技术的进步还进一步催生了相关的服务贸易，包括软件开发、产品设计、后台管理（Back-office paper work）等，发展中国家可以参与其中并从中受益。

（三）微观经济主体的趋利动机，是推动经济全球化发展的基本动因

面对贸易自由化的趋势以及信息技术的飞速发展，作为微观经济主体的企业的行为和发展战略也必然随之改变。从一定程度上说，经济全球化主要是一个微观经济现象。这个现象背后的驱动力就是企业的趋利动机，这一动机直接导致了企业行为和战略对上述变化做出调整。为了顺应制度和技术的变革，进一步增强企业的盈利能力，来自不同国家的企业在产品研发、生产、管理、销售等各个方面进行了重新定位。国家间贸易壁垒的降低，使得现有企业的潜在市场大大增加，企业可以生产更多的产品，从而享有规模经济带来的好处。此外，企业也可以从事更为广泛的生产经营活动，以实现范围经济。各个国家经济体制的趋同、贸易壁垒的减少以及技术的进步，使得企业所能实现的规模经济和范围经济达到了前所未有的水平。同样是这些原因，使得一些国家（尤其是发达国家）的企业可以到劳动力成本更为低廉、资源相对更为丰富的国家或地区投资设厂，或者直接收购或兼并现有企业。

正是由于这些原因，出现了跨国公司的广泛存在。在微观主体在全世界范围内追求利润最大化的过程中，跨国公司逐渐扮演了主角。一方面，跨国公司往往拥有一定的知识产权、管理经验以及资金实力。这样，他们既可以利用发展中国家低成本的生产要素，又可以使其资本转向资本稀缺、回报率高的发展中国家，同时享有规模经济、范围经济带来的好处。另一方面，跨国公司还拥有内部化优势，即能够将生产和销售活动按照最有利的区位优势配置于世界各地，并将每一个分支机构及其所联系的企业在职能专门化的情况下，组成一个一体化的网络，通过在世界各地的生产、销售等活动而服务于母公司的发展战略。这样做的结果是，当跨国公司利用优势而大举进行全球性盈利活动的时候，推动了经济的全球化发展。

（四）区域经济一体化不断加强和国际经济组织日益健全

世界区域经济一体化的进展自 1980 年代中期以来明显加快，这种区域经济一体化进一步推动了经济全球化趋势的发展。在区域经济一体化蓬勃发展的同时，国际货币基金组织、世界银行和世界贸易组织等作为协调和监督性的国际性组织，其权威性和作用越来越明显，在世界经济活动中扮演着越来越重要的角色。其中，世界贸易组织成立于 1995 年，其前身是一个非正式机构——关税与贸易总协定（General Agreement on Tariffs and Trade，GATT）。通过

GATT，多边贸易谈判取得了很大进展。WTO作为一个全球贸易谈判的中央机构，旨在建立一套公平、开放和不扭曲的竞争的规则。此外它还是一个解决成员国之间贸易争端的场所。WTO中四分之三的成员国是发展中经济体和转型经济体。

GATT和WTO之所以能够促进经济全球化的一个原因在于，它们谈判的基础是最惠国待遇原则。最惠国待遇是指，每当一个国家降低关税或取消非关税壁垒时，它必须对所有贸易伙伴采取相同的措施。最惠国待遇原则给予多边贸易进程以权力，确保了贸易自由化将是广泛而非歧视的。

正是基于上面这些原因，经济全球化的程度在过去二三十年时间里大大加深了。根据国际货币基金组织的统计，到2007年，全世界商品与服务贸易占全世界GDP的比重已经从1980年的42%上升至2007年的62%；外国直接投资占全世界GDP的比重从1980年的6.5%上升到了2006年的31.8%。除此之外，各国的信息交流和人员往来也日益频繁。人均每年国际电话通话时长从1991年的7.3分钟上升到2006年的28.8分钟；移民的数量则从1961年的7800万人（占世界人口的2.4%）上升到2005年的1.91亿人（占世界人口的3%）。由此可见，经济全球化是当代世界经济的重要特征之一，也是世界经济发展的重要趋势。

三、经济全球化的特点和趋势

（一）生产全球化

生产全球化是经济全球化的主要特征，也是推动经济全球化的主要动力。1990年代以来，国际分工进一步向广度和深度发展，从广度上讲，参与国际分工的国家和地区越来越多；从深度上讲，国际分工越来越细，已由过去单一的垂直型分工发展为垂直型、水平型和混合型多种分工形式并存的新格局。所谓垂直型分工，是指部分国家供给初级原料或粗加工产品，而另一部分国家供给制成品或精加工产品的分工形态。有时垂直型分工也用来指同一产业内技术密集程度较高的产品与技术密集程度较低的产品之间的国际分工，或同一产品的生产过程中技术密集程度较高的工序与技术密集程度较低的工序之间的国际分工。总之，垂直分工一般是指经济技术发展水平相差悬殊的国家（如发达国家与发展中国家）之间的国际分工。水平型分工则是指不同国家间在工业制成品上的国际分工，这既表现为产业内的分工，也表现为产业间的分工。当今世界的一个重要趋势就是发展中国家已不再仅仅是农产品和资源的传统出口国，而逐渐成为工业制成品出口的重要参与者。水平型分工已不再仅仅是发达国家之间的分工。混合型分工则是把垂直型分工和水平型分工结合起来的分工方式。

在国际分工进一步深化的同时，国际直接投资迅速发展，国际直接投资是一种深层次上的通过投资设厂，在生产领域里、在生产过程中把各国经济联系起来的方式。1990 年代以来，国际直接投资增长速度在各项国际经济指标中是最高的。另外，国际资本流动规模的迅速扩大，已成为贸易之外联系世界各国经济的又一重要纽带。

（二）贸易全球化

贸易全球化具体表现在：国际间的产业转移使各国交流产品的必要性大大增加；新科技革命推动下的高效率大批量生产，也要求在全球范围内开拓市场，扩大国际贸易规模；人们生活水平的提高增加了对国外产品的需求，从而促进了贸易全球化；便捷灵活的贸易方式和国际协调对贸易限制的减少，促进了贸易全球化。二战后，国际贸易总量和规模不断扩大，而国际贸易的进一步增长又有力地推动了经济全球化的发展。

（三）金融全球化和经济信息化

1990 年代以来，随着现代电子技术和通信手段的飞速发展，尤其是随着各国对资本流动管制的解除和“电子货币”（信用卡）的流行，货币的国际交换和流动的规模日益扩大，使经济信息在全球迅速、准确地传递，这大大促进了金融市场的发展，进一步推动了金融的全球化。今天随着现代科技的加速发展，信息化已成为市场经济全球化的一个显著特征，信息产业在一些发达国家已取代传统产业而成为支柱产业。信息产业的飞速发展也改变了传统制造业、商业、金融业的生产组织方式和经营方式。这一切使全球经济活动的速度越来越快，规模越来越大。

第二节　发展中国家的对外经济贸易

一、发展中国家对外经贸现状

在发展中国家与全球经济的联系中，贸易是其中的重要实现渠道之一。目前，发展中国家和地区已占据世界贸易近 1/3 的商品市场及近 1/4 的服务市场。发展中国家所取得的业绩扩大了世界市场的容量，增强了国际贸易活力，整体贸易地位也得到了加强。战后以来，随着世界经济贸易形势的变化和民族经济的发展，发展中国家作为一个整体在世界贸易中的地位有所改善，尽管期间也有过反复或逆转。发展中国家对外经贸的现状主要表现在如下几个方面。

（一）发展中国家的对外贸易迅猛增加

在1980年代的债务危机中，发展中国家对外贸易曾急剧下降，商品出口额的年均增长率不到2%。1990年代以来，发展中国家作为一个整体参与国际贸易的程度加深，进出口增速明显加快，一是自身的出口增速高于进口增速，二是其进出口增速均高于世界贸易的平均扩张速度，在世界货物贸易中所占份额明显提高。

据WTO统计，1990—2000年发展中国家货物出口量和出口额均增长9%，高于全球的6.5%，同期货物进口量和进口额均增长8.5%，高于全球的6.5%的水平。2003年，发展中国家货物贸易出口年均增长率达到17%，高于其进口增长率（15%）和世界平均增长水平（16%），强化贸易大大增强了发展中国家长期增长的基础。通常，人们用贸易占GDP的比率作为融入世界贸易的标志之一。在1990年代，发展中国家的出口占GDP的比重从不到15%提高到几乎25%，发展中国家在20世纪末融入世界贸易的程度比20年前要大得多，这既是长期趋势所带来的结果，也是经济全球化进程的重要表现。

（二）发展中国家的情况良莠不齐，发展状况很不平衡

发展中国家所包括的国家或地区的数目众多，而且在社会制度、自然资源状况、工业发展水平等方面参差不齐，存在着巨大的差异。这也造成了各地区贸易发展状况很不平衡，少数国家主导了本地区的对外贸易。具体说：(1)亚洲的发展中国家和地区在国际贸易中的地位及影响力显著提高。尽管1997年发生了金融危机，但东亚地区的出口额在1990年代的10年中仍以13.4%的年均速度增长，比1980年代翻了一番。据WTO的资料，2003年亚洲发展中国家占世界货物出口总额的比重为18.4%，占发展中国家货物出口总额的61.4%。相比之下，拉丁美洲、中东和地中海地区的增长相对较低，而撒哈拉以南非洲则是发展最慢的。(2)即使在同一地区内，贸易增长也主要依赖几个发展水平较高的国家。数据显示，在拉美、中东、亚洲和非洲四个地区中，居前五位的国家在本地区贸易中所占比重占据了60%～80%的对外贸易额。(3)最不发达国家面临着越来越严峻的“边缘化”趋势。最不发达国家出口占全球出口总额的比重却从1950年代的3%下降到1980年代初的约0.5%，而且在过去20年中一直在这种很低的水平上徘徊。

（三）发展中国家的对外贸易结构发生显著变化

从战后国际贸易发展趋势看，制成品贸易量的比重持续大幅上升，而农产品和矿产品贸易量的比重则相对下降。发展中国家不同群体的贸易状况很大程度上取决于它们的贸易结构，即它们的出口主要是制成品，还是初级产品和食品。在20年前，以自然资源为基础的商品，如农产品、石油和天然气、矿产品曾经是发展中国家出口增长的主导因素，发展中国家出口收入的70%来自于初级产品。目前这一局面已被扭转过来。1990年代以来发展中国家出口状况的改善主要归因于它们的制成品贸易的增长，如高科技产品以及低技能密集型产品的出口增长。世界银行2004年发表的报告指出："发展中国家作为一个集团而言，从制成品贸易的增加及与此有关的生产率收益中获益匪浅，因为制成品在它们出口中所占的比重从1980年的20%扩大到2001年的70%以上。"

但发展中国家各地区的情况也存在较大的差异。亚洲和拉丁美洲改善了它们的竞争地位，制成品出口增长非常强劲；而撒哈拉以南非洲的出口只有缓慢的增长，非制成品出口增长非常缓慢，这在很大程度上反映了初级产品价格的持续下跌以及对这些商品需求的增长缓慢。最不发达国家出口微弱增长，很大程度上是由于2/3的国家过分依靠范围很小的初级产品作为它们出口收入的主要来源。据估算，最不发达国家出口最多的三种商品约占每个国家总出口的70%以上。除孟加拉国外，其他最不发达国家几乎没有重要的制成品出口。制成品也主要是纺织品和服装，其出口占整个最不发达国家出口的20%左右。尽管这些出口有较大幅度的增长，但不足以弥补初级产品作为最不发达国家主要出口商品的弱势。

（四）"南南贸易"发展迅速，成为全球贸易增长中最具活力的部分

二战以后，国际贸易大部分是在发达国家之间进行的，"北北贸易"在国际贸易中的比重远高于南北贸易，而被称为"南南贸易"的发展中国家之间的贸易比重微不足道，形成了严重失衡的畸形格局。但自1990年代以来，发展中国家的经济增长比发达国家的经济增长快得多。中国对外贸易持续高速增长，东亚发展中国家和地区的相互贸易加强等，有力地带动了南南贸易，使上述严重失衡格局有所缓解。拉丁美洲和亚洲制成品出口的大幅度增长很大一部分是发展中国家之间的贸易增长所带来的。据WTO《2003年世界贸易报告》的分析，1990—2001年间发展中国家间的贸易增长率达到10%，是世界平均增长率的2倍，发展中国家间的贸易额也从1990年的2190亿美元增长到2001年的6390亿美元。发展中国家之间贸易在世界货物贸易总额中的比重几乎增加了1倍，从6.5%提高到10.7%，为过去50年中的历史最高水平。与南北贸易相比较，1990年发展中国家之间的出口额相当于南北贸易出口额的41%，到2001年这一比例升到了60%。究其原因，高于平均水平的经济增长和实质性的贸易和投资自由化结合在一起，推动了发展中国家贸易流动强劲增长。

在南南贸易中，制成品贸易是其中最活跃的部分。1990年代的年均增长率达到12%，2001年制成品贸易已占发展中国家间贸易总额的近2/3。农产品贸易的增长速度仅为制成品贸易增速的一半，而矿产品（主要是燃料）的平均增速为9%。具体看，办公和电信设备以及汽车在1990—2001年期间的年均增长最快，分别达到了18%和17%。发展中国家之间的贸易发展推动了其国内经济的增长。

（五）发展中国家的服务贸易显著增长

服务业是全球经济增长最快的部分，服务贸易在国际贸易中的重要性已日益凸现，成为越来越重要的贸易方式。随着服务业的增长，发展中国家在世界服务出口中的市场份额，也从1981—1989年的14%上升到1995—1998年的18%。遗憾的是，与货物贸易相比，发展中国家的服务贸易在世界贸易中处于更加不利的境地，虽然WTO《服务贸易总协定》为发展中国家一些具有优势的服务业发展带来了机遇，但在大多数现代服务业及贸易中，发展中国家面临着严峻的挑战。在多数发展中国家中，服务贸易上有大量逆差，其中最大逆差项目是其他商业服务，其次是运输，有一定顺差的项目是旅游，但所占比重也不大。中国、韩国、俄罗斯、泰国、马来西亚、墨西哥及巴西等主要发展中国家都存在逆差，只有印度的服务出口比进口增长强劲，是顺差国。

目前，发展中国家具有一定优势的服务业仍然是一些劳动密集型的项目（如劳务输出、工程承包及部分旅游服务），发达国家在金融、信息、技术、广告和咨询等新兴知识密集型服务业保持了明显的优势。发展中国家与发达国家在科技水平上存在巨大差异，服务贸易的高度信息化和知识化更加剧了这种不平衡状态，发达国家无疑是服务贸易自由化的最大受益者。在发展中国家中，亚洲发展中国家和地区的服务贸易增长最快，撒哈拉以南非洲增长最慢，拉丁美洲和中东及地中海居中。这种增长格局与各国家群体的人均收入水平密切相关，即高收入的国家增长最高，而最不发达国家增长最低。从具体国家和地区看，中国香港、新加坡的金融服务；韩国的建筑服务；印度的计算机软件服务、中国香港、巴拿马等的运输服务；埃及等一些国家和地区的旅游服务等，表现得比较突出。

二、发展中国家对外经贸的经验

应当承认，世界经济全球化的进程才刚刚起步，它给各国经济和整个世界经济带来的影响还难以完全预料，但是有一点是非常明确的，即经济全球化是一把“双刃剑”。发展中国家通过发展对外贸易，既要充分利用全球化带来的益处，也要尽量降低其不利影响。发展中国家开展经贸往来在使世界范围内的资金、技术、产品、市场、资源、劳动力进行有效合理配置的同时，也为世界各国人民提供了选择物美价廉的商品和优质服务的好机会。更为重要的是，发展中国家通过发展对外经贸，可以促进自身的发展。这些经验包括：

（一）充分利用国外的资金，学习借鉴国外的技术和管理经验

发展中国家往往缺乏发展所需要的资金。通过开展与发达国家的经贸往来，可以吸引国外资本到本国投资。1980 年代以来，世界上很多发展中国家的外国直接投资（FDI）均经历了大幅的增加。越来越多的证据表明，发展中国家吸引国外直接投资促进了本国经济的增长。有研究表明，FDI 占国内生产总值每增加 1%，国内生产总值会增加 0.3%～0.8%。发展中国家之所以能够在吸引国外直接投资的过程中受益，原因在于 FDI 比其他形式的外国私人资本流动的波动性要小。国外厂商（跨国公司）之所以选择某个国家或地区进行投资，往往是被其自然资源和长期经济力量所吸引，因此受到利率和汇率影响的可能性较小。此外，国外直接投资的形式往往是在大型、固定的生产设备上拥有重要的控制权，不大可能在刚刚出现困难迹象时就开始逃离。

伴随着国外的投资，跨国公司会为东道国带来生产所需的技术和管理经验。由于北美、欧洲以及日本在科学技术上处于领先地位，它们的公司也拥有先进的技术和管理经验。发展中国家与这些国家开展经贸往来可以享受技术转移和技术外溢带来的好处。事实证明，只要发展中国家的劳动力拥有基本的教育背景，就能够学习和掌握全球化所带来的某些新信息和新方法，如许多制造业活动中的工作程序。而一旦这些劳动力拥有了一定的技能或更高的教育水平，他们还可以更为广泛的学习新技术。除了新技术之外，还有管理能力。实际上，发展中国家的发展障碍之一就是缺乏管理人才。外国资本到发展中国家投资以及后者参与国际分工的过程实际上，也是发展中国家积累管理人才的重要途径。当然，发展中国家历史传统上所拥有的管理才能，在吸引投资和开展经贸往来上也发挥着重要的作用。

（二）促进发展中国家的出口商品结构优化

发展中国家可以在参与国际分工的过程中促进出口商品结构的调整。并非所有的出口结构都是有利于发展中国家的发展。过多依赖于初级产品的出口不仅不能够刺激发展，还有可能出现所谓的“荷兰病”。1960 年荷兰发现大量天然气储备后，出口剧增且出现大量国际收支顺差。然而在 1970 年代，荷兰遭受了通货膨胀上升、制成品出口下降、收入增长率降低以及失业增加的困扰。“荷兰病”因此得名。经济学家认为那些“享受”初级产品出口剧增的国家很容易染上“荷兰病”。实际上，很多曾经受“荷兰病”困扰的国家都是发展中国家，如尼日利亚、墨西哥。因此发展中国家要在全球化的过程中获益，必须注意优化自身的出口商品结构。事实上，很多发展中国家做到了这一点，比较典型的如印度。

三、发展中国家对外经贸的教训

全球化对于发展中国家来说是一柄“双刃剑”，处理不好，不仅无法受益，而且很有可能不利于自身的长期发展，使本国经济受制于人、波动性增加、失去长期增长的动力。下面，我们总结了经济全球化给发展中国家带来的各种问题，也就是发展中国家在对外经贸过程中的教训。

（一）经济全球化使发展中国家的经济不稳定性加强

经济全球化使各国经济同世界经济的联系更为密切，各国国内经济的稳定将不仅取决于本国国内因素，更大程度上要受到国际因素的影响。随着国际贸易和服务贸易的不断扩大，其他国家尤其是主要贸易伙伴的经济状况如通货膨胀、金融危机等将通过国际经济的传递机制影响到本国。如果本国的经济结构存在某些类似隐患，这些经济波动就不可避免地会在国内出现。即使本国经济不存在问题，也会因为心理因素的作用而使经济发生一定程度的波动。

由于发展中国家市场发育不够充分，经济结构比较脆弱，使其非常容易受到外部不利因素的冲击；而且由于发展中国家立法不全，便于投机；再加上发展中国家执法不严，有法不依，从而易给“国际游资”留下可乘之机。于是，西方国家的大量游资不时冲击发展中国家的金融市场，甚至引发金融危机，造成严重破坏。经济全球化使发达国家的经济周期、汇率、利率的变动传导给发展中国家，使发展中国家的经济经常出现不利波动，发生在1994年底的墨西哥金融危机和1997年的东南亚金融危机已充分说明了这一点。

（二）现行的全球经济运行规则有很多不利于发展中国家

经济全球化的发展，客观上需要用规则去加以规范、约束参与者的行为，而规则的制定是以实力为基础的。现存的国际经济规则中虽然有些规则考虑到了发展中国家的利益（如世界贸易组织的规则），但大部分规则却是由发达国家主导制定的，有些规则还是在发展中国家缺席的情况下制定的。某些产业发展规则是在发展中国家还没有发展该产业的时候制定的，如信息技术产业协议以及劳工标准等。发展中国家一旦发展这些产业，就必须遵守他们并未参与制定的规则，并为此而付出代价。此外，尽管发达国家极力倡导经济全球化和贸易自由化，但是各国政府为维护本国利益，仍然实施各种贸易壁垒措施。尤其是非关税壁垒措施，如绿色壁垒、技术壁垒等，这些由发达国家有意制定的贸易标准往往都是发展中国家难以达到的。这些措施客观上使发展中国家所应得到的机会与利益无从保障。

（三）经济全球化使发展中国家的民族工业面临激烈竞争

在经济全球化浪潮中，发展中国家由于在企业规模、效率、技术水平和研究开发能力方面都无法与发达国家相竞争，因而造成跨国公司的品牌和产品充斥国内市场，导致民族品牌消失；跨国公司操纵和控制了众多发展中国家的支柱产业和市场，抑制了民族工业的自主发展；发展中国家民族企业由于竞争力不强，在激烈的市场竞争中倒闭，致使大量工人失业，如果社会劳动保障系统不健全，必然产生一些社会不稳定因素，引起社会的混乱。但是，发展中国家在这方面的教训不应该被夸大。虽然全球化使得发展中国家的民族品牌、民族工业面临激烈的竞争，但来自外部的竞争压力也可以促进发展中国家民族工业提升自身竞争力。

（四）经济全球化对发展中国家的生态环境构成威胁

经济全球化还可能导致发展中国家生态环境遭到破坏。例如，日益蔓延的荒漠化，土地的侵蚀，动植物物种的灭绝，海洋与河流道的污染等问题。其中发达国家往往出于本国战略利益的考虑，为了保护本国的生态环境不受污染，而把大量的污染源工业都建立在海外，既消耗了他国的资源，还污染了他国的环境。据有关资料统计，美国将60％以上的污染企业建立在海外。

此外，经济全球化还导致了发展中国家的人才外流、收入差距加大等问题（见第三节）。这些都是发展中国家应该深刻总结的教训。

第三节　发展中国家对经济全球化的充分利用

经济全球化作为现代经济发展的一种趋势，已经被世界经济发展的事实所证明。当前以信息技术为代表的科技革命突飞猛进，知识与技术更新周期大大缩短，科技成果以前所未有的规模与速度向现实生产力转化。经济全球化趋势加快，世界市场对各国经济的影响更加显著，国际竞争与合作进一步加深。思想观念不断更新，各种文化交流日益扩大，开放意识、竞争意识和效率意识明显增强。正因为如此，经济全球化是生产力发展的客观必然，是世界经济发展的客观历史潮流，它不是某个国家或者某类国家的政策选择，而是跨世纪国际经济关系变化的总体趋势。对于发展中国家来说，唯一的办法是坚定不移、积极主动地参与到经济全球化当中去。

一、发展中国家阶段性参与信息时代的可能

与以往的技术革命相比，信息革命更为广泛和深刻地影响着人类社会的发展。以往的技术革命一般作用于工具、材料或能源等物质资源；而信息革命则主要作用于知识即信息资源，体现为人类智力活动的延伸。信息革命不仅带来生产率的提高，而且会彻底改变人类经济生活的投入——产出模式。在信息社

会中，除了自然资源和物质资料，信息资源如知识、构想、音像、数据等也成了生产投入要素，整个经济同时也以信息的生产、流通和消费为基础。这不仅使人类劳动的空间从物质世界延伸到精神世界，大大拓展了财富的范围，而且因为信息、智力资源无污染、可再生、规模报酬递增等特性，为经济的可持续发展提供了全新平台，有利于人类经济活动从高投入、高污染、高消耗、低回报向低投入、低消耗、无污染、高回报转变。

信息革命将深刻影响和改变现有分工格局，为发展中国家实现生产力跨越式发展带来新的机遇。首先，信息革命创造出一个全新的产业部门，即信息产业。这一产业的出现，使从事信息生产、收集、传播、处理、存储、流通和服务的劳动者日益增加，而传统工业部门的就业人数相对减少。在发展信息产业的过程中，与发达国家相比，尽管发展中国家在基础设施、人力资源等方面存在明显劣势，但网络技术提供的信息共享模式，使发展中国家可以直接利用发达国家已有的经验和技术。这种后发优势是发展中国家发展信息产业的一个有利条件。而且信息产业的规模报酬递增特性，将使发展中国家追赶发达国家的步伐更快。其次，信息革命深刻地影响和改造着传统产业，将会提升这些产业在国际产业格局中的地位，促进发展中国家的经济社会变革。再次，信息革命为人类获取、存储、传递和处理信息提供了先进的设备和手段，必将极大地提高人类的思维能力。这预示着信息时代人类的创新将更加频繁，而多方面的创新则意味着跨越式发展。发展中国家可以从中受益。

应该看到，在迈向信息社会的道路上，很多发展中国家起步晚、底子薄，面临着一些亟待解决的问题。一是研究开发投入不足。目前，很多发展中国家软件产业没有形成规模，自有知识产权的软件产品不多，又由于技术标准大多被发达国家控制，附加值低；相关核心技术如集成电路、微处理器等基本上控制在发达国家手中。二是配套教育基础设施建设不力。与传统产业相比，信息产业更加依赖于基础设施建设以及对人力资本的教育和培训。只有从战略的高度重视信息产业发展，积极解决目前存在的这些紧迫问题，发展中国家才能不断缩小与发达国家的差距，参与到信息时代中来。

二、发展中国家的智力外流问题

伴随全球化的深入，发展中国家的对外移民变得越来越普遍，规模也越来越大。而高技能的人力资本从发展中国家移民到发达国家，即构成了发展中国家的智力外流。以拉丁美洲为例，2000 年的一份调查表明，很多拉美国家在过去这些年中经历了严重的智力外流。其中，墨西哥的大学毕业生中有 14.3%的人选择到国外工作，在哥伦比亚和厄瓜多尔，这个比例也都在 10%

以上。该研究同时表明，在所有移民国外的人当中，专业技术人员占到了相当的比例。其中，在移民国外的阿根廷人当中，有接近 20%属于专业技术人员。

造成发展中国家智力外流的原因很多。首先，高技能的劳动力往往能够在发达国家获得更高的工资水平。近年来，科技进步导致发达国家对于高技能劳动力的需求大大增加，而发达国家自身的高技能劳动力供给又无法满足这一日益增长的需求。高技能劳动力工资的相对上升，进一步增加了对于发展中国家高技能劳动力的吸引力。其次，移民过程程序复杂，需要劳动者能够很好地处理各种信息。这就需要劳动者具有较高的教育水平。

发展中国家的智力外流问题引起了很多人的注意。这主要是因为很多人意识到，智力外流可能对发展中国家构成严重的不利影响。主要体现在如下几个方面。(1) 智力外流为母国带来财政损失。高技能的劳动者往往在本国接受更多的正规教育。而在几乎所有国家，教育都会享受财政补贴。但是，这些人一旦移民国外，就无法为母国的财政收入做贡献。因此，智力外流在使母国的财政遭受损失的同时，也使留在母国的居民福利水平降低。(2) 由于专业技术人员的外流，使得母国居民享受高水平专业服务的价格上升（抑或是服务质量的下降)。(3) 智力外流会降低母国的研发能力，降低发展中国家参与信息时代的可能。(4) 根据新的内生经济增长理论，人力资本在经济增长的过程中发挥着根本推动力的作用。具有较高人力资本水平的劳动力从母国流出，会对母国的长期经济增长构成负面影响。

然而在最近这些年，随着智力外流越来越普遍，以及对于发展中国家的观察，人们开始意识到智力外流对移民母国也存在各种积极影响。主要途径包括：

1. 智力外流为发展中国家高技能劳动力的失业问题提供了“安全阀”。也就是说，发展中国家处于失业状态专业人员可以通过移民到其他国家（发达国家）来获得一定的就业机会，并降低母国的失业率。

2. 移民劳动力给母国的汇款对母国经济发展产生积极影响。根据世界银行的估计，2006 年全世界移民的汇款总额达到了 2500 亿美元。对于很多发展中国家来说，移民汇款已经超过国际援助，成为第二大资金流入来源。2007—2008 年，印度移民汇款的数量达到了 270 亿美元，中国则达到了 257 亿美元。大量的移民汇款对母国经济和生活水平产生了积极的影响，而且能够促进移民输出国和输入国之间的金融服务。

3. 移民返回母国为母国带来先进的技术。移民在国外可以学习先进的技术和管理经验，一旦他们返回母国（永久或暂时)，便会为母国的发展带来所需要的机会和管理经验。比如，Zucker and Darby (2007) 发现在 1981—2004

年间，来自发展中国家（如中国、巴西），在美国工作的科学家经常会回到母国，以促进本国高科技企业的发展。

4. 智力外流的激励效应可以提高本国的人力资本水平。由于较高的人力资本水平提高了人们移民到发达国家的概率，移民机会的存在会促使本国居民积累更高的人力资本水平。尽管一部分高技能的劳动者会流到国外，移民的激励效应有可能提高本国居民的整体人力资本水平。

5. 智力外流问题的存在会促使输出国制定更加有利于高技能人才的政策。由于教育的投资成本属于沉没成本，如果不存在移民国外的机会，本国政府有可能制定不利于人才发展的政策，阻碍长期发展。

总之，智力外流是经济全球化过程中发展中国家必须面临的问题。它为发展中国家带来各种问题的同时，也将发展中国家和发达国家更紧密地联系在一起。它既为发展中国家的发展提出了挑战，也为其创造了难得的机会。

三、发展中国家中的跨国公司运行

跨国公司到发展中国家投资开展业务，为发展中国家带来了其所缺乏的资金、技术、管理经验，提高了发展中国家的就业水平，并且为发展中国家提供了进入世界市场的途径。但是，发展中国家利用跨国公司提升本国的经济也是有条件的。跨国公司到发展中国家投资，并非出于道义考虑，而是出于其全球性战略的动机。跨国公司的全球性战略的本质是在全球范围内有效配置资源以获取最大利润。因此跨国公司的投资一般流向企业交易成本低或存在优惠政策的国家。而发展中国家为了达到充分利用跨国公司发展本国经济的目的，势必付出一定的代价，协调跨国公司和国家的利益关系，寻找一个平衡点，以达到双赢互利的目标。

为了达到跨国经营的战略目标，跨国公司必须往往通过政治影响，取得和保持有助于实现其扩张、降低成本的国际性网络，以实现全球性战略。这些影响包括：(1) 从东道国获得对各项资源的主导和控制，并通过自己的全球生产和贸易网络重新配置；(2) 跨国公司迫使东道国政府制定对外资的优惠政策，比如减免税收等优惠政策；(3) 跨国公司游说政府建立宽松的市场环境和投资环境。如果东道国的政策对他们不利，他们便会转向能够给他们提供更好前景的政府。

发展中国家还经常会发现，跨国公司的活动常常与本国的对外政策相抵触。跨国公司追求的是利润最大化，而东道国除了考虑经济增长问题，还要考虑社会的稳定、公平、民族工业的发展及社会可持续发展等问题。跨国公司反对东道国政府的政策，他会做出限制或关闭当地生产而在其他国家生产的威胁。对于一些缺少社会责任的跨国公司，卫生要求、劳动安全、福利环保标准低的国家比较有吸引力。因此，想吸引外资的发展中国家很难设定这方面的高标准。此外，跨国公司利用企业内部贸易的“转移价格”来逃避税收，跨国公司通常从工业国出口半成品到发展中国家，然后在那里加工成品在市场上出售，如果工业国实行低税收政策，而发展中国家实行高税收政策，那么跨国公司就提高转移价格从而宣称在工业国（母国）获得高利润。这样，跨国公司避免了总税单的增加，提高了税后利润，而工业国和发展中国家都会发现财政收入与预期的正好相反。

政府和跨国公司的关系表明：首先，跨国公司对东道国经济基础的影响是正面作用和负面作用的统一，制定对跨国公司政策的目的就是尽量减少副作用，利用跨国公司的优势为本国经济发展服务。其次，政府对跨国公司的管理是有限度的，它直接受到其他国家跨国公司政策的影响和制约。第三，决定跨国公司与政府合作的主要因素是各自拥有的优势。对发展中国家来说，是否对外国资本有吸引力取决于一系列因素，包括经济增长潜力、市场潜力。基础设施状况、贸易壁垒、生产经营环境、政策的稳定性和对外开放政策等。因此在开放经济下，发展中国家必须制定相应的措施，充分发挥跨国公司带来的好处，并降低其所带来的不利影响。这些措施包括：

1. 更新反托拉斯政策，防止不正当竞争。跨国公司的合并和其他行为可能会导致明显的成本节约，但全球提高企业效率的压力给其带来负担。反托拉斯法划定相关市场的重要任务，就是要确定适当的竞争地理分界线，需要改变传统的关于市场范围的概念。在全球市场中，原有的认为在国内相当集中的产业可能并不是很集中，如汽车、钢铁、化工等行业。目前在许多相当集中的产业中，当地公司正在与可能比他们大得多的外国公司展开直接的竞争。国外政府还可能对国际贸易进行干预（包括对本国公司的补贴及对外国竞争者的限制）。另外，应该完善市场机制，采用适当的竞争政策。加强跨国公司之间的竞争，防止跨国公司的垄断或不正当竞争。

2. 培育和完善符合全球化规则的市场体系。经济全球化要求参与成员国增加其政策的透明度和外贸政策法规全国的统一性，必然对目前国内自成体系和按“条块”分割形成的经济格局产生巨大的冲击，这有利于打破地区封锁、地方保护主义和行业保护主义，促进公平竞争，从而推动国内经济秩序的整顿和统一，规范全国性市场体系的建立，逐步建立适应国内外两个市场变化和资源有效配置要求的机制，打破垄断和割据状况，并使竞争范围不断扩大，竞争手段日益多样化、科技化。

3. 提高“政府竞争力”。由于各国的管辖权内规制公司行为的法律和标准不同，这形成了跨国公司设址的决定性因素的部分，也形成了他们开展业务的类型和他们建立的联系。由此，跨国公司能够从一个广泛的规制框架序列中做出选择（一个最优选择模型或其他理论，如来自不同文化背景的公司有不同的最优选择标准）。并且他们有时能够暂时“离岸”或与在规制框架限制内更有优势的公司组成短期的战略联盟来避免他们认为是“惩罚性”的政府规制。因此，发展中国家政府充分利用跨国公司的过程实际上也是政府之间竞争的过程。

4. 积极参与地区性协议和跨国立法。迄今为止的证据表明，管理跨国公司的超国家准则是可能的，也许最初是在一个地区的基础上。首先参与小范围的地区性协议，然后再讨论全球性协调。积极参与国际规则的制定，发展中国家就能掌握较大的主动权，在国际跨国公司规制中维护本国的利益，避免处于不利地位。

四、解决好发展中世界的二元结构问题

“二元结构”是发展中国家的主要特征之一。它指的是发展中国家工业和农业两个部门并存，两部门在经济发展程度、劳动力的收入水平均存在显著的差异。以我国为例，由于我国所处的市场经济初级发展阶段以及长期实行的城乡分割的政策，使得我国的“二元特征”十分明显。根据国家统计局的数据，2007 年我国城乡居民的人均收入之比达到了 3.2∶1。城乡居民在教育、医疗等公共物品的享有上也存在显著的差异。

经济全球化会对发展中国家的二元结构构成怎样的影响？至今没有定论。一种观点认为，由于全球化伴随着技能回报率的上升、同时全球化可能使得发展中国家的一些地区和一些人被边缘化，加之发展中国家缺乏良好的制度，全球化会加重发展中国家的二元特征，一个直接表现就是使发展中国家的不平等程度上升。这种观点得到了一定的证据支持。以全球化对墨西哥的影响为例。美国加州大学戴维斯分校的 Hanson 教授分析了全球化对于墨西哥的影响。结果表明，经济全球化使得墨西哥不同地区间的收入差距显著上升。Hanson 教授认为这主要是由于墨西哥靠近美国的北部地区受贸易自由化影响较大，而在南部一些地区所受影响较小，后者几乎无法受益于贸易自由化的影响。Hanson同时注意到，墨西哥南北地区差异早已存在，但是在 1980 年代中期以前，地区间的收入差距是在不断减小的，收入差距的扩人主要发生在墨西哥开始实施贸易自由化的政策之后。墨西哥的例子表明，发展中国家的二元特征可能在经济全球化的背景下被扩大。但是也有观点认为，全球化可能降低发展中国家的不平等状况。其中，魏尚进和吴宜的研究就表明，全球化降低了中国的

城乡差距。他们考察了 1988—1993 年中国 100 个城市的数据，发现那些开放程度提升较快的市，城乡收入差距下降也较快。当然，也有很多研究认为全球化使得中国的收入差距上升。

时至今日，全球化是加重还是减轻了发展中国家的二元特征仍然是一个备受争论的话题。但从现有的结果中，我们可以看出，固有的二元特征很可能不利于发展中国家从全球化的历程中获得更大的收益。因此，发展中国家应该致力于解决自身的二元结构问题。可能的措施包括：（1）重视农业，保护农业发展，促进农业技术进步以及农产品结构调整；（2）改革土地制度，促进规模经营；（3）提高农村劳动力的人力资本水平，关心农民就业，完善农民就业服务体系；（4）加强农村基础设施建设；（5）完善政府的公共服务功能，大力发展农村社会事业；（6）探索一体化的城乡社会保障体系，提高农村居民的社会保障水平。

第十章　经济发展与政府作用

在市场经济条件下，政府与市场的相互作用是影响经济发展的关键之一。虽然市场是更有效率的资源配置方式，但市场不是万能的，也不是完美无缺的。市场的局限性为政府的作用提供了依据。本章重点阐述政府在经济发展中的作用，并就如何提高政府质量和效率等问题进行分析。

第一节　关于政府作用的主要理论

政府与市场的边界之争，是 20 世纪全球范围内重大的思想交锋之一。尤其是第二次世界大战以后，关于政府在经济发展中作用的问题，一直是发展经济学关注的焦点。其理论的演变大致如下：

一、1940 年代末—1960 年代中期结构主义的理论

我们知道，古典政治经济学对于经济发展问题，一直奉行的是“市场调节”的观点，认为经济人追求个人私利的本能行为引起的竞争是国民财富增长的动力；“看不见的手”调节市场经济中的价格信号，每个人出于对个人利益的追求对价格信号作出反应，会自然而然地促进经济发展；重视对外贸易对生产发展的作用等等。

然而，随着市场经济不断发展和市场作用局限性的逐渐暴露，特别是第二次世界大战后发展中国家发展过程的复杂性，使人们认识到，经济发展需要稳定的政治环境，需要国家通过制定经济发展战略等发挥重要作用。于是，结构主义学派得以形成，并在经济发展理论中逐渐居于主导地位。

结构主义学派的代表人物主要包括刘易斯（二元结构理论）、纳克斯（贫困的恶性循环理论）、罗森斯坦—罗丹（大推进理论）、罗斯托（社会发展阶段论）、钱纳里（发展型式理论）、廷伯根等人。结构主义学派的根本看法是：国家（政府）在弥补市场不足方面起实质性或决定性的作用。其主要观点有：强调结构主义的思路，认为发展中国家的内部和外部结构都存在不同于发达国家的特殊性；强调资本积累对经济发展的重要作用；倡导计划管理或计划指导的

思想；推崇进口替代型的工业化方针。

二、1960年代末—1970年代末新古典主义的理论

进入1960年代中期以后，尤其是到了1970年代，在关于经济发展中政府作用的讨论中，新古典主义理论占了上风。这是因为：其一，许多发展中国家依据结构主义理论发展经济的实践，出现了许多问题。比如，经济计划化的效果不明显甚至很差；利用国家的作用促进进口替代工业化，导致民族工业效率低下，无法形成国际竞争力；广泛的政府干预助长了大量的资源浪费和腐败行为。其二，亚洲“四小龙”等发展中国家和地区以私人企业为动力，通过注重政府与市场的相互作用，实现了快速的工业增长和经济发展。其三，发达资本主义国家于1970年代后普遍出现了“滞胀”局面，这加速了凯恩斯主义的衰落和新古典主义的兴起。其四，以苏联为代表的传统的高度集中的计划经济模式，越来越多地暴露出效率低下等弊端。

新古典主义理论的特征主要在于：从片面强调工业化到重视农业进步；从片面强调物质资本的积累到重视人力资源；从片面强调计划管理到重视市场机制；从片面强调保护到主张开放的外向型发展。可见，该流派的中心思想是发展中国家必须从僵硬的、低效率的、缺少活力的计划管理模式的束缚中解脱出来，迈向市场经济。

三、1980年代后期新的新古典主义理论的兴起

（一）新的新古典主义理论兴起的背景及其主要特征

进入1980年代中期以来，在实践上，发达国家政府不断“退却”，同时苏联和东欧一些社会主义国家的经济效率急速下降乃至发生剧变。在理论上，信息经济学等取得了最新发展。在这样的背景之下，不仅使得经济发展中政府的作用这一古老话题重新获得了新意，而且发展经济学的理论研究也出现显著的变化。一些发展经济学家开始运用成熟而规范的新制度经济学分析方法，探讨发展中国家在经济发展中面临的制度障碍以及克服障碍的选择方案。同时，新制度经济学也开始在空间上扩展分析视野，研究促进或阻碍发展中国家经济发展的制度因素。于是，制度影响经济效率、制度变迁能够促进经济发展，逐步成为发展经济学与新制度经济学的基本共识。基于这种共识，发展经济学的不同流派之间出现了某种“趋同”的现象，即形成了新的新古典主义学派。

新的新古典主义学派结合制度分析的观念和新古典方法论，探索经济发展的源泉，揭示经济发展的规律，研究经济发展的问题，把制度理论与经济发展理论融为一体。比如说，一方面，充分利用新古典经济学的成就，包括使用其

规范的分析方法，引入许多新古典的范畴，如边际、效用、成本收益等，把理论分析与计量研究结合起来，将宏观经济学的表述直接奠定于扎实的微观经济学基础之上。另一方面，恢复了以斯密为代表的古典学派的传统，充分重视对包括政治、法律、文化等非经济因素在内的制度背景的分析，并把超经济影响内生化。

新的新古典主义理论，最突出的理论特征就是发掘与扩展古典政治经济学中的制度因素，并强调政府在制度安排上的重要作用。在相当长的时期内，不论是结构主义还是新古典主义，往往都把政府在经济发展中的作用集中描述为资本形成、技术进步、经济计划或发展战略等方面，而忽视政府在制度设计、创新等方面的重要作用。新的新古典主义理论，则把制度看作是影响一个国家经济起飞、增长和经济发展进程的重要因素。同时，认为政府在制度形成与供给方面的作用十分重要。具体说，只有在制度安排及其变迁使得生产性努力有利可图时，经济增长才会出现；一个社会的制度安排是否有效，关键看财产权的排他性与财产的自由交易是否得到了充分而有效的保护；政府（国家）是财产权利的主要保护者，所以经济的发展离不开政府的支持甚至推动。当然，政府（国家）同时又常常成为经济发展的最大障碍。这被称为“政府悖论”。

（二）新的新古典主义理论的代表人物及其主要观点

一般认为，“新的新古典主义”学派最为突出的代表人物是斯蒂格利茨。

斯蒂格利茨（1998）为了阐释政府的经济作用，提出了“新的市场失效”理论。其核心是“1998 林沃德—斯蒂格利茨定理”：只要信息是不完善的，或市场是不完全的，那么市场就达不到约束条件下的帕累托效率。斯蒂格利茨认为，在现实生活中，不仅个体搜集、吸收和处理信息的能力是有限的，信息的传递是有噪音和不完全的，而且人有时会犯错误也是合理的现象。而新古典模型对经济运行的描述仅仅局限于运用价格机制，显然这是远远不够的。就是说，在不完全信息条件下，价格机制实现帕累托效率的有效性与普遍性值得怀疑。斯蒂格利茨认为，“新的市场失效”恰恰就是以不完全信息、信息的有偿性和不完全市场为基础的。既然所有的市场都是以信息不完全为特征的，那么“新的市场失效”便遍存于各种市场当中，于是几乎所有地方都存在着政府干预的可能。这种情况，在发展中国家更为突出。因为风险和信息不对称起着重要作用，市场不完善在发展中国家比发达国家更为普遍。因此，在发展中国家，几乎任何地方都存在着政府干预的潜在作用。

斯蒂格利茨具体描述了政府在纠正市场失灵方面所具有的四个优势：征税权、禁止权、处罚权和交易费用（节约）优势。之所以具有这些优势，是因为政府作为一种经济组织，具有与其他经济组织所不同的两个显著特征：政府是一种对全体社会成员具有普遍性的组织；政府拥有强制力。

为了说明发展中国家政府在经济发展中的作用，斯蒂格利茨强调，与发达国家相比较，发展中国家的制度和结构是不利于增长的，这使得它们在信息不完善和市场不完全方面表现得更加充分和严重。比如在资金的使用上缺乏效率、市场失灵更为普遍和缺少企业家精神等。因此，尽管政府有时对经济发展进程起阻碍作用（如腐败、寻租等导致资源浪费），但毫无疑问的是，经济发展离不开政府的干预。

关于政府提供基础设施的重要性，传统的讨论往往关注于诸如公路、海港、通信设施等“硬件”方面。而斯蒂格利茨则强调另一种基础设施——组织性基础设施。他指出，因为现代经济不仅商品具有复杂性，而且某些种类的生产需要更多的中间环节，专业化的利益更大，质量管理更加重要，但欠发达国家在这些方面均处于比较劣势，因此必须注重建立一种“组织性基础设施”，即保证私人契约有效执行的法律、产权制度等，形成在更加广泛的商品和市场范围内处理组织复杂性的能力，促进私人经济活动。

由此引发出一个政治经济学问题，即在许多发展中国家，政治上一般为官僚集权社会，那么能否开发出处理组织复杂性的能力呢？或者说，在发展中国家的经济发展中，政治自由与经济自由之间是相互替代的还是互补的？斯蒂格利茨的结论是，现代经济的发展，要比传统社会更需要更多的政治或经济自由；在政治自由、经济自由与经济进步之间不是必须二择其一，从长远来看，作为长期发展战略，政治自由与经济进步是互补的。

（三）新的新古典主义理论中的主要流派及其观点

1980年代后期以来形成的、体现着不同流派之“趋同”的新的新古典主义理论，融合了若干不同学派的理论观点。主要如：

新制度经济学派。其理论特征是：主张把经济发展中的个人行为纳入到制度环境中去，分析的起点和基本单位是“交易”；主张分析经济发展中的各种组织结构，企业是一种基本的生产性的组织和制度安排；主张促进经济发展不能单纯依靠价格机制，而要对不同的制度结构做出比较选择；主张通过制度的、法律的以及意识形态的作用，加强对组织成员的强制，协调其利益关系，以统一个人行动和集体行动；主张通过国家来提供经济发展所需的稳定条件；主张制度结构的变迁与创新应该成为经济发展研究的重点。特别是，科斯的产权理论深化了关于经济发展的制度分析。科斯对于经济发展中市场、企业与政府的作用提出了全新的认识。

新历史经济学派。新历史经济学派是对经济发展的历史研究的复兴，其对经济发展分析的特点主要包括：广泛应用计量经济学方法；引入了交易成本—

产权分析方法；深化了公共选择的分析；加强了对社会知识和意识形态的分析。新历史经济学派对于经济发展历程得出了一些新的认识：经济发展进程中有得有失；需要重新认识产业革命中的制度含义（如人们自愿改变企业的结构并实现一体化以降低交易成本，生产者和经营者都希望通过规范交易而减少不确定性问题，信息成本与运输成本随着技术进步而急剧下降，人们更多的希望通过法律等措施来解决外部性问题）；考察历史中的经济发展不能脱离对意识形态的系统研究。

以诺思为代表的新历史经济学与路径依赖理论。其理论特征在于：继承熊彼特的创新理论，认为在现行制度结构下，当外部性、规模经济、不确定性等因素使得收入的潜在增加不能内在化时，一种新的制度创新就将应运而生；集体学习是人类生产知识与制度知识积累沉淀的过程，因而成为连接制度变迁与经济发展的关键点；制度变迁具有某种连续渐进特征，成为与经济发展紧密相连的过程，由此得出制度变迁与经济发展具有“路径依赖”特征。

寻租理论学派。租或称经济租，原意是指一种生产要素的所有者凭借垄断地位所获得的收入中，超过这种要素的机会成本的剩余。当一个企业家成功地开发一项新技术或产品时，其企业可能享受高于其他企业的超额利润或“租金”，这种活动被称为生产性的寻利活动，或者“创租”活动。如果人们违背市场规则，以合法或者非法活动而获取超常的经济利益，其活动的性质就变成了“寻租”。

“寻租”理论分析的着眼点主要有两个。其一，寻租理论的出发点是个人对自身经济利益的追求，无论寻利还是寻租，作为经济利益的当事人，都是理性选择的结果，两类活动之所以会对社会福利产生不同的影响，是因为社会经济制度的结构不同，因此需要从制度基础上寻找寻租活动的根源。其二，经济发展理论探讨的是如何实现资源有效配置，促进经济增长与经济结构变迁的问题，寻租直接或间接地造成了市场扭曲，浪费了社会资本和物质资源，因此只有在经济发展的背景下研究寻租问题，寻租理论本身才有长足发展的动力与基础。

第二节　围绕“东亚奇迹”的有关争论

二战后，特别是1960年代中期以来，东亚地区的许多国家在经济发展上都取得了很大的成就。尤为引人瞩目的是，从1965年到1990年期间，东亚地区23个国家（或地区）的经济增长速度高于世界其他国家和地区。其中日本、亚洲“四小龙”和东盟的印度尼西亚、马来西亚、泰国这八个国家与地区，更是获得了奇迹般的高速增长。这不仅引起了全球经济学界的高度关注，而且更为发展经济学的变革与发展带来了新的契机。围绕着对“东亚奇迹”的解释，展开了激烈的争论，争论中形成了各种不同的观点。

一、围绕“东亚奇迹”是否存在及可持续的争论

（一）世界银行对“东亚奇迹”的肯定及其经验的总结

1960年代中期以后东亚地区奇迹般的高速增长，不仅被许多经济学家和政治家称为“东亚奇迹”，而且也吸引着人们对该“奇迹”的经验进行研究。其中，较有影响的成果是世界银行于1993年出版的一本著名报告《东亚的奇迹：经济增长和公共政策》。该报告对东亚地区的4个新兴工业化经济体（韩国、新加坡、中国台湾和中国香港）经济增长的经验进行了分析和总结。其主要结论包括：

一是坚持宏观管理的重要性，包括稳定的商业环境，低通货膨胀，有利于鼓励固定资产投资；谨慎的财政措施，辅之以其他措施保证经济增长中的公平共享与高经济增长的成果；有利于出口竞争性的汇率政策；金融发展和逐步的自由化保证国内储蓄的最大化，推进资源的有效分配，以及与全球金融系统的融合；尽可能减少价格扭曲；采取措施推进初等教育，创立不同技能的劳动力结构，以利于外向型经济的发展。

二是需要一个强有力的政府管理体系，保证长期发展意愿的实现，追求产出与就业的快速增长；政府与工商业之间的互动，同时政府要在工商业者之间创造竞争的环境。

三是政府需要采取积极的政策加快工业化的步伐，增加出口中的工业产品份额；外向发展政策加上汇率政策，就成为达到外部平衡、产生加速GDP增长的需求，促使生产吸收技术、保持国际竞争力的手段。在工业化的过程中，东亚政府有选择地选取了关税保护和鼓励出口的政策，其中不乏道义规劝、补贴和金融手段，使得实业界可以获得低成本的融资。

四是政府清楚地表明了可以获得政府支持的条件，方法是实用的，手段可以灵活使用，在目标不能完成的时候将废止使用。

（二）克鲁格曼等对东亚经济增长模式的批评

世界银行《东亚的奇迹：经济增长和公共政策》的报告发表后，引起了一些经济学家的批评。其中影响较大的是美国经济学家保罗·克鲁格曼。

克鲁格曼对东亚经济增长模式的批评，主要是通过1994年在美国国务院《外交》杂志上发表的《亚洲奇迹之神话》、1995年在日本《中央公论》（月刊）发表的《虚幻的亚洲经济》这两篇文章来系统阐述的。他指出，东亚的经

济增长完全可以用要素投入的增加来解释，而全要素生产率没有贡献。因此，他推断在东亚经济的增长中没有技术进步的成分，不存在所谓的“东亚奇迹”，并认为东亚经济的增长不可持续。克鲁格曼认为：美国经济的增长主要来源于全要素生产率，苏联的经济增长则主要靠要素投入的增加，苏联的增长方式不能持久，导致最后的崩溃；而东亚经济的增长基本上也是靠要素投入的增加，因此，他认为东亚经济的增长也是不能持续的。

（三）学术界对克鲁格曼批评的回应

首先，克鲁格曼的观点提出后，并没有得到国际学术界的普遍接受，而是受到了一些系统的批评。比如，中国香港学者陈坤耀认为，克鲁格曼的观点对全要素生产率存在误解。在经济增长的核算中，作为技术进步代表变量的全要素生产率是核算中的残差，因此，很大程度上决定于投入要素的数据是如何测定的。陈坤耀指出，在实证研究中，一些人习惯用全要素生产率代表技术进步，这实际上是一个误解。所谓技术进步包括与资本融合在一起的和不包括资本投入的两类。而全要素生产率增长所测定的仅是不包括资本投入的技术进步。而在一般场合人们所谈论的技术进步的范围要大得多。在这个意义上，全要素生产率的增长不等于技术进步，而且，取得不包括资本投入的技术进步并非没有成本。基于这些，他认为克鲁格曼对东亚经济增长模式的批评是一个误导。

其次，随着 1997 年东亚金融危机的爆发，许多人认为克鲁格曼关于东亚经济增长不可持续的观点预见了这场危机。从而，尽管克鲁格曼的观点曾受到许多批评，却也因东亚金融危机的爆发而大为盛行，成为国际舆论界的主流观点。

再次，到了 21 世纪开始的时候，随着亚洲金融危机之后东亚经济体经济的迅速复苏，尤其是中国经济快速增长的实现，当年围绕东亚奇迹的争论再次引起了经济学界的兴趣。人们从一个新的历史角度，对当年的东亚奇迹再次做了回顾与审视，并重新对克鲁格曼的批评做了回应。比如，在由斯蒂格利茨等主编、世界银行出版的《从奇迹到危机再到复苏：东亚四十年的经验教训》的论文集中，斯蒂格利茨在其本人撰写的“重新考虑东亚奇迹”一章里指出，曾经有研究证明，只要将人力资本的计量方法稍加改变，就会大大改变全要素生产率的计算结果，因此全要素生产率计算的结果与所采用的方法和数据关系很大。由于结果的变异较大，因此展开立论就比较缺乏基础。计算全要素生产率的方法，其假设是生产要素的报酬等于其边际产出，这只有在完全竞争的市场中才可能，而亚洲国家的市场显然不是完全竞争的市场。因此，他认为某种意义上，关于全要素生产率的争论实际是无事忙。再比如，台湾经济学家梁启源教授认为，克鲁格曼等对台湾经济增长不存在技术进步的批评是不成立的。

二、关于政府在“东亚奇迹”中作用的几种观点

（一）“自由市场论”与“模拟市场论”

“自由市场论”与“模拟市场论”，是新古典主义经济学对“东亚奇迹”的两种解释。

新古典主义经济学十分强调市场对经济发展的作用，把价格机制看作是一切调节的原动力，从而也看作是经济发展的重要机制。认为经济发展完全可以通过市场这只“无形之手”，实现均衡发展，因而主张自由竞争、自由放任和经济自由化（包括贸易自由化和金融自由化），反对国家干预，强调保护个人利益。新古典主义经济学对“东亚奇迹”成功原因的分析也是一样，主要是着眼于市场的作用，强调市场的自发调节机制是完美的。这是因为，现实中在产品层面上，中国台湾等东亚一些地区或国家对价格、进出口或汇率等方面的干预、管制的确较少，以至于被新古典主义经济学将其誉为自由市场制度的典范。

但由于对东亚国家或地区市场化程度的理解和判断不同，进而在对与此相关的政府作用的认识上略有不同，这使得新古典主义经济学对“东亚奇迹”的解释分别形成了两种论点：“自由市场论”和“模拟市场论”。

“自由市场论”的观点是：东亚国家或地区之所以取得经济成功，是由于它们的政府干预最少。具体如，很少有政府对价格、外贸和外汇的管制，甚至根本就不存在政府干预，政府所做的不过是为私人企业行使其职能提供一个适宜的环境，即最大限度地发挥私人经济和自由市场机制的作用。可见，“自由市场论”完全表现出新古典主义经济学的特征。

“模拟市场论”的观点是：东亚作为后进国家和地区，其市场发育不如发达国家那样完善，因而主要是由政府模拟市场，以完成本来应由市场机制自动解决的问题。具体如，政府通过鼓励出口、提供信息、加速技术进步等一系列措施，弥补了市场发育不全的缺陷。政府对市场模拟得越逼真，其经济发展也就越快。可见，“模拟市场论”尽管强调政府干预的存在，但这种干预，旨在按市场规则去弥补市场发育不充分所表现出的缺陷，而且仅仅局限在贸易体制方面。所以，该论点同样表现出其新古典主义的特点。

（二）驾驭市场理论

驾驭市场理论也被称为“有管理的市场理论”。该理论认为，“东亚奇迹”主要是因为东亚国家或地区的政府不仅外在地管理市场，而且政府的官僚机器自己就置身于市场运作当中，作为市场中的枢纽和不可或缺的要素，参与、组

织并最终驾驭市场的运行；同时，政府对市场的驾驭主要不是在产品市场层次上，而是在资本积累或投资层次上展开的。

驾驭市场理论的主要代表人物是美国经济学家罗伯特·韦德。韦德（1990）强调，东亚国家和地区的经济发展之所以创出奇迹，主要是源于以下三个方面的有效结合：很高水平的生产性投资，迅速地把较新的技术转到实际生产中去；有较多的资金投放某些关键工业，这在缺少政府干预的条件下是做不到的；让许多工业暴露在国际市场竞争中而不是国内市场上。要顺利地实现上述三个方面的有效结合，则有赖于东亚地区特有的政治制度与阶级合作关系。具体说，由于东亚各国、各地区多采取集权政治体制，同更加多元化的政权相比，它们有助于限制主要经济利益集团之间的冲突，采取各阶级合作主义的立场，从而有利于维持投资的高水平。在这一过程当中，政府特许或创造若干个利益集团，给予它们在金融、税收等方面的各种优惠，作为回报，政府有权力要求并监督它们完成政府设定的经济增长目标。韦德还有意区分了经济发展中"政府引导市场"同"政府追随市场"的区别。所谓政府引导市场，是指政府主动地规定哪些产品或技术应予以鼓励，而拒绝考虑公共资源或公共影响。所谓政府追随市场，是指政府采纳私人企业关于新产品和新技术的建议，并辅之以相应的部门政策进行援助或支持。倘若企业无论如何也要从事某一项目，政府的政策及其援助就属于"小追随"；而当企业不愿在没有政府的政策及其援助的条件下完成项目时，政府的政策及其援助就属于"大追随"。

驾驭市场理论与"自由市场论"和"模拟市场论"的区别主要在于：（1）驾驭市场理论认为资本积累是促进经济增长的主要力量，把"东亚奇迹"解释为投资水平和投资结构的结果，即政府政策有意地将某些价格"弄错"，让分散的市场代理人对此信号做出反应，同时还利用非价格手段来改变市场代理人的行为；而"自由市场论"和"模拟市场论"则认为有效的资源配置是促进东亚经济取得成就的主要力量，将"东亚奇迹"解释为东亚比其他欠发达国家或地区具有更加有效的资源配置，即通过更加自由的市场，包括使国内外市场相结合的方式"理顺了价格"。（2）驾驭市场理论强调东亚地区政治制度与各阶级合作关系的特殊性及其对资源配置的影响，而"自由市场论"和"模拟市场论"则回避或忽视了政治制度与阶级合作及其对资源配置的影响。（3）虽然驾驭市场理论与"自由市场论"和"模拟市场论"都是持政府追随市场看法的，但"自由市场论"和"模拟市场论"都属于"小追随"，而驾驭市场理论实质上是持"大追随"的看法。

（三）市场增进论

所谓市场增进论又称市场补充论，是指在假定民间部门比政府拥有重要的比较优势，尤其是它们能提供适当的激励并处理信息的条件下，政府政策的职能在于促进或补充民间部门的协调功能，而不是将政府与市场仅仅视为相互排斥的替代物，从而形成这样一种机制，通过这种机制，政府政策的目标被定位于改善民间部门解决协调问题及克服其他市场缺陷的能力。

市场增进论的代表人物是日本的青木昌彦和奥野—藤原正宽等人。他们批判了“自由市场论”、“模拟市场论”和“驾驭市场理论”，并将前两者概括为“亲善市场论”，将后者称为“国家推动发展论”。他们认为，从表面上看，“亲善市场论”与“国家推动发展论”是不同的，但实际上两者之间并无本质性的差别：都认为市场和政府控制是解决资源配置问题仅有的两种可替代的机制；都把“完全”市场协调当作普遍的模式，只不过对市场失灵和政府成功干预的能力的大小及其程度的认识有所不同罢了。在青木等人（1998）看来，与“亲善市场论”的解释相比，东亚地区的市场失灵实际上更为广泛，但这并不能无条件地成为国家主导型协调替代市场协调的理由，经济中的协调失灵可能比市场失灵更普遍，即价格信号不能有效地配置资源。为此，各种民间部门包括企业组织、贸易联合会、金融中介、劳工和农民组织以及商业协会等等发展起来。政府的基本职能更多地在于，促进这些民间部门制度的发展并与其相互作用，而较少地直接干预资源配置。然而，政府本身也是一个当事人，在特定的历史条件下，它通过与民间部门相互作用，形成了特殊的利益和激励机制，因而政府无法成为外生于经济体制、负责校正民间协调失灵的中立的裁决者，它同经济体制中的其他当事人有着相同的激励和信息约束。因此，不能指望政府一定能有效地提高民间协调的效率。

第三节　政府质量、政府强度与经济发展

战后发展中国家经济发展的实践表明，政府对经济发展所起的作用，在不同国家往往是不同的。这不仅是由于政治体制、政府制度等方面的差异，还在于政府质量以及政府强度的不同。因此，探讨经济发展中政府的作用，必须关注政府质量和政府强度问题。

一、政府质量与经济发展

高质量的政府是经济发展最为稀缺的资源之一。提高政府质量，是促使政府发挥有效功能和作用的重要保障，因而是确保社会经济长期稳定发展的重要前提条件。

一般地说，政府质量的好坏或高低，主要取决于政府是否有较高的理性、

效率和自律性。

（一）政府理性与政府质量

政府理性问题，是一个涉及到社会、政治、经济、思想、意识形态等诸多领域的复杂问题。我们这里主要分析发展中国家在经济增长和工业化过程中的政府理性问题。

所谓政府理性，是指一个政府能够在正确判断国情的基础上权衡利弊，确定社会经济发展的优先目标，制定科学、合理的政策措施并确保其得以贯彻实施的能力。

政府理性主要包括以下三方面内容。

一是政府拥有致力于经济发展的明确目标。这是任何发展中国家能否迅速实现经济增长和工业化、摆脱社会经济后发展特征的首要前提。事实上，一些拉美国家和亚洲“四小龙”之所以能够迅速地实现经济增长和工业化，一个首要的前提条件，恰恰就是它们的政府都是明确致力于经济发展的政府。近年来东盟和中国的经济发展亦是如此。但相比之下，一些发展中国家的政府也会出现不致力于经济发展的现象。这是因为，存在着很多影响一国政府将经济发展作为首要目标的因素。比如，民族主义倾向的影响。二战后，发展中国家的人民面对着贫穷和落后，具有着赶超发达国家的迫切要求。这种强烈的愿望，经常导致用民族主义情感或政治情感取代经济规律的现象，如实行闭关锁国政策，在经济上与发达资本主义国家“脱钩”，或用政治取向指导经济发展等等。再比如，一个国家所面临的国际环境也会对其政府的目标选择产生影响。一些阿拉伯国家在紧张的国际环境下不能把经济发展作为首要目标，就是一个例证。总之，影响一国政府将经济发展作为首要目标的因素很多。作为一个理性的政府，必须能够充分了解和把握这些因素，并善于趋利避害，以使经济发展的目标不受到其严重影响。

二是政府决策的科学性。对于经济发展目标的实现而言，一个非常重要的充分条件就是政府决策的科学性。正如 A.O. 克鲁格（1991）所指出：“政府的行动并非不计成本。任何一项影响资源配置的政策、公共部门从事的任何经济活动以及任何一种对私营经济活动的管理办法只有在下列条件下才能实行，即在政策内容及其手段清晰的前提下，存在一套论证政策可行性的详细程序与准则。”要做到政府决策的科学化，必须充分发挥社会各界尤其是专家、学者以及“思想库”、咨询研究机构等的作用，确立一套较为规范、科学的决策程序。

三是政府政策的连贯性。一个坚定不移地致力于经济发展的政府，即使有了科学化的决策也未必能够实现自己的目标。一个理性的政府还必须善于坚定、连续地执行自己制定的各种政策。例如，在过去 50 年里，墨西哥政府在不同领域里实行的不连贯的局部的经济政策，便是导致该国 1980 年代以来经济停滞的重要原因之一。而相比之下，二战后亚洲“四小龙”的经济快速发展，与其政府各项经济政策的连贯性是分不开的。

（二）政府效率

政府质量的好坏或高低，在很大程度上取决于政府的效率。因而，如何提高政府效率便成为一个重要的课题。一般说来，一个政府要做到高效率，主要在于以下两个方面：

一是政府机构的精干与高效。一个强度较高的政府，必然要承担过多的行政管理职能，建立众多的行政管理机构。政府机构越是臃肿庞大，其效率往往就越是低下。在当代西方现代化理论中，有一种观点明确指出，后发展国家的现代化是由经济上的商品化和政治上的科层制的发展促成的；具有现代化取向的、高效率的行政科层系统的建立，是发展中国家推进现代化的一个重要手段。在这方面，堪称典范的是二战后新加坡政府机构的精干与高效。新加坡政府的经济管理部门（如财政部、贸工部等），其管理范围非常宽泛，如交通部不仅管理交通，而且管理通讯以及新闻等。当然，一般只是从原则上、宏观上、政策上进行管理，因而机构都非常精干。而相比之下，一些拉美国家随着国家社会经济职能的扩大，国家机构日趋膨胀，行政官员越来越多，导致官僚主义盛行，政府效率低下。这已严重阻碍了其经济发展和社会现代化。

二是高素质和专业化的文官系统。除了机构的精干与高效之外，政府工作人员的高素质和专业化，同样是提高政府效率的必要条件。在这方面，东亚国家和地区经济发展的成功经验已经给予了证明。可以说，政府机构的精干、高效和拥有专业化的文官系统，是东亚各国、各地区政府具有较高的行政和管理效率的重要原因。比如在新加坡，政府一直信奉“能人主义”和“精英主义”的专家治国原则，通过公开考试、公平竞争、择优录用的方式选择政府管理人员。同时，文官的业绩受到高度重视，并成为其升迁和工资待遇的基本依据。所以，各发展中国家政府不仅要注重人力资源开发，而且也要将高素质的、具有专长的人才选任为政府管理人员，以从人才素质方面为提高政府效率提供保证。

（三）政府自律性

所谓政府的自律性，就是指政府对自身行为以及各种经济组织行为的约束能力。对于一个高质量的政府而言，仅有政府的理性和效率显然是不够的，还必须拥有一套针对政府本身的约束机制，以增强政府的自律性。在发达国家的经济发展中，首先面临的主要问题是如何确立规范企业行为的内在机制。最初这种机制是由“看不见的手”执行的，而今天，与之相伴随的，是政府调节功能的日益增大。特别是，经历长期的历练，今天发达国家的政府已经形成了约束政府行为的强大的内在机制和外在机制。但在发展中国家，政府对自身行为以及各种经济组织行为的约束力还不高。尤其在专制政体条件下，其约束机制的外在力量的弱化，使得它只能依赖政府的内在自我约束。

二、政府强度与经济发展

所谓“政府强度”，罗素（1989）概括为一国政府“权力的密度或组织的强度”，具体说就是政府行政的力度；斯蒂格利茨则将其视为政府的“强制力”。关于发展中国家政府强度对经济发展的影响，艾伯特·赫希曼（1992）曾强调指出：“为了有效地促进增长，政府必须通过前向冲击来发动增长，以为进一步的行动创造前进的诱因与压力；然后，则必须准备对这些压力做出反应，在各方面减缓这些压力。不论国家在经济中的作用多么重要，两种职能通常会同时并存，虽然某种职能或另一种职能是主导的。”①

发展中国家政府强度对经济发展的影响，主要表现为“发动”和“减轻压力”两个方面。

（一）政府强度的“发动”功能

从二战后发展中国家的实践来看，其政府强度对经济发展的“发动”功能，是体现在多个方面的。

一是创造经济增长的初始条件。传统的农业国家和地区在推行工业化时，首先亟待解决的问题，是如何为现代工业部门的发展提供资金、廉价的劳动力以及广阔的产品市场。为此，必须首先推动农业的发展，而这要求必须改革传统落后的以封建土地占有制为基础的农村经济关系。于是，土地改革几乎成为所有发展中国家必须创造的经济增长的初始条件之一。并且这种初始条件的好坏对此后的经济发展影响重大。在发展中国家经济起飞和发展初期阶段，如果对传统的农村封建土地所有制关系改革不彻底，将会阻碍为资本主义工业化奠定新的生产关系基础的进程。巴西、墨西哥以及印度等国的情况就说明了这一点。

二是推动资本积累。对发展中国家来说，政府能否有效而迅速地推动资本积累，是其能否顺利发动经济增长的关键。关于资本积累在工业化和经济增长中的重要地位和作用，无论哈罗德—多马模型，还是钱纳里等人的“两缺口模

① 〔美〕艾伯特·赫希曼：《经济发展战略》，经济科学出版社1992年版，第183—184页。

型”，都给予了强调。一般说来，发展中国家利用政府强度推进资本积累主要有三种途径：(1) 国有化与公营企业。发展中国家和地区在二战后初期，大都面临着原有的殖民统治对民族资本的巨大破坏，民族资本弱小和先天不足，因而政府几乎都是首先把通过将殖民者资产“国有化”而形成的国家或政府资本，作为资本积累的主导力量，公营企业随之得到迅速发展。公营企业的建立和发展，一方面发挥了储蓄征集和资本集中的作用，另一方面也发挥了培育市场机制的功能。(2)“强人财政”体制。所谓“强人财政”体制，是指政府凭借专制手段强力推行掠夺性的财政税收政策，用以强制实施资本积累。总的说就是利用财政手段，将有限的资金集中投放到能促进经济开发和工业化的重点产业领域和部门。同西方发达国家的财政体制所具有的收入再分配职能相比，“强人财政”体制具有明显扭曲的资源再分配功能，即将财政收入主要集中于扶植重要产业的育成、发展和保护等方面，如对主导产业部门减免税收、实行保护性关税、当局直接投资兴建基础设施和鼓励发展出口工业等。(3) 特殊的农业政策。所谓特殊的农业政策，是指采取农产品低价政策，扩大工农业产品的剪刀差，以直接或间接地推行资本积累。这几乎成为工业化资金积累的重要源泉。

三是确定“增长极”。二战后，广大发展中国家在经济发展的实践中，普遍采取了不平衡增长战略，即通过按照主导部门带动其他部门增长，由一个行业引发另一个行业增长的方式，发动和实现经济增长。这其中，政府的一个重要作用，就是确定经济发展的“增长极”。其主要的途径，就是确立和实施有力的产业政策，包括产业结构政策和产业组织政策，以确定主导产业部门和主导性的企业组织形式。

四是制定经济计划。在发展中国家早期的不平衡经济增长中，搞好协调是十分重要的。这既包括局部协调，又包括整体性协调。就局部协调而言，以产业部门的协调为例，政府对主导产业的选择及其扶植，主要是通过其“联系效应”，使主导产业与向它提供投入的产业（“后向联系”产业）和吸收它产出的产业（“前向联系”产业）相互影响、相互促进，形成“钳形附带反馈的效应”，实现局部协调。而就整体协调来说，在发展中国家难以自发地形成，所以要求政府以一定的强制手段促成。于是，制定经济计划便成为实现整体协调的最佳选择。

（二）政府强度的“减压”功能

发展中国家在发动经济增长和实现工业化的过程中，为克服所面临着的各种压力，要求政府发挥其“减压”功能。如：维持政局稳定；确保良好的国际环境；制定各种财产保护制度和经济立法，并监督其有效实施；解决随经济增长和工业化而出现的各种社会冲突（如由于利益格局、社会结构和价值观念的急剧变革所引起的各种社会矛盾）等等。在发挥“减压”功能的过程中，政府强度的作用主要表现在三个方面：

一是强制实现社会稳定。如出于应付国际环境变化、确保专制和独裁统治等需要，所采取的限制言论自由、压制社会民主运动等措施；为了发动和推进经济增长，所采取的限制工人运动、工会发展、缓和劳资关系以压低工资、降低生产成本等。特别是1960年代以后，随着发展中国家劳动密集型工业的发展和经济发展战略由进口替代向出口导向的转变，其政府都不同程度地增强了这方面的“减压”功能。在实践中，二战后发展中国家和地区通过提高政府强度所实施的强制稳定，主要有三种类型，即劳动统制、温和的劳动控制和工会与政府在互动中对立。

二是公共商品供给。所谓公共商品，是指在本质上能导致外部经济，在消费上具有非排他性或具有拥挤性的一些产品或服务。这些产品和服务如果由市场自发地供给，则往往是低效率乃至无效的。公共商品供给上的“市场失灵”，要求政府必须介入公共商品市场，直接向公共部门提供资金或公共商品。当然，有必要指出的是，就发展中国家的经济起步而言，其政府面临的首要课题不是解决在发达国家出现的“市场失灵”之类的问题，而是怎样更快、更有效地发育市场。而这意味着政府在供给公共商品过程中会面临着更多的“空位”。可见，填补“空位”是政府应该发挥的一项重要功能。

三是经济运行中的政府替代。所谓政府替代，是指政府通过强制性的行政、法律等手段，替代一部分尚未发育的、残缺的或运行“失效”的市场机制，通过直接或间接地干预企业等民间组织的所有权、决策和经营运作等手段，自觉地培育市场主体和组织市场，实现资源依照政府规划的经济发展目标的有效配置，迅速推动经济增长。从发展中国家的具体实践来看，政府替代主要有以下四个方面特点：政府替代是对一部分尚未形成或残缺的市场机制的替代，因而它是一种部分的或局部的替代；政府替代作为一种制度安排，同西方发达国家市场运行中一般性的制度安排不同，它是一种典型的“部分公共产品”；政府替代的实施，要求政府同时辅之以相应的经济战略（如东亚国家或地区从进口替代转为出口导向）；政府替代是手段而不是目的，因而其程度和规模是不断变化的，属于一种强制性制度变迁。

三、政府强度的弱化

如前所述，通过提高政府强度、以集权方式来推动经济发展，是以迅速的工业化为目标的过渡性的制度安排。但是，当该目标达到之后，政府强度就必须弱化。

理论研究和实践发展说明，政府强度是经济发展阶段的函数。而经济发展阶段的变化，主要有两个衡量标准：

一是组织标准。当经济处于较低的发展水平和状态时，由于市场中介机构十分有限，民间组织发育不足且经济协调能力差，此时政府通过各种强有力的政策和制度安排形成对民间组织的激励与约束，既十分必要，又有可能。但随着市场中介机构不断增多、民间组织协调能力的提高，政府强度比如政府替代的功能就需要弱化，而更加充分地发挥民间组织协调和市场机制配置资源的作用。

二是技术标准。在经济赶超时期，先进国家发展的轨迹可以给后进国家的政府以启示和借鉴，加之此时政府同民间组织相比，更加具有信息优势，从而能够显示出强化政府强度的作用。但是，当经济、技术水平发展到一定阶段，或完成赶超目标之后，创新和探索就会成为主题。此时政府同民间组织相比，便不再具有信息优势了。况且，提高或保持政府强度既不利于个人、企业创新精神的发挥，也无法提供使民间组织进行技术创新所需的激励与硬约束。这决定了政府强度的弱化趋势。此外，从制度角度看，当市场不发育或残缺时，固然要求政府以政府替代的形式做出制度安排和供给，但制度供给和实施的成本是随着市场的逐步发育而增加的。当政府替代导致市场发育后，“制度过剩”或“制度疲劳”就有可能导致“政府失效”。于是，就要求政府从强制性的、大量的制度供给，转为适度且适量的制度供给，即从“强化替代”转向“弱化替代”，以增强经济的活力和效率。

参 考 文 献

中国科学院可持续发展战略研究组：《中国可持续发展战略报告》年度系列报告，科学出版社版。

世界银行：《年度全球经济展望》，中国财政经济出版社版。

贾华强主编：《可持续性经济学概论》，环境科学出版社 2010 年版。

刘铮主编：《中国经济可持续发展研究概论》，上海大学出版社 2009 年版。

贾华强：《边际可持续劳动价值论》，人民出版社 2008 年版。

贾华强主编：《循环经济学概论》，中共中央党校出版社 2008 年版。

路甬祥总主编、牛文元执行总主编：《中国可持续发展总纲》，科学出版社 2007 年版。

诸大建主编：《中国循环经济与可持续发展》，科学出版社 2007 年版。

彭刚、黄卫平主编：《发展经济学教程》，中国人民大学出版社 2007 年版。

王元璋：《马克思主义经济发展思想史》，新疆人民出版社 2006 年版。

刘思华：《生态马克思主义经济学原理》，人民出版社 2006 年版。

李萍等：《转型期分配制度的变迁》，经济科学出版社 2006 年版。

钟茂初主编：《可持续发展经济学》，经济科学出版社 2006 年版。

裴小革：《财富与发展——〈资本论〉与现代经济学理论研究》，江苏人民出版社 2005 年版。

王东京主编：《中国可持续发展教程》，中共中央党校出版社 2005 年版。

宋晓梧：《我国收入分配体制研究》，中国劳动社会保障出版社 2005 年版。

刘明君编著：《经济发展理论与政策》，经济科学出版社 2004 年版。

权衡：《“收入分配—经济增长”的现代分析》，上海社会科学出版社 2004 年版。

广州市环境保护宣传教育中心编：《马克思恩格斯论环境》，中国环境科学出版社 2003 年版。

金立群、尼古拉斯·斯特恩编著：《经济发展：理论与实践》，经济科学出版社 2002 年版。

范金：《可持续发展下的最优经济增长》，经济管理出版社 2002 年版。
周天勇主编：《新发展经济学》，经济科学出版社 2001 年版。
刘思华主编：《可持续发展经济学》，湖北人民出版社 1997 年版。
陶文达主编：《发展经济学》，四川人民出版社 1992 年版。
〔美〕梅多斯等著：《增长的极限》，商务印书馆 1984 年版。

后　记

本书写作，是为了给中央党校经济和管理类在职研究生班的学员们提供一本实用的教材。基于这一目的，本书在章目安排上，在注意内部结构逻辑性的同时，也注意研究生班的课时安排，力求使内容准确精练，且贴近学员的知识结构和学习要求。

本书各章执笔人是：

第一章　引论，贾华强执笔。

第二章　资本形成与经济发展度量，贾华强执笔。

第三章　人力资源及其开发，杨发庭、洪向华执笔。

第四章　科学技术发展及其应用，杨发庭、洪向华执笔。

第五章　收入分配与消除贫困，刘振英执笔。

第六章　可持续发展及其推进，孟义、张汉飞执笔。

第七章　工业化、信息化与城市化，李继文执笔。

第八章　农民、农业与农村问题，孙全亮、张汉飞执笔。

第九章　经济全球化及其运用，张汉飞、刑春冰执笔。

第十章　经济发展与政府作用，李继文执笔。

本书的写作和出版，受到了中央党校经济学教研部领导赵振华、韩保江、潘云良教授以及出版社的大力支持和帮助，在此表示诚挚感谢！本书不当之处在所难免，希望广大学员和读者在阅读过程中不断提出宝贵意见（相关建议可发到 jhqq@sohu. com)，使我们以后有机会修改本书时，不断提高完善。

贾华强

2010 年 3 月于北京